新装版

「馬」の文化と「船」の文化

古代日本と中国文化

福永光司

人文書院

目次

I

「馬」の文化と「船」の文化

——古代日本と中国文化

I

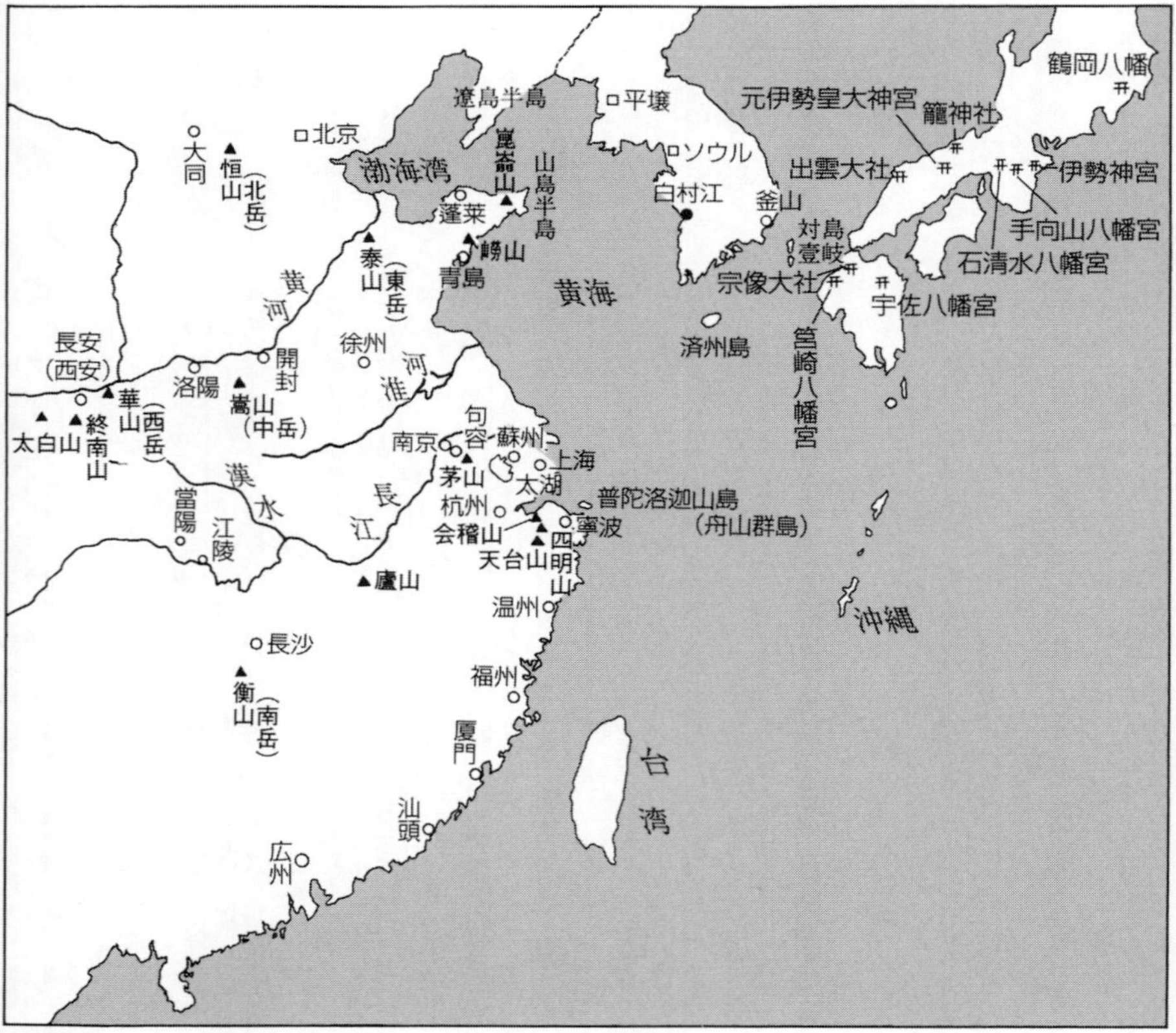

鶴岡八幡
元伊勢皇大神宮
籠神社
出雲大社
伊勢神宮
手向山八幡宮
石清水八幡宮
宇佐八幡宮
宗像大社
対島
壹岐
筥崎八幡宮
沖縄
台湾
遼島半島
平壌
北京
大同
恒山（北岳）
渤海湾
崑崙山
山島半島
ソウル
白村江
釜山
蓬莱
嶗山
青島
泰山（東岳）
黄河
黄海
済州島
長安（西安）
開封
洛陽
徐州
淮河
嵩山（中岳）
華山（西岳）
太白山
終南山
句容
蘇州
南京
茅山
上海
太湖
漢水
長江
杭州
普陀洛迦山島
（舟山群島）
會稽山
寧波
四明山
天台山
當陽
江陵
廬山
温州
長沙
衡山（南岳）
福州
厦門
汕頭
広州

「馬」と「船」の道

一　八幡大神

新しい年が明けた。お正月には各地の神社・神宮へ初詣でをするのは古くからの日本の風習で、年々盛んなようである。私の郷里、大分県の北部（むかしの豊前の国の東南部）でも事情は同じで、とくに日本全国で四万を超えるといわれる八幡神社の総本社・宇佐神宮は、早朝から多くの参拝客でにぎわった。

神社、神宮、初詣でなどは、日本固有のものと見られているが、果たしてそうなのか。日本の多くの伝統や風習が中国に源があるように、ここにも古代中国の影響ははっきりとうかがえる。

この宇佐神宮にしてもそうである。「神宮」という言葉からして本来は中国語である。神域を流れる寄藻《よりも》川に朱塗りの呉橋《くれ》がかかり、本宮の大鳥居や山上の社殿も皆朱塗りとなっていることからも端的に知られるように、古代中国の仏教寺院もしくは道教の楼観と共通するものを多く持つ。

そして、この神宮に祭られる八幡大神、のちの八幡大菩薩の「八幡」という言葉は、七世紀の前半、唐の太宗（六二六—六四九在位）のころから用いられ始める中国語であり、「大神」や「大菩薩」も六世紀の後半、北斉の魏収（五〇五—五七二）によって書かれた『魏書』釈老志（北魏王朝時代の仏教と道教に関する記録）などに見える中国語である。

さらには、宇佐八幡の神木とされる楠《くすのき》（樟）や神体とされる薦《まこも》（菰）は中国南方地域の特産物である。これらを考慮すれば、宇佐八幡ないし宇佐神宮が、日本列島と海を隔てて隣接する中国の文化文明と密接な関係を持つであろうことは、容易に肯定される。

宇佐神宮と中国文化との関係を如実に示しているのは、この神宮に祭られている八幡大神が、聖武天皇の天平二十年（七四八）九月一日、みずから託宣されたという次の「神の言葉」である。

「古吾《イニシヘ》レハ震旦《シンタン》国（中国）ノ霊神ナリシガ、今ハ日域（日本国）鎮守ノ大神ナルゾ」（『八幡宇佐宮御託宣集』巻六）

ここでいう「鎮守」とは五世紀、劉宋の范曄《はんよう》（三九八—四四五）によって書かれた中国の正史『後漢書』の伏湛《ふくたん》伝に「常に留まりて鎮守し、群司（多数の官僚）を総《す》べ摂《おさ》める」などと見えている中国語で、鎮《しず》め圧《お》さえ守護する意。

具体的には、天平九（七三七）年四月、聖武天皇が勅使を九州の宇佐に派遣して新羅国の日本国に対する「無礼の状」を報告し、八幡大神の守護を祈請している（『続日本紀』）。同じく十二年（七四〇）九月、九州の大宰少弐・藤原広嗣の挙兵反乱に際して、その征討大将軍に任命された大野東人《あずまびと》が、聖武天皇の勅命によって豊前国宇佐郡に神宮のある八幡大神に戦勝の祈願を行っている。この二つがそうである。

なぜ宇佐神宮に祭られる八幡大神に対して戦勝の祈願が行われ、もしくは新羅国の「無礼の状」が告訴されるのか。そのためには、八幡大神の「八幡」という中国語が、もともとどのような意味内容で用いられていたのかが明らかにされる必要があろう。

「八幡」という中国語が文献の上で見え始めるのは、上述の唐の太宗とその名将・李靖《りせい》（衛公）との軍事に関する問答を記録した『唐太宗李衛公問対』（上中下三巻のうち巻中）においてである。

「臣《ワレ》（李靖）窃カニ陛下製《ツク》ル所ノ破陣楽舞ヲ観ルニ、前ニ四表（四つのしるし＝鉾《ほこ》）ヲ出ダシ、後ニ八幡（原文は「旛」に作るが「幡」と同じ）ヲ綴《ツラ》ネ、左右ニ折旋《オレマガ》リ、趨歩《スリアシ》デウゴキ、金鼓（鐘と太鼓）ニ各オノ其ノ節（リズム）ヲ有《アワ》ス。此レ即チ（イニシエノ諸葛孔明ノ）八陣図ノ四頭八尾の制《サダメ》ナリ。人間《ヨノヒトビト》ハ但《タ》ダ楽舞ノ盛《イミジ》キヲ見ルノミ、豈《ア》ニ軍容（軍隊の陣形）ノ斯クノ如キヲ知ルモノ有ランヤ」

文中の「臣」すなわち李靖という人物は、唐の太宗の貞観三年（六二九）、驍騎《ぎょう》（勇猛な騎兵）三千を率いて圧倒的に優勢な突厥《とっけつ》・頡利《けつり》可汗の大騎馬軍団を撃破し、太宗によって「威（勢）の北狄に振るうこと、古今に未だあらざるところ」と激賞された騎馬戦法の名将であり（『旧唐書』李靖伝）、太宗の製作した四表八幡の破陣楽舞というのも、このような李靖の偉大な「馬」の軍功を顕彰し記念するためのものにほかならない。

つまり、破陣楽舞というのは、騎馬戦法によって敵陣を撃破し、味方の大勝利を収める「馬」の軍功を賛美する一種の戦勝祝賀の行事と見ることができる。八幡というのは、そのような軍事行動のシンボル、もしくは勝利を記念する祝賀パレードの旗印とも見られるものであった。

八幡は、三世紀、蜀《しょく》の劉備に軍師として仕えた諸葛孔明（一八一—二三四）の四頭八尾の八陣図戦法の武勲を象徴する軍旗なのである。したがってまた、その軍旗を手に持つ軍神《いくさがみ》としての八幡大神は、充分に藤原広嗣の挙兵反乱を征討する大将軍・大野東人の戦勝祈願の対象となり得、もしくは新羅国の「無礼の状」をこらしめて日本国を霊妙に守護する「鎮守の大神」たり得るのであった。

現在も宇佐八幡宮の境内の厩舎《きゅうしゃ》に飼われている神馬が、このような軍神としての八幡大神の霊妙さと栄光を最もよく象徴する。

言い換えれば、宇佐神宮の八幡大神は、古代日本に伝わった中国の「馬」と「船」の文化のうち、前者を主として代表しているのである。

二 騎馬民族

古代日本に伝わった中国文化は、北と南の地域でその性格を大きく異にする。どう違うのか。

「(北方ノ) 胡人ハ馬ニ便《タクミ》ニシテ、(南方ノ) 越人ハ船ニ便ナリ」

とあるのが、そのことを具体的に指摘した最古の文献である。前二世紀、漢の武帝の建元二年（前一三九）に成立が確認される一種の思想百科全書『淮南子《えなんじ》』斉俗篇に見える。

ここでいう「胡人」とは、主として中国西北方の騎馬民族である匈奴《きょうど》を指す。この匈奴は、前三世紀、西漢の初めに、冒頓単于《ぼくとつぜんう》に率いられて極めて強盛となった。漢の高祖劉邦《りゅうほう》を白登山（山西省大同市付近）に包囲してその死命を制し、劉邦はやむなく公主（内親王）を単于の妻として和親を結ぶほどであった。

さらに四世紀、東晋の時代には、「五胡」（五種の胡人）と呼ばれ、中原中国に進出して次々に前趙、後趙、前秦、後秦など十六の王国を建てる。いわゆる五胡十六国である。この十六国を四世紀の後半から五世紀の初めにかけて併合統一するのが、五胡の一種・鮮卑《せんぴ》の托跋氏《たくばつし》で、騎馬民族国家・北魏となる。

北魏王朝は、平城（前述、白登山の所在地）を国都とし、皇居を紫宮、その正殿を太極殿と呼んだ。元号には神亀・天平（東魏）の道教用語を使っている。太武帝（四二四―四五二在位）托跋燾《とう》の時代には、皇帝の子孫は臣籍降下させて「源氏」の姓を与え、その親衛隊を組織する皇室制度を創設している（『魏書』源賀伝）。

これらはいずれも古代日本の天皇家、たとえば聖武天皇や嵯峨天皇などによって採用されている。「神亀」「天平」の元号を採用した聖武天皇の「聖武」という言葉は、北魏王朝の始祖・神元皇帝托跋力微《りきび》の父、聖武皇帝托跋詰汾《きつふん》の「聖武」と共通する。同じく北魏の「源氏」制度のわが国への導入者・嵯峨天皇の「嵯峨」という言葉も、騎馬民族が主要な舞台にした岳麓《がくろく》地帯を形容する中国伝統の文章用語である。この二つの例が北魏の影響をもっともよく象徴する。

つまり、北魏の騎馬民族国家の統治体制が、全体として古代日本の国家形成のモデルもしくは政治理念とされていたのである。

ところで、上述したような匈奴ないし鮮卑の北魏王朝が代表する騎馬民族「胡人」の生活様式や思想信仰、民俗風習は、どのようなものだったのか。それを「船」の文化の担い手である南方の「越人」と比較すると、特徴がはっきりする。

岳麓、山野、草原、一部は砂漠に住み、牧畜もしくは麦作中心の農耕を営む彼らは、肉とパンあるいは麺《めん》類を主食としていた。日常生活では、交通の手段として馬は欠かせない。馬に乗るので、足には靴をはく。頭には帽子をかぶり、幕舎内では、いす、腰掛けを使用することになる。

彼らはまた、草原、砂漠に昇ってくる太陽を男性と見なす。したがって太陽の紅、または赤の色を男性のシンボルと考える。そして、この点は、南方の「船」の文化を持つ人々が太陽の紅、赤の色を女性のシンボルと考えるのと全く対比的である。

船の文化で言えば、古代日本の『古事記』神話では、日神である天照大神が明確に女性とされている。沖縄の『おもろ』の創世神話でも、太陽神の天道子大主《てだこおおぬし》が女性、さらにまた古代中国の呉越・閩《びん》越の海岸地区でも、海原に昇る太陽が同じく女性として信仰されているのである。北方の「馬」の文化の人々とは、考え方が全く反対となっている。

次に、北方の「馬」の文化では、方向の左右に関しても「左」より「右」を重視する。宇佐神宮の本宮三殿は、右から第一、第二、第三と呼ばれて「右」を上位としている。古代の中国でも『礼記』王制篇「左道を執るものは殺す」に対する孔穎達《くようだつ》（五七四―六四八）の注釈に、「漢書に云う、賢を右とし、愚を左とし、貴を右とし賤を左とす」などとあり、ここでも明確に「右」が「左」よりも上位とされている。

南方の「船」の文化の人々は、逆に、衣服の着用の仕方が、左襟を右襟の上にして着る、いわゆる「左衽《さじん》」である。道教の古典『老子道徳経』第三十一章にも、「君子、居レバ則チ左ヲ貴ブ」などとあって、「右」よりも「左」を上位としており、「右」を貴ぶ「馬」の文化の人々とは正反対になっている。

最後に、「馬」の文化では、奇数より偶数を重んじ、孤立単独よりも対偶連帯を尊ぶ傾向を強く持つ。古代の中原中国で王侯貴族の盛大な隊伍行列を「結駟《けっし》連騎」（四頭だての馬車と複数の騎馬兵）と表現して「馬」もしくは「騎馬」の数も偶数・複数であることを重んじ（『史記』仲尼弟子列伝）、また現代の北方中国においては、正月には必ず家の入口・門などに「対聯《ついれん》」（漢詩や名文佳句などを書いた二幅対の掛け物）を掲げているなどがその例である。

これに対して、「船」の文化の人々に影響を持つ道教経典『太丹隠書洞真玄経』が、人の生誕とその成長の節目《ふしめ》とを三五七の奇数で整理し、これに基づくわが国の『古事記』「神生み」神話がまた、神々の生誕ないし神代史の展開を、「三柱の神↓別天神《ことあまつがみ》五柱↓神代七世」と三五七の奇数で整理しているように、「船」の文化は偶数よりも奇数を重んじて、「馬」の文化とは全く反対となっている。

日本では男性を表す源氏の旗が白で、現代でも紅白歌合戦は赤が女性になっていて、「馬」の文化とは逆になっている。日の丸の旗が示すように、日本には、北と南の文化が混在しているのである。

三　天下太平

今年（一九九三年）の大相撲初場所は、天皇、皇后両陛下を迎えて、文字通り天覧相撲として幕をあけた。

日本の国技とされる「相撲」という言葉も、「八幡」「大神」や「天皇」「皇后」と同じく、本来は古典中国語である。その用語例は十二世紀のころ、南方中国（浙江省杭州市）で書かれた『東京夢華録』などに多く見える。一種の格闘技である相撲は、中国で古くは「角力」「角抵戯」などとも呼ばれ、前二世紀、漢の武帝の天覧相撲としてスタートしている（『漢書』武帝紀「元封三年」条）。

天覧相撲であるから力士の服装は「衣冠」の礼装である。冠を着用するためには、その台座になる髷《まげ》を必要とする。現代、大相撲の力士が髷を結って土俵に上がるのも、その冠の伝統を継ぐものと見られる。ちなみに、「力士」という言葉も中国の古典『史記』や『韓非子』などに多く見えている。

大相撲の儀礼や慣習には、古代中国思想のさまざまな投影が見られる。

力士が裸で跣《はだし》、褌《ふんどし》を締めるのは、彼らが土俵の浄《きよ》めに使う塩と同じく、いずれも南方の「船」の文化を基盤とする。これに対して力士が髷を結い、主たる行司が紫衣を着て軍配を持ち、土俵の四本柱にそれぞれ青（東）赤（南）白（西）黒（北）の房が括《くく》り付けられるのは、「馬」の文化と結合した漢代儒教の「礼典」の思想に基づく。

なかでも、しばしば行司の軍配に書きこまれる「天下太平」の四文字が重要な意味を持つ。漢の武帝を代表とする中国古代の皇帝たちがめざしたのは何であったか。国土の統一と民衆の支配である。彼らは騎馬戦法によって国土の軍事的統一をはかり、また儒教を採用して「群生」（万民）の政治的「統治」を実現したが、「天下太平」は、その究極的な理想ないし悲願を表す言葉であったのである（「群生」「統治」は『漢書』董仲舒《とうちゅうじょ》伝の語）。

「天下太平」の語は、同じく董仲舒伝に載せる漢の武帝のいわゆる「賢良対策」の詔勅の中に見える。また、中国「源氏」制度の創設者・北魏の太武帝は、漢の武帝のこの言葉と思想に基づいて、儒教と道教を一体化する王権神授理論への傾倒を強め、とくに「太平真君」の元号を用いている。

「天下太平」を皇帝統治の究極的な理想としたのは、漢の武帝劉徹である。彼は、古代中国における呪術《じゅじゅつ》宗教の一大センター、沛豊《はいほう》（江蘇省）の徐州文化圏の出身であった。この沛豊の地区は、道教の開祖・老子（太上老君・玄元皇帝）の居住地とされており（『荘子』天運篇）、道教の初代天師（教団の最高指導者）張道陵の「九世の祖」とされる張良（漢の高祖の軍師）の郷里でもあった（『漢天師世家』）。

つまり、漢の武帝劉徹、したがって曽祖・高祖劉邦と、道教の天師・張道陵とは、もともと同郷であり、漢王朝の皇帝たちは、黄老思想ないし初期道教と極めて密接な関係を持つということになる。そしてまた、この沛豊の地区は、東岳泰山とも地理的に近接している。ここは、古代の中国において「天下太平」を実現した伝説的王者十二人が、天神地祇を祭る「封禅《ほうぜん》」の礼典を行って、天帝の認知と褒賞を受け、めでたく羽化登僊《とうせん》したという伝説を持つ山なのである（『史記』封禅書）。

漢の武帝は、即位以来、騎馬戦法の名将・霍去病《かくきょへい》らの登用によって宿敵匈奴《きょうど》を制圧し、中国全土の軍事的統一を果たした。さらに、孔子を開祖とする「治国平天下」の教学体系・儒教を採用した。行政官僚はすべて儒教学者のみを任用するという独尊的な特権を与えると共に、その見返りとして、漢王朝の皇帝の宗教的神聖性を弁証する、アジア的王権神授理論の整備確立を彼らに義務づけるという一種の取引を強行したのである。

この「雄材大略」（『史記』の評語）の大皇帝は、若き日の詔勅（賢良対策詔）にいわゆる「天下太平」を実現させるための要件を三つあげている。すなわち、(1)騎馬戦法による中国全土の軍事的統一、(2)「忠孝の教」としての儒教による「群生の統治」、(3)漢の皇帝のための王権神授理論の整備確立である。この実践に偉大な成果を収めることによって、彼は同じ詔勅にいう「神ノ之（「天下太平」の実現）ヲ聴キ、爾《ナンジ》ノ景《オオ》イナル福《サチ》ヲ介《タス》クル」神僊世界への飛翔＝不老不死の願望の充足＝をひたすら祈求するのである。

『漢書』礼楽志に「天馬」の歌（郊祀歌十九首の第十）がある。

「天馬徠《キタ》リ、遠キ門ヲ開ク。予《ワ》ガ身ヲ竦《ソバダ》テテ昆侖《コンロン》ニ逝《ユ》カム。……閶闔《ショウコウ》ニ遊ビ、玉台ヲ観ム」

この歌が、その祈求を最も良く説明する。

武帝の太初四年（前一〇二）、「血を汗かく」名馬の産地、シルクロードの大宛国《だいえん》から皇帝のための駿馬《しゅんめ》が都長安に送られてきた。現世的な欲望のすべてを既に充足して、あとはただ不死の欲望を残すのみとなった武帝は、この歌によって最後の夢を切々と歌い上げたのである。

歌の中の「昆侖」は崑崙とも書き、不死の薬を持つという道教の神女西王母の住む山。この山の頂上が「玉台」と直通しているといわれる。「玉台」は天帝の宮殿。「閶闔」はその宮殿の門の名前。ここでいう「玉台」は、不老不死を実現した神僊たちの住む世界を象徴しているが、その世界へ飛翔《ひしょう》できるのは、「天馬」だけなのである。

漢の武帝にとって、この「天馬」に鞭《むち》うち、不老不死の神僊世界へ高く飛翔することのできる絶対的な条件は、「天下太平」を実現して東岳泰山で「封禅の祭祀」を行い、祭祀の対象である天帝の認知と褒賞（昇天許可証）を確実に入手することであった。

古代中国における「馬」の文化は、「天馬」の歌によってその展開のフィナーレを迎え、一応の総括を終えるのである。

四　天皇（すめろぎ）

古代中国の「馬」の文化は、要約すれば、漢の武帝によってその基礎が定められ、北魏の太武帝の補強を経て、唐の太宗（文武聖皇帝）によって集大成されるということになる。

　基礎が定められたというのは、前述の(1)騎馬戦法の導入による中国全土の軍事的統一、(2)「治国平天下」の教学体系＝儒教の採用による「群生の統治」、(3)儒教学者による皇帝権力の宗教的神聖性の弁証、(4)「封禅《ほうぜん》」の祭祀《さいし》と「天馬崑崙《こんろん》」の神僊《しんせん》信仰の実施もしくは推進、の四点セットを指す。

　北魏の太武帝の補強とは、(5)「源氏」という皇帝親衛隊制度の創設を言い、唐の太宗の集大成とは、(1)から(5)までの「馬」の文化を踏襲しながら、最終的に(6)「八幡」の舞楽とその軍神信仰を加えたことである。つまり、「馬」の文化はこの六点セットによって完成されたのである。

　では、中国漢唐時代における「馬」の文化六点セットがどのように古代日本に伝来し、受容され、定着していったのか。

　『古事記』の出雲神話によれば、出雲から大和に向かった大国主命《おおくにぬしのみこと》は、「片御手《み》は御馬の鞍に繫《か》け、片御足はその御鐙《あぶみ》に踏み入れて歌ひたまひしく……」とあり、神話時代から既に鞍と鐙《あぶみ》を整備した騎馬騎乗の「馬」の文化が定着していたことを知る。しかし、日本の「馬」の文化が、北方中国の騎馬民族と同じような騎馬戦闘をもつようになるのは、もう少し時代が下がるようである。

　『日本書紀』雄略天皇即位前紀に「大泊瀬天皇《おおはつせのすめらみこと》、弓を彎《ひきしぼ》り馬を驟《は》せて市辺押磐皇子《いちべのおしはのみこ》を射殺したまふ」とあるのが、その最初期の記録といえよう。そして、この「騎馬」の文化と儒教の教学体系との原初的な結合は、雄略天皇に先立つ応神天皇のとき、「百済国の名は和迩吉師《わにきし》、すなわち『論語』十巻、『千字文』一巻、并《あわ》せて十一巻をこの人に付けて貢進《たてまつ》る」（『古事記』中巻）とあるのによって確認される。

なお、この『論語』『千字文』の貢進と前後して、『日本書紀』応神天皇紀十五年には、「百済王、良馬二匹を貢《たてま》つる」とあり、後漢の許慎《きょしん》『説文解字』に「驍《ギョウ》ハ良馬ナリ」とあるのを参考すれば、百済から応神天皇に献上された「良馬」というのも、「驍騎」すなわち勇猛な騎馬、ないし騎馬戦闘への適性をもつ逸品と解することもできよう。つまり、雄略天皇が習熟された騎馬民族の戦闘法を受容する基盤は、応神天皇のとき既に準備されていたと見ることができる。のちの平安時代に応神天皇が八幡大神と一体化されて、宇佐神宮の「一之御殿」に主神として祀《まつ》られているのが、そのことを何よりも有力に裏づける。

そしてまた、『八幡宇佐宮御託宣集』巻六に、天平二十年（七四八）九月一日の託宣として、

「吾レハ昔ハ第十六代ノ帝王（応神天皇）、今ハ百王守護ノ誓神」

などとあるのによれば、「人」としての応神天皇は、明確に「誓神」としての「神」とされており、古代中国で漢の武帝が儒教学者に強要した皇帝の神格化が、ここでは完全に達成されていることになる。

この、雄略天皇や応神天皇などの「天皇」という称号は何を意味するのか。

後漢の張衡《ちょうこう》（七八―一三九）の哲学詩『思玄賦』に、

「崑崙ノ巍々《タカクソビエ》タルヲ瞻《ミ》……清霄《アオゾラ》ヲ渉リテ升《ノボ》リ遐《スス》ム。……天皇ニ瓊宮《タマノミヤ》ニ覿《マミ》エ……紫宮ノ粛々《サヤケキ》ヲ出デ……閶闔《ショウコウ》ヲ出デテ天ノ途《ミチ》ヲ降ル」

と見え、さらに古くは西暦紀元前後に多く出現する緯書（儒教経典の神秘的解釈書）、たとえば『春

秋緯合誠図』には、「天皇大帝ハ北辰ノ星ナリ。……紫宮ノ中ニ居リテ四方ヲ制御《スベオサ》ム」とある。

この二種の引用文に見える「崑崙」「紫宮」「閶闔」などの語は、前掲・漢の武帝の「天馬」の歌を踏まえた表現であり、「天皇」もしくは「天皇大帝」とは、「北辰の星」（北極星）を神格化した天上神僊世界の最高神を呼ぶ言葉にほかならない。

この「天皇」を『漢書』董仲舒《とうちゅうじょ》伝の「統治」者を意味する「すめろぎ」と訓じたのは、天武朝の宮廷歌人柿本人麿である。日並皇子尊《ひなみしのみこのみこと》の殯宮《あらきのみや》の時に作る歌――「神ながら太敷きまして天皇《すめろぎ》の敷きます国」に見える「すめろぎ」である。

天武天皇が万事漢の皇帝たちをモデルとしたことは、壬申の挙兵に「赤色を以て衣の上に着けた」（『日本書紀』天武元年）行為が最も象徴的である。これは、『史記』封禅書「漢、衣は赤を上《たっと》ぶ」に基づく。

天武天皇が漢の武帝の神僊信仰に強くあこがれていたことは、その名前からも明らかで、即位十三年における「八色《やくさ》の姓《かばね》」の制定では「真人《まひと》（道教の真理の体現者）」を最上位におき、死後は「瀛《おきの》真人」の諡号《おくりな》を贈られていることからも明白である。

また、壬申の戦闘では「急《すみやか》に驍騎を驟《つど》へた」近江朝廷軍に対抗するため、高市皇子《たけちのみこ》に「鞍馬を賜ひて悉《ことごと》くに軍事を授け」、その将軍大伴吹負《ふけひ》は、「甲斐の勇者」（甲斐国から徴発した勇猛の騎馬兵＝驍騎）に命じて、白馬に乗った敵将を馳せて追い射させている。天武天皇もまた、漢の武帝と同じく騎馬戦法を導入して国土の軍事的統一を実現した「馬」の文化の「雄材」であった。

漢の武帝がその基礎を定めた古代中国の四点セットの「馬」の文化は、応神、ないし、天武天皇によって古代日本に受容され、一応の定着を見るに至っている。六点のうち、(5)の源氏制度が嵯峨天皇によって、また(6)の八幡信仰が応神天皇によってわが国に導入されたことは既に述べた通りである。

五　天照大神

北からの「馬」の文化に対して、南からの「船」の文化はどのようにして日本に入ってきたのか。先ず、「日神」、すなわち太陽神としての天照大神《あまてらすおおみかみ》を取り上げよう。

『古事記』『日本書紀』の記述によれば、天照大神は、イザナギの大神の「左の御目《み》」より誕生したという。イザナギの大神が亡妻のイザナミの住む「穢《きたな》き国（死者の世界）」から「黄泉軍《よもついくさ》に桃子《もものみ》三箇《みつ》を投げうち」つつ「黄泉比良坂《よみのひら》」を逃げ帰って「禊《みそ》ぎ祓《はら》い」をし、「目を洗われた」時である。

中国の文献にも、似た記述がある。五世紀のころに成立した道教経典『黄素四十四方経』に、「死《シ》尸《シ》血《ケツ》穢《ワイ》ノ物（死体や血まみれの穢い汚物）ヲ見レバ、當《マサ》ニ目ヲ洗イ口ヲ漱《ソソ》グベシ」とあり、同じく『霊寶五符序』に「（左右ノ）目ヲ日月ト為ス」、また『漢武帝内伝』に道教の神女・西王母が邪気を祓う仙薬として「三桃（三箇の桃実）」を食べる話を載せている。「天照大神」の誕生説話も、これらの道教文献を強く意識して書かれたことが充分に推定される。

ところで、この誕生説話における「黄泉比良坂」の所在地は、『古事記』の記述に、「今、出雲の伊賦夜坂《いふや》という」とあり、またイザナギの大神が「御目を洗ひたまふ」たのは、「筑紫の日向《ひむか》の橘の小門《おど》の阿波岐原《あはき》」とされている。

「橘の小門の阿波岐原」というのは、江戸中期の福岡藩の碩学《せきがく》・貝原益軒によれば、筑前国糟屋郡の立花地区の海辺であろうという（『古事記伝』巻六）。これに従えば、『古事記』の天照大神は、博多湾ないし玄界灘の沿海地区から島根半島周辺の日本海域で誕生したことになる。

ちなみに、同じく日本海に臨む丹後半島には、伊勢神宮よりも古くから天照大神を祭るという元伊勢皇大神宮がある。そのすぐ近くで若狭湾に臨む天の橋立の北方・籠《この》神社には、国の重文指定を受けた『海部氏系図《あまべ》』が所蔵されている。この系図に関して「海部氏は遠い古代に海洋からやってきた海人《あま》族の首長。この一族はもともと太陽神を祭っていた」と解説するのは、『古代海部氏の系図』の著者金久與一氏である。

いずれにせよ、この天照大神が本来的に「海原」（海洋）もしくは「船」の文化と密接な関係をもつことは、決定的であるといえよう。上述の元伊勢皇大神宮の所在地が『古事記』（垂仁天皇記）において「旦波国」すなわち「海原の波の上に昇る朝の太陽の国」と呼ばれていることが、そのことを何よりもよく傍証する。

さて、この太陽神としての天照大神であるが、『古事記』神話の記述に、「忌服屋《いみはたや》に坐《ま》して神御衣《かむみそ》織らしめたまふ」とあり、『日本書紀』神代（上）には、素戔嗚尊《すさのをのみこと》の言葉として「請ふ姉と共に誓《うけ》はむ」、

「阿姉《なねのみこと》、翻《かえ》りて起厳顔《いかいか》りたまはむ」などとあって、明確に女性神とされている。

太陽神としての天照大神を女性とするのは、既に述べたように「船」の文化の大きな特徴である。古代中国において「船」の文化の担い手である南方の「越人」は、東は浙江省から西は広東・広西、雲南・越南（ベトナム）におよぶ広汎《こうはん》な海域に居住し、その種族の多種多様さから「百越」とも呼ばれるに至っている（『史記』李斯伝）。彼らの生活様式や思想信仰、民俗風習は、三世紀の後半、晋の陳寿（二三三—二九七）が著作『魏志』倭人伝に記述した「倭人」のそれと共通するものが多いが、いま「馬」の文化の担い手である北方の「胡人」と比較対照してその特徴を述べれば、あらまし次のようである。

海原や海に注ぐ河川流域に住み、漁労もしくは水田稲作農耕を営む彼らは、米と魚を主食としていた。海原で漁労に従事するので、サメやワニなどの危害を避けるために「断髪文身」、すなわち頭髪を短く切り、体に刺青《いれずみ》をする。また海にもぐり、水田で田植えや草取りをするので、裸や跣《はだし》になることが多く、しばしばしゃがみ腰で作業をする。日常生活では交通の手段として船を欠かせない。そこで船をあやつるのに体を柔軟に屈折させる。同じく屋舎内でもあぐらをかくなど膝《ひざ》や脚を曲げて坐る。

「馬」の文化では、「王道ハ正シクシテ直《ス》グナリ」（『尚書』洪範篇）、「剛毅木訥《ボクトツ》ハ仁ニ近シ」（『論語』子路篇）などのように「直」であり、「剛」であることを美徳とするのに対して、「船」の文化では、「曲ナレバ則チ全シ」（『老子』第二十二章）、「柔ハ剛ニ勝ツ」（同上、第七十八章）などのように、「曲」であり、「柔」であることを尊重する。

要するに、北方の「馬」の文化は、人間の積極的な作為を重んじ、「馬」の字が端的に示すように、鼓舞叱咤《しった》し、勇躍して「乗る」文化であり、その社会構造的基盤は、男性尊重の父系社会である。

これに対して、南方の「船」の文化は、人間の作為よりも宇宙大自然の法則真理にひたすら随順してゆく無為無心を重んじる。「船」の字が示すように、どっしりとおおらかに包容して「乗せる」文化であり、その社会は、女性優位の母系である。ここでは、宇宙と人生の根源的な真理＝「道《タオ》」は、「玄牝」（玄妙な雌《めす》・『老子』第六章）もしくは「万物の母」（同上、第一章）と呼ばれて明確に女性とされ、従って「道」の形而下的象徴である「日輪」もまた男性ではなくして女性とされる。

古代の日本列島では、「船」の文化を代表する「日神」天照大神と「馬」の文化を代表する「星神」天皇大帝《すめらみこと》が、皇室の遠祖とその皇孫という血縁関係で結合され、一体化されてゆくのである。

六　神武東征

天照大神と並んで記紀神話のスターは神武天皇である。初代の天皇とされる。神代の時代に日本を統一したと伝えられる過程は、「神武東征」神話でよく知られる。

「神武」というのは、『古事記』神話の神倭伊波礼毘古命《かむやまといはれびこのみこと》に対する諡号《おくりな》である。

『日本書紀』には、

「(神武)天皇、親《みずか》ら諸《もろもろ》の皇子《みこたち》・船師《ふないくさ》を帥《ひき》いて東征《ひがしをう》つ」とあり、ここに「神武東征」の語が使われている。一方、儒教の古典『易経』には「神武ニシテ殺サズ(天神の軍隊は平和的に進駐する)」と見え、同じく『詩経』に「武人ハ東征ス」とある。ここでの東征は「船」の文化に属するのだが、ともに儒教古典の言葉が用いられているのは、『日本書紀』の成立や「神武」の諡号の制定が、後の奈良、平安の「馬」の文化主流の時代であったことに因《よ》る。

『古事記』神話によれば、神倭伊波礼毘古命の生母は玉依毘売《たまよりびめ》。彼女は「海神《わたのかみ》の女《むすめ》」とあるので、神武天皇はまぎれもなく海神の子孫ということになる。従って、「神武東征」というのは、西方の海原から船に乗って東方の倭《やまと》の地域に向かったということであり、しかもその船は、「東征」の「征」の字が示すように、戦闘のための武装を施していた。『古事記』に「御船《みふね》に入れたる楯を取りて下《お》り立ち……登美《とみ》の那賀須泥毘古《ながすねびこ》と戦ふ」などと記されている通りである。

ところで、このように船で東方の倭の地域に進攻した神武天皇は、実は古代中国の呉の国王・泰伯《たいはく》の子孫であるという論議が、十四世紀、室町時代の京都建仁寺の学僧・中巌円月《ちゅうがんえんげつ》らによって行われている(林羅山『神武天皇論』に引く『日本紀』)。

この論議は、おそらく中国古代の正史『晋書』四夷伝や『梁書』諸夷伝などに載せる「倭人ハ自ラ(呉ノ)太伯ノ後ナリト謂ウ」から出たものであろう。ここでいう「太伯」とは「泰伯」とも書き、呉の泰伯と同一の人物である。三ないし六世紀、晋や梁の南朝時代の中国を訪れた倭人たちが、呉の泰伯の子孫と称したその「倭人たち」を、自らの国の始祖とされる「神武天皇」に置き換えたとしても極めて自然な成り行きだといえよう。

このような倭人たちと呉の国との、海を隔てた緊密な関係はさまざまに証明される。五世紀の初め、応神天皇の時に呉の国の四人の縫工女《きぬぬいひめ》が渡来し、同じく五世紀後半の雄略天皇の時には呉の国の「手《たな》末《すえ》の才伎《てひと》」「衣縫《きぬぬい》」の女性技術者ら四人が奈良の檜隈野《ひのくまの》へ定住した、などと『日本書紀』にあり、それによって確認される。

そしてまた、この事実をいっそう広汎《こうはん》かつ具体的に裏づけているのは、九世紀始めの『新撰姓氏録』諸蕃「漢」部にある記述である。すなわち「(右京の)松野の連《むらじ》は、呉王夫差《ふさ》の後なり」、「(和泉《いずみ》の国の)蜂田の薬師《くすし》は、呉主孫權王の後なり」、「(河内国の)茨田《まむた》の勝《まさ》は、呉の国王孫皓《そんこう》の後なる意富《おほ》加牟枳君《かむききみ》の後なり」などがそれである。

さらにまた、古代日本の倭人たちは、この呉の国の東南部に隣接する越の国とも親密な関係をもっていた。三世紀、西晋の陳寿が『魏志倭人伝』に次のような記述を載せている。

「夏后《カコウ》(夏王朝の天子)少康ノ子ハ(越ノ国ノ)会稽ニ封ゼラレ、髪ヲ断《タ》チ身ニ文《イレズミ》シテ以テ蛟龍ノ害ヲ避ク。今、倭ノ水人モ好ンデ沈没シテ魚蛤ヲ捕リ、身ニ文シテ亦タ以テ大魚水禽の厭《マジナイ》ス……」

このほか、同じく『魏志倭人伝』に「(倭人ノ)男子ハ大小ト無ク皆面《カオ》ニ黥《イレズミ》シ身ニ文ス」とある。これらは、道教の古典『荘子』の「越人ハ髪ヲ断チ身ニ文ス」と一致し、同じく「倭人ハ皆徒跣《ハダシデアル》ク」は、『韓非子』の「越人ハ跣行《ハダシデアル》ク」、また「(倭国ノ)卑弥呼ハ鬼道ヲ事トシ能ク衆ヲ惑ワス」は、『呂氏春秋』の「越人(ノ巫)ハ禨(鬼道の一種。破魔招福の呪術《じゆじゆつ》)ヲ信ズ」などとそれぞれ共通する。

上述したような古代中国の呉越の地域と倭人ないし倭国との親密な関係は、『古事記』の神武東征神話で神武天皇の兄とされている人物たちが奇怪な死にざまをしていることとも密接に関連する。すなわち『古事記』によれば、次兄の稲氷《いなひの》命は、「妣《はは》の国として海原に入り」、三兄の御毛沼《みけぬの》命は「波の穂を踏《ふ》みて常世《とこよ》の国に渡りましき」とある。一方、『日本書紀』には、神武東征軍が海中で暴風に遭って、漂蕩《ただよ》った時のこととして、稲飯《いなひの》命が「ああ、吾が祖《みおや》は天神、母は海神なり。如何ぞ我を陸に厄《くるし》め、……海に厄むるや」と歎かれ、「剣を抜きて海に入りたまふ」。また、三毛入野命《みけいりののみこと》も同様の「恨み」の言葉を述べて、「浪の秀《ほ》を踏みて常世郷《とこよのくに》に往でます」と解説されている。ちなみに「妣の国」の「妣」とは、祭祀《さいし》の対象となる亡母を意味し、「常世郷」とは、同じく『日本書紀』の『垂仁紀』崩御後紀に「常世国は、万里浪を踏《ふ》みて遙かに弱水《よわみず》を渡る。神仙の秘区（神秘な神仙の世界）にして俗の臻《いた》らむ所に非らざる」場所なのである。

この「妣の国」「常世国」は、素戔嗚尊《すさのおのみこと》が「吾《あ》は母に根の国に従はむ」と述べた「根の国」（『日本書紀』神代〈上〉）と同義である。いずれも呉越の地域でその神学教理を整備した江南道教の根本経典『老子』の「（道ハ）万物ノ母ナリ」（第一章）、ないしは「万物ハ……各《オノオノ》其ノ根ニ帰ル。根ニ帰ルヲ静ト曰《イ》イ、是《コレ》ヲ命に復《カエ》ル（個の命を解かれて宇宙の大きな命に帰る）ト謂ウ。命ニ帰ルヲ常《トコ》（永遠不滅）と謂ウナリ」（第十六章）に見える「母」および「根」「常」に基づく。

「神武東征」には、呉越の「船」の文化と古代日本の倭国ないし倭人たちとの、共通し、近似する多くの点が見える。その間を結合通底する思想哲学は、「水」（海原）と「母」（玄牝）とをその思惟《しい》思考の根底基盤に置く『老子』の「柔弱（しなやか）」と「曲全（まどやか）」の「道」の教説であった。

七　倭人・倭奴

古代の日本人が「倭人《わじん》」と呼ばれていたのは、一般に知られるところである。もともとは、背が低くて（矮小《わいしょう》）、猫背、かがみ腰の人を意味する漢語（『説文解字』、『漢書』谷永伝など）であるが、『魏志倭人伝』に、主として日本列島西北部に住み、「沈没《シズミモグ》ルコトヲ好ミ、魚蛤ヲ捕リ、身ニ文《イレズミ》スル」と紹介されているように、「船」の文化の担い手である水上生活者「水人」を呼ぶ言葉として使われており、以後は日本人を指すようになった。

しかし、中国の文献を検証すると、『倭人伝』の書かれた三世紀以前は、必ずしもその使用が日本列島西北部のみに限定されていない。

「倭人」という漢語が、成立年代の確かな中国の古代文献に見え始めるのは、一世紀である。後漢の班固が著した『漢書』地理志（下）の「燕地《えんち》」の条には、「楽浪ノ海中ニ倭人有リ、分レテ百余国ト為ル。歳時ヲ以テ来リ献見スト云ウ」が見える。ここでは「倭人」の居住地は「楽浪ノ海中」、すなわち西朝鮮湾から渤海《ぼっかい》湾、黄海に至る海域と結びつけられ、古代中国の「燕地」すなわち現在の北京・河北の地域にまで拡《ひろ》げられている。

このように倭人を燕地と結びつける例はほかにもある。前三世紀ごろの『山海経』海内北経には「倭ハ燕ニ属ス」とあり、さらに『魏書』太祖紀には、太祖道武帝が登国十年（三九五）、同じく「燕地」に都を置く後燕国王・慕容宝の王子・魯陽王倭奴《わど》を生擒《いけどり》にした記事を載せている。後燕国の王子に「倭奴」という名前が付けられているのは、「倭人」が古代中国の燕地と密接に結ばれていることの一例証と見ることができよう。

なお、この「倭奴」という漢語は、『後漢書』東夷《とうい》伝に「建武（光武帝）ノ中元二年（五七）、倭奴国、貢ヲ奉ジ朝賀ス」とあり、後の『唐書』東夷伝や『宋史』外国伝に、「日本ハ古《イニシエ》ノ倭奴ナリ」、「日本国ハ本《モト》ノ倭奴国ナリ」などと日本国全体の名称とされている「倭奴」と共通する。ちなみに光武帝が倭奴国に与えたという「漢委奴国王」の五文字を刻する蛇鈕《だちゅう》金印は、江戸時代に筑前の志賀島で発見され、現在は福岡市博物館に保管されているが、「倭」の字を古い形の「委」に作っている。

以上、「倭人」の居住地を「楽浪ノ海中」もしくは「燕地」と関連づける中国古代の文献資料を挙げてみたが、同類の資料として注目されるのは、後漢の王充（二七―九二）の『論衡』である。

その中の儒増篇「周ノ時、天下太平ニシテ越裳《エッショウ》（古代の国名。今のベトナム北部）ハ白雉《ハクチ》ヲ献ジ、倭人ハ鬯草《チョウソウ》ヲ献ズ」、同じく恢《かい》国篇「（周ノ）成王ノ時、越常（裳）ハ雉ヲ献ジ、倭人ハ暢《チョウ》（鬯）ヲ貢ス」の記述は、いずれも「越裳」とセットにして「倭人」の語が含まれている点で注目を引く。鬯草とは、祭祀《さいし》用の芳草である。

この「鬯草」を、儒教の古典『周礼』の「鬱人《うつじん》」「鬯人」などの記述や、『礼記』などに多く見える祭祀用の香草「鬱鬯」と同一視して、これを献じた倭人の居住地を漢代の鬱林郡（今の広西省貴県の東方地域）に比定する説もある。解釈としては一応成立する。しかし、上掲の文章に「成王」「天下太平」、「献」、「貢」などの漢代祥瑞《しょうずい》思想（太平の世に吉祥が現れるとする天人感応学説）と密接に関連する用語が見えていること、また儒教の古典『逸周書』王会篇に「東夷」すなわち東方の夷狄《いてき》が、周の成王に対してさまざまな貢献を行う記述を載せていることなどを考慮すれば、「鬯草」を献じた倭人の居住地も、やはり古代日本の「倭の水人」たちと密接な関連交渉をもっていた呉越の地区と見るのがより適切であろう。

呉越の地区の住民たちが、北方の「馬」の文化圏の支配者たちから東方の夷狄と見なされていたことは、儒教の古典『春秋穀梁伝』「呉ハ夷狄ノ国ナリ。髪ヲ祝《タ》（断）チテ身ニ文《イレズミ》ス」、また後漢の袁康『越絶書』「越王勾践ハ夷狄ニシテ身ニ文ス」などによって確認される。

とくに、上述の呉と倭人との緊密な関係については、時代は少し下るが、元の金履祥『通鑑前編』に「呉凶、海ニ入ッテ倭ト為ル」、すなわち呉の国の不逞《ふてい》の族《やから》（支配者にまつろわぬ者たち）が船で海原を渡って倭人になったのだという極論まで載せられるに至っている。

要するに、漢語としての「倭人」は、古くは日本列島西北部の「倭の水人」のみでなく、西朝鮮湾から渤海湾、黄海に至る沿海地区、さらには東シナ海に至る広大な海域にもその居住範囲を持ちうる、「船」または「舟」の生活者集団を呼ぶ言葉であった。彼らは、背が低くて猫背でかがみ腰、頭髪は短く切って身体に刺青《いれずみ》を施し、主として漁労に従事して水田稲作をも兼業する生活を営んでいた。

この「倭人」の「倭」を「やまと」と訓《よ》んで、固有名詞の中に使用しているのが、『古事記』東征神話の神倭伊波礼毘古命《かむやまといはれびこのみこと》（神武天皇）である。その「神倭」の「倭」を人名、地名、国名などに用いている例は、『古事記』全巻の中でおよそ七十回に及ぶ。

そして、この「倭」の字を「心」と結合させた「倭心《やまとごころ》」を儒教の「漢意《からごころ》」と対比させたのが、「古事記伝』の著者・本居宣長である。

「北の方（漢意）にて夷《えびす》といひていやしめたりし南の方（倭心）は、よろづの事勝り、中国とてほこりし北の方は、（かへりて）こよなく劣れるさまなり」（『玉かつま』巻十四）

宣長もまた江戸国学の開祖・契沖やその師の賀茂真淵と同様に「倭人」の海原の「心」、「船」の文化の熱烈な讃仰者であった。

八　混成・両行

古代日本に伝来した中国文化は、既に述べたように、北の「馬」の文化と南の「船」の文化とに大きく分けられる。二つの文化はどのような歴史をたどったのか。

「船」の文化の大きな特徴は、太陽神としての天照大神《あまてらすおおみかみ》を女性とすることである。その末裔《まつえい》である神武天皇は、海原を船で渡って倭《やまと》の地域へ進攻したのだから、古代日本に伝来したのは、明らかに

「馬」よりも「船」の方が先行している。

七世紀の半ば、天智天皇の二年（六六三）、朝鮮半島の白村江《はくすきのえ》で日本が「船師《いくさ》」に大敗北するまで、古代日本文化の主流をなすのは、神武東征が典型的に代表するように「船」（海原）のそれであった。そのことは、白村江の水戦がたとえ敗北に終わったとはいえ、「大日本国《おおやまと》の救将廬原君臣《すくいのいくさのきみいほはらのきみおみ》の率いる健児《ちからひと》万余」（『日本書紀』天智紀）の大部隊を、海の彼方の戦場にまで遠く派遣できるだけの船団の輸送能力を備えていたことから明らかである。また、景行天皇↓日本武尊《やまとたけるのみこと》↓仲哀天皇と父子三代にわたって行われた九州の熊襲《くまそ》討伐戦（『日本書紀』）に見ても明白である。

特に象徴的であるのは、紀伊国徳勒津宮《ところつのみや》（和歌山市）から船で西国の豊浦（下関市付近）に向った仲哀天皇の遠征である。

岡（福岡県芦屋町付近）の縣主《あがたぬし》の祖《おや》・熊鰐《わに》の船は、白銅鏡《ますみの》と十握剣《とつかのつるぎ》と八尺瓊《やさかに》とを無条件降伏のシンボルとして用意し、周芳《すほう》の沙麼《さば》の浦（山口県防府市の沖）で出迎え、筑紫の伊覩《いと》（福岡県糸島郡）の縣主の祖・五十迹手《いとで》の船も同様の品をそろえて穴門《あなと》の引嶋《ひこしま》（下関市彦島）で仲哀天皇を待っていた。この二隻の船の出迎えこそ当時の倭朝廷が海上水軍力で圧倒的な優位性を持っていたことを如実に示すものであった。

しかし、この仲哀天皇が海上から陸上に移るに及んで状勢は一変する。筑紫に上陸して橿日宮《かしひの》（現在の香椎宮）を造営し、ここを拠点として熊襲の討伐におもむいた天皇は、陸上戦闘で「賊（の騎馬兵）の（放つ）矢に中《あた》り」（『書紀』仲哀紀「一書」）、あえなくも不慮の最期をとげられる。

この結果、倭の朝廷は「馬」の文化を積極的に導入して陸上戦闘能力を整備強化することを急務として迫られることになる。そして、漢の武帝劉徹が、匈奴の騎馬戦法に敗退した高祖劉邦の屈辱を雪《そそ》いだように、仲哀天皇の「橿日の挫折」をその皇子の応神天皇が克服することになるのである。これが、本格的な「馬」の文化の導入の開始であり、白村江の大敗北の九年後、天武天皇の壬申の乱（六七二年）の勝利によって一応結実する。この勝利で注目されるのは、「甲斐の勇者」（『書紀』天武元年）の駿馬《しゅんめ》を馳《は》せて敵将を射る果敢な騎馬戦法であった。後の戦国時代に天下無敵を誇った武田の騎馬軍団の先駆とも思われる。

こうした騎馬戦法はやがて平安初期の嵯峨天皇によって北魏王朝の「源氏」制度と結合され、さらに「貞観の治」の清和天皇によって唐王朝の「八幡」軍神《いくさがみ》の信仰と結び付く。清和源氏の嫡流《ちゃくりゅう》、八幡太郎義家は、名実ともに騎馬戦法を主軸とする「馬」の文化の頂点に立つ存在となった。

以後、この「馬」の文化が、鎌倉幕府、室町幕府、織田・豊臣を経た江戸幕府の将軍たちにまで次々に継承されて、日本国の政治軍事の権力中枢、日本文化全般の主導性を保持しつづけることは、改めて指摘するまでもないであろう。

とはいえ、七世紀以降、一貫して主流の座を占めつづける「馬」の文化に対して、「船」の文化の立場からする異議申し立て、もしくは反撥《はんぱつ》や抵抗が全く見られなかったわけではない。

平安朝の末期には、「船」の文化の担い手、伊勢平氏の嫡流である平清盛が一時的に政権を掌握し、「船」の文化の復権が計られた。一方、同時期の宗教思想界では、「馬」の文化と連結する比叡山のアカデミズム仏教に対して、法然・親鸞の「浄土」信仰の他力仏教が、「自然法爾《じねんほうに》」の異議申し立てを行っている。

また、十七、八世紀には、徳川政権から疎外されて出家遁世《とんせい》し、「馬」の文化の批判者に転じた僧契沖《けいちゅう》を開祖とする江戸期国学が、『古事記』『万葉集』の古雅な「船」の文化をもとに「倭心《やまと》」を謳歌して、新鮮な日本古典学を展開する。

契沖と同時期で共に難波の海を見て育ったのが仙皓《せんこう》（道教の翁《おきな》）・西鶴である。西鶴は、昔日の威力と活力を失った元禄期の「馬」の文化を軽侮して、「ただ金銀（こそ）が町人の氏系図になるぞかし」（『日本永代蔵』巻六）と喝破している。こうした例はほかにも見られ、二つの文化の対立は歴史を通して続けられているのである。


要約すると、古代の中国では、「馬」の文化と「船」の文化とは表裏一体のものであった。道教の古典『老子』や『荘子』では、これを「混成（まざりあって一体をなす）」といい、また「両行（二つながら行われる）」とも呼ぶ。もともとは宇宙と人生の根源的な真理すなわち「道《タオ》」の生きて働く相《すがた》を形容する言葉であった。日本列島に北から伝来した「馬」の文化も、南から来た「船」の文化も一様にその例外ではありえない。つまり、「馬」と「船」の道は、そのいずれが主流となるかの時代的な相違はあっても、「道」全体としては混成し、両行しているのである。

中国・天安門事件の隠れた起爆剤ともいわれる蘇暁康《スーシャオカン》・王魯湘《ワンルーシャン》共著『河殤《かしょう》』（黄河を悼む）でも強調されているように、いまこそ、長く長く続いて主流であった「黄河」と「馬」の文化を、『荘子』秋水篇で賛美する「蒼海《うなばら》」と「船」の文化に大きく切り替えてゆくべき時機ではあるまいか。

「馬」の文化と「船」の文化

五点セットの古代中国文化

私の本日の講演の題目は「馬の文化と船の文化」となっておりますけれども、これは港の町・石巻で講演するからというので特に船という字を題目に出しました。一般的な分りやすい題目に改めますと、「古代日本と中国文化」ということになります。

もともと私の専門は中国の思想史でございますが、中国では文化が非常に古くから発達し、その中国の文化が大体二千四百年ほど前から水田稲作農耕を中心にして、わが日本列島に伝わってまいります。私はそれを五点セットの中国文化と呼んでおりますけれども、そのなかの第一と第二は、皆さん学校の教科書などですでにお習いになっております。

つまり第一番目は水田稲作農耕です。お米の文化、稲の文化。それから第二番目が銅や鉄の金属器文化です。これも中国から古代の日本に伝わってまいりました。

それから第三番目。これは石巻と非常に密接な関係がありますけれども、漁労文化、魚や海産物をとる文化です。これが水田稲作農耕と一緒になって米と魚を主食とする文化をつくるわけです。この米と魚を主食とする文化は、主として中国の南の方で発達し、海原や海原にそそぐ河川の流域を主要な舞台として大小の船や舟を用いますので、一般に「船の文化」と呼ばれます。

それに対して「馬の文化」と申しますのは、北の方の中国の文化、シルクロードから蒙古や華北の岳麓草原沙漠が主要な舞台です。その馬の文化の方は牧畜業が盛んで、農業は麦作が中心になりますから、したがって主食は肉とパンということになります。南の魚と米に対して、北の肉とパンの文化と言いかえることができますが、そういった北の「馬の文化」と南の「船の文化」。

私はこれを北回り、南回りというふうに申しておりますが、そういった北回りの馬の文化、南回りの船の文化をも一緒にして、日本に今から二千四百年ほど前に、このような五点セットの中国文化が海を渡って入ってきます。

五点セットの中国文化の第三番目の漁労文化、その漁労の漁というのは、船などを使って魚をとること。労（撈）というのは海の中に潜って魚を含めたいろいろな海産物をとること。この、もともとは中国語であった漁撈という言葉がそのまま日本語になっているわけです。

これは、もとはヨーロッパ・アメリカの言葉であるコンピュータ、テレビジョン、ラジオ、カメラ、モーターボート、ハイウェイ、JRなどの外来語がそのまま日本語になっているのと同じです。ヨーロッパ・アメリカ、特にアメリカのハイテク文化が日本にやってきて、現在の日本社会を席巻しているんですけれども、これはまだ百五十年ぐらいしか経っていません。その前、二千年以上も昔には、アメリカの文化ではなくて中国の文化だったわけです。

その中国の文化が言葉と一緒に日本にやってくるわけですから、現在でも日本語の中で古典的な思想内容を持った言葉は、コンピュータ、テレビジョン、ハイウェイなどが外来語であるのと同じように、もともとは外来語―中国語でありました。

たとえば天皇という言葉、東京とか京都という言葉、神社とか神宮とか神道という言葉、それから仙台にあります大崎八幡の八幡という言葉、それから八幡信仰を推し進めた源氏というのも、本来はみなちゃんとした思想内容をもつ中国語でした。その中国語がそのまま日本語になったわけです。

それらの中国語を中国人と同じように読む、音読みと申します読み方、例えば天皇という言葉であれば、これをテンノウと読むのは中国人と同じ読み方で読んでいる音読みです。それを「すめろぎ」「すめらみこと」というふうに読めば訓読みです。日本語に訳して、つまりヤマト言葉を使っている読み方です。

中国語の漢字の音読みと訓読み、両方の言葉がずっと日本語の中に現在も生きて使われているわけです。仙台という言葉も、これは中国で五世紀くらいから使われ出す言葉です。天上の神の世界の政府という意味です。この仙台は中国語としては天台とだいたい同じ意味です。仙台と同じく日本の有名な城下町である金沢も本来は中国語です。金沢は音読みしますと「キンタク」となりますが、「キンタク」というのは、中国の土着宗教である道教の宗教哲学用語で、黄金の光沢《いろつや》を持つ神仙の容貌を形容する言葉です。その「キンタク」を「かなざわ」というふうに訓読みしておりますけれども、もとは仙台と同じく中国語でありました。

五点セットの四番目が医療文化です、水田稲作をやると金属製の農具でけがをしたり、それから水田の耕作のために病気にかかります。それらを治療するための医術・薬学です。具体的な説明は『万葉集』巻五に載せる山上憶良の「沈痾《ちんあ》自哀の文」や『古事記』神話の中の大国主命が稲羽の白兎に教えた「蒲黄《がまのほ》」の外科治療法などに見えています。

この医療文化も全面的に中国の技術が日本にやってきて、それを日本で取り入れて現在まで漢方医学としてずっと伝えてきている。ただ二百年ほど前からオランダ医学を基盤にして現在のヨーロッパ・アメリカの西洋医学、これが積極的に取り入れられて現在は主流を占めていますが、しかし、二千年以上も前、日本の最初の医療文化は中国の技術で始まったわけです。ですから医療とか治療とかいうのも、もちろん本来的には中国語です。

五点セットの五番目が占いの文化です。中国語で「卜占《ぼくせん》」とか、引っくり返して「占卜《せんぼく》」とかいうふうに申しますけれども、要するに占いの文化。そして占った結果を、神の言葉であるぞよというふうにしてお告げをすることを、中国語で神託、託宣と呼びますけれども、この神託・託宣という言葉が中国語であることからも知られますように、お告げの文化とその基盤にある占いの文化、これらはみな中国から来たものです。

日本で御託宣の文化を代表しているのは、私の郷里の大分県宇佐の町に鎮座する八幡さんです。日本の奈良朝時代の皇位継承の重大問題で和気清麻呂が都からわざわざ九州の田舎の宇佐八幡の御託宣を仰ぎに来るということは、私たち九州の宇佐の隣町で生まれ育っている者にとっては大変不可解なことであったわけですけれども、その後、中国の宗教思想史などをいろいろ勉強してみますと、天皇という中国語と八幡や神託という中国語が極めて緊密な思想的関連を持っていることが明らかとなり、それは至極当然であったということが、やっと分かるようになりました。このように卜占も託宣も中国から来た宗教文化ですが、中国古代の卜占の仕方には、大きく分けて二種類があります。
その第一は、蓍と書いて音読みが「シ」、訓読みが「めどはぎ」。はぎ科の植物である蓍の茎五十本を使う占いの仕方です。その第二の占いは、海亀の甲羅を使います。海亀の甲羅を剥いで、その甲羅に三十六ずつ二列にきりで穴をあけ（『荘子』外物篇）、そこにもぐさを詰めて火をつけますと、熱で甲羅にひび割れが入ります。そのひび割れの入った方向で今年は豊年であるか、そうでないか、隣の国とは戦争しなくて済むか、しなければならないかなど、そういう国家にとって重要なことを占っていくわけです。

現在の日本でも使われています兆候、吉兆の兆という字は、今申しました亀の甲羅に生じたひび割れの模様を絵に書いた文字です。この中国の占いの文化は西暦七一二年、八世紀の初めに成立したわが国最古の歴史書『古事記』の中にも既に取り入れられています。『古事記』では「太占《ふとまに》に卜相《うらな》いて」というふうに中国の占いの文化を「フトマニ」と呼んでいます。古代中国の占いの文化で最も重要なものを「太卜」と申しますが、皇位継承だとか、諸侯（大名）の任命の場合だとか、国家にとって重要な事件の場合の占い、これが太卜《たいぼく》です。

その占いの結果、すなわち吉凶の判決が大貞《たいてい》と呼ばれます。訓読みでは大貞《おおさだ》と読んでおりますけれども、これは「太卜」という言葉と共に儒教の古典『周礼《しゅらい》』という書物に見える重要な言葉です。そして、この「大貞」という言葉が、わが国における中国伝来の神託・託宣の宗教文化を典型的に代表する大分県宇佐の町の八幡神宮の近くに、現在も地名としてそのまま残っています。

そういうふうにして『古事記』からこの方、中国の託宣文化、占いの宗教文化がわが国に伝来されて、旱魃・洪水が続いても、戦争・悪疫が起こっても、占いによって人間の営みが方向づけられていくということになり、占卜・託宣が東アジアの古代文化の中で重要な役割を果たす。いずれも中国からきたものです。

この五点セットの古代中国文化のうち、初めの二つは、皆さん教科書などですでにお習いになっていますけれども、あとの三つは、これまで日本の学界でも余り重要視されなかったものです。しかし、このあとの三つがやはり日本文化の歴史の中で重要な役割をしているということ、そのことは特に注目しておきたいと思います。

南回《まわ》りと北回り――『海上の道』と『騎馬民族国家』

私は戦争中、京都帝国大学を卒業して一週間後には熊本の第六師団野砲兵連隊に入隊しましたが、太平洋戦争も末期に南支派遣軍への転出を命ぜられ、熊本を出発して、門司から朝鮮・満州・北支を経由して津浦線で南京に到着、さらに上海を輸送船団で出港、舟山列島を経て南支の汕頭《すわとう》に上陸しました。その後、広東省の陸豊、海豊、恵州を転進して省都の広州から孫文の郷里の中山県、南宋滅亡の地・崖門のあたりまでの南支沿海地区の警備に当たっていました。そのために中国南部の海岸地区の人々の種族の違い、それぞれの生活の仕方、物の考え方や信仰習俗などのあらましを実見することができました。

ところで、日本人はいったいどこから来たのか、また日本文化はどのようにして形成され発展してきたのかという問題に関しましては、明治以後、どちらも東京帝国大学卒業生ですが、柳田国男さんの南からの『海上の道』と江上波夫さんの北からの『騎馬民族国家』が学説として最も代表的であります。

ただし、明治十年にスタートした東京帝国大学をはじめとして、それに二十年ほど遅れてスタートする京都帝国大学、その他の日本の国立大学の学術研究の仕方には、正しいものはただ一つであると断定し、もしくは一元的な理論で明快に割り切ることのできる者が秀才優等生であるといった考え方が強く、ヨーロッパの近代史学のキリスト教神学を基盤におく一神教的理論構成が重んぜられておりました。そのために日本人は北から来たか南から来たかのどちらかであるというように、一つに決めようとする傾向が顕著でしたので、北からも来た南からも来た、といった複合的・混成的な発想もしくは不明確《ファジー》な表現は一般的に敬遠されていました。しかし、東アジアの古代史の展開の仕方、とくに古代日本の文化や社会の形成は、そのように一元的に割り切ることは困難であり、南の「海上の道」からも北の「騎馬民族国家」からも来た、ないし南の「船」の文化も北の「馬」の文化もひとしく日本列島に渡ってきて混在している、すなわち日本文化は混成複合の文化であると見るのが、歴史の真相を得ているように思われます。

ですから最近の私は、最初に申し上げました古代日本に伝来した五点セットの中国文化、それを北回りと南回りに分けて、北回りの中国文化を「馬」で代表させ、南回りの中国文化を「船」で代表させています。南北の中国文化を「船」と「馬」で代表させるのは私の創意ではなく、実は西暦前二世紀、正確には前一三九年にその成立が確認される『淮南子《えなんじ》』斉俗篇に見えている考え方です。「(北方ノ) 胡人ハ馬ニ便《タクミ》ニシテ、(南方ノ) 越人ハ舟に便ナリ」というのがそれですが、ここでいわゆる胡人とは、後の四世紀、北方中国を占領して次々に十六の王国を建てる「五胡十六国」の「五胡」、すなわち五種類の胡人を指します。つまり⑴匈奴、⑵羯《かつ》、⑶鮮卑《せんび》、⑷氐《てい》、⑸羌《きょう》の夷狄です。ちなみに、この五胡のうち鮮卑族の建てた北魏ないし東魏・西魏の王朝は、奈良朝時代の日本の皇室が最も親近感を抱き、国家の統治体制のモデルとされています。奈良の都を平城と書き、皇居を紫宮と呼び、神亀・天平などの元号を用いたのがそうですし、後の平安朝初期の嵯峨天皇は、この北魏の太武帝が皇族を臣籍降下させて「源氏」と呼び、皇帝の親衛隊とした制度（『魏書』源賀伝）をそのまま採り入れています。

一方また「越人」というのは、中国南東ないし南西辺境の呉越、甌《おう》越、閩《びん》越、南越、滇《てん》越、駱《らく》越、越南などの地区に分かれて住み、『史記』李斯伝などには、これらの越人を一括して「百越」と呼んでいます。中国の道教の古典『南華真経』逍遙遊篇には、「越人ハ断髪文身ス（頭髪を短く切り体に刺青をする）」とあり、古代日本人について解説した中国の正史『魏志』倭人伝にも「倭ノ水人ハ文身シテ（越人ト）亦《オナジ》ク以テ大魚水禽ニ厭《マジナイ》ス」など、「越人」と「倭人」との種族としての近似性を指摘しています。なお、最近中国広東省広州市にある南越王墓で出土した南越王の蛇紐金印は、わが国福岡県志賀《しか》の島で江戸時代に発見された「漢委奴国王」の蛇紐金印と酷似し、その副葬品にも五種の石薬など、奈良の正倉院御物と共通するものが多く指摘されます（二八五頁の記述参照）。

ここで参考までに申し上げておきますと、先ほど『魏志』倭人伝などで越人との近似性が指摘されていました倭人というのは、『魏志』倭人伝が晋の陳壽（二三三—二九七）によって書かれた三世紀の段階では、主として日本人を意味していますが、それ以前においては必ずしも日本人だけを意味しま

西漢南越王金印。南越王趙眜《バツ》自号“文帝”在位16年（前137—前122）。
（西漢南越王墓博物館）

せん。この「倭人」という言葉は、言うまでもなく本来的には漢語すなわち古典中国語であり、最も古くは西暦一世紀の半ばに書かれた後漢の班固（三二―九二）の『漢書』地理志、同じく王充（二七―九一）の『論衡』、さらには『後漢書』烏桓《うがん》鮮卑伝などに用例が見えていますが、これらの用例では、朝鮮半島の西と南の沿海地域、中国の渤海湾、山東半島、江蘇・浙江の沿海地域、さらには福建・広東・広西・越南・海南島から琉球、奄美大島に至る広大な沿海地域に住む、背の低い猫背でしゃがみ腰、頭髪を短く切って全身に刺青《いれずみ》をし、裸体になり裸足で歩き、「はちまき」や「腰巻き」、「ふんどし」をする習俗を持つ水田稲作兼業の漁労生活者たちを一般的に呼ぶ言葉として用いられています。ただし、上述のように西暦後三—四世紀、中国大陸で漢民族が北方の騎馬民族に追われて江南に都を遷した頃から、今度はもっぱら日本人が倭人と呼ばれるようになります。三世紀に書かれた『魏志』倭人伝で越人と生活の仕方、風俗習慣などに近似性を持つと記述されている倭人（倭の水人）がそれです。

馬の文化と船の文化

さて、これまで申してきましたように、今からおよそ二千四百年ほど以前から、既に高い水準にあった中国の古代文化が、文化は高い所から低い所へ雪崩を打っていくというトインビーの言葉のように、北からまた南から日本列島に伝来してきます。北の中国文化すなわち馬もしくは騎馬戦法によって代表される胡人の文化と、南の中国文化すなわち船もしくは水上戦闘によって代表される越人の文化です。そして日本に伝来した馬の文化を典型的に代表するのが、軍神《いくさがみ》としての八幡大神——のちに仏教と習合してからは八幡大菩薩——の信仰であり、その信仰の実戦的な推進者は、八幡太郎義家の源氏です（「源氏」という中国語の使用が北魏の太武帝に始まることは上述しました）。

この八幡という中国語は、七世紀、唐の時代の太宗という皇帝の頃から使われ出す言葉で、諸葛孔明（一八一—二三四）の四頭八尾の八陣図戦法を唐の太宗（六二六—六四九在位）が演劇化した雅楽「破陣楽舞」の四表八幡（四本の表《しるし》すなわち桙《ほこ》を持った四人の男性の舞手と、八本の幡《はた》を持った八人の乙女の舞手）の舞の「八幡」として見え始めます（詳細は『唐太宗李衛公問対』巻中に載せる「破陣楽舞」の記述を参照）。そして八幡とは、八本の幡を手に持って天地八百万の神々を支配する宇宙の最高神を象徴し、その最高神が八幡大神もしくは八幡大菩薩と呼ばれて、八陣図戦法とも結合され、軍神として信仰されるようになります。この軍神としての八幡と源氏の騎馬戦法によって代表される馬の文化によって、日本列島が最終的に統一されたという見方も充分に可能です。奈良の法隆寺近くの藤の木古墳で最も豪華な出土物が馬具の鞍であったというのも、この見方を有力に裏づけてくれるでありましょう。

右に述べた「馬」の文化に対して、古代日本に伝来した「船」の文化を典型的に代表するのは、わが国最古の歴史書『古事記』の神話、とくに海神ないし海神の子孫としての神武天皇の船団を率いての東征神話です。『古事記』の神話は、その全体構成が（一）天神《あまつかみ》（二）国神《くにつかみ》（三）海神《わたのかみ》という三部建てになっていて、中国古来の土着民族宗教である道教の神学の（一）天官（二）地官（三）水官という天と地（国土）と水（海原）の三官三部建てと一致します。このほか世界が三柱の神から始まるという天地開闢神話、またカミムスビ、タカミムスビのように神々の生誕が「気の結び」によるという生命の成立神話も、それぞれ、中国の道教の「三気の尊神」から世界が始まり、また「気が結んで神を生ず」という「神生み」の神学もしくは宗教哲学と一致します。そして『古事記』神話の文章表現も、たとえば開巻冒頭の「天地《あめつち》初めて発《ひら》けし時、高天《たかま》の原に成れる神の名は、天之御中主《あめのみなかぬしの》神。次に高御産巣日《たかみむすびの》神。次に神産巣日《かみむすびの》神。この三柱《みはしら》の神は、みな独神《ひとりかみ》と成りまして身を隠《かく》したまひき」という場合も、「天地初発」、「高天原」、「結気生神《むすびのかみ》」、「三柱の神」、「独神」、「身を隠す」など、いずれも道教の経典『九天生神経』などの記述を参考にして書かれています。

この『古事記』の文章につづく「次に国稚《わか》く浮きし脂《あぶら》の如くして海月《くらげ》（水母）なす漂《ただよ》へる時、葦牙《あしかび》の如く萌《も》え騰《あが》る物によりて成れる神の名は、ウマシアシカビヒコヂの神、次にアメノトコタチの神」

というのも、同様に「浮脂」「水母」「葦牙」「成神」など、いずれも道教の練金術理論書『周易参同契』などを参考にして書かれています。それからまた、人は死んだらどこへゆくのかという死後の問題に関しても、『古事記』の海神の娘の玉衣姫《タマヨリヒメ》が生んだ四人の男子のうちの第二子・イナヒの命《みこと》が「妣《はは》の国として海原に入りましき」とある「妣の国」（「妣」は祭祀の対象となる亡母）、また同じく第三子のミケヌの命が「波の穂を跳《ふ》みて渡りました」という「常世国」の「常世」、さらにはまたイザナギの大御神から「汝命《いましみこと》は海原を知らせ」と命ぜられたスサノヲの命《みこと》が「僕《あ》は妣の国・根の堅州《かたす》国に罷《まか》らむと欲《おも》ふ」と答えた「根の堅州国」などは、いずれも海原の船の文化と密接な関連を持ち、道教の根本経典『道徳真経』（『老子』）の「道は万物の母」、「（宇宙の大いなる）命に復《かえ》るを常《とこ》と曰う」、「万物は各《おの》おの其の根に帰る」の「母」（「妣」は亡母）、「常」、「根」の宗教哲学をそれぞれ踏まえていると見られます。

『古事記』の記述する神武東征神話の主人公である「神武」すなわちカムヤマトイワレヒコも、上述のイナヒやミケヌと同じく海神の妹娘・玉依姫を母とします。このカムヤマトイワレヒコが、海神の姉娘・豊玉姫と結婚して、イワレヒコの父のウガヤフキアエズの命を生んだ祖父のヒコホホデミの命《みこと》（山幸《やまさち》彦）が五百八十年間住んでいたという高千穂の宮を後にします。そして「日向より出発して筑紫に向かわれた」のですが、それは、途中の速吸門《はやすいのと》でサヲネツヒコに「汝《な》は海道《うみつぢ》を知れりや」と問い、「能く知れり」と答えたサヲネツヒコを「その御船《みふね》に引き入れて」とあることから、船団を組んで海原を航行していたことが知られます。その船団の船の数や乗員の人数は記されていませんが、『古事記』に「浪速《なみはや》の渡りを経て、青雲の白肩津《しらかたのつ》（河内国草香邑）に泊《は》て」しとき、「軍《いくさ》を興して待ち向えて」いたナガスネヒコと、「御船に入れたる楯を取りて下《お》り立ち」、戦ったとありますので、武装船団であったこと、また、かなりの戦闘能力を持つ多くの人員を擁し、したがって船の数も少なくなかったことが知られます。

ちなみに神武東征軍と類似点を多く持つ前三世紀、中国の山東半島の琅邪《ろうや》地区を出港して東に向った徐福の船団は、『史記』淮南衡山列伝の記述によれば、乗員は「童男女三千人」とあり、また、後三世紀の半ば、呉の孫権の命を受けて、「海に浮かび、夷州および亶州を求めて」出航したと『三国志』呉書に記述する将軍衛温《えいおん》・諸葛直《しょかつちょく》の船団の乗員は「甲士万人」とあります。徐福や衛温・諸葛直の船団は、日本列島に上陸したことが確認できませんが、確認できるものとしては、衛温・諸葛直の船団が出航した呉の黄龍二年（二三〇）におくれること五十三年、わが国の応神天皇の十四年（旧説二八三年）——呉の国の滅亡（二八〇）後三年——、秦の始皇帝の後（末裔）と自称する弓月王《ゆづきのきみ》（融通王）に率いられて日本国に帰化した「百二十七県の秦民」があります（『新撰姓氏録』左京諸蕃「漢」の部。ただし『日本書紀』は「己れの国の人夫百二十県」に作り、『新撰姓氏録』山城蕃別「漢」の部は「百二十七県の狛姓《こま》」に作っています）。「百二十七県」は県を郷に読み替える説もありますが、いずれにしても膨大な数量の人員です（上掲「山城蕃別」漢の部「秦忌寸《はたいむき》」の条には、当時の秦氏の総人口を「九十二部、一万八千六百七十人」とする記述が見えています）。『古事記』の神武東征船団の船と人の数量も、上記秦始皇帝の末裔を自称する弓月王の率いた帰化人集団の規模と同列に考えてよいと思いますが、この東征船団の造船技術ないし海原の航行、敵との戦闘の技術なども、すべて古代中国の船の文化に学んだであろうことが必然的に推測されます。

「乗る」文化と「乗せる」文化――父系（剛直）と母系（柔曲）

以上、古代日本に伝来した中国の「馬」の文化を代表するものとして、八幡信仰とその信仰の推進者・八幡太郎義家を筆頭とする源氏の騎馬戦法、一方また、同じく「船」の文化を代表する『古事記』神話の海神信仰と、海神の娘・玉依姫の末子とされるカムヤマトイワレヒコ（神武天皇）の船団を組んでの東征について説明しました。そこで次にこのような馬の文化と船の文化がそれぞれ北から南から古代日本に上陸して、日本文化の形成にどのような役割を果たしているのかを考えてみたいと思いますが、その前に、古代中国における馬の文化と船の文化のそれぞれの特徴ないし相異点について、そのあらましを纏めて申し上げておきたいと思います。

はじめにも申し上げましたように、「馬」の文化の舞台は岳麓草原、その一部は沙漠となっております。そこでは狩猟・牧畜業が営まれ、農耕は麦作とくに小麦が中心となります。したがって主食は肉とパンもしくは麺類です。これに対して「船」の文化の舞台は、海原もしくは海原に注ぐ河川の流域。そこでは漁労が営まれ、兼ねて水田稲作農耕が行われ、したがって主食は魚と米（米飯）ということになります。

岳麓・草原・沙漠を舞台とする「馬」の文化では、日常の生活で乗馬が大きな比重を占めますので、直射光線を避け、鐙《あぶみ》などの金具で怪我をしないため、帽子をかぶり靴をはきます。乗馬の姿勢は、背筋を真っ直ぐにして手綱を握りますので、屋内での生活も腰掛けまたは椅子を使います。これに対して、海原もしくは海原に注ぐ河川流域を舞台とする「船」の文化では、海にもぐるため帽子などはかぶらず、頭髪を短く切り、裸体にふんどしまたは腰巻きなどをまとい、鮫《さめ》や鱶《ふか》の襲撃を避けるために全身に刺青《いれずみ》をします。いわゆる「断髪文身」です。また船を漕ぎ櫓を操《あやつ》ったり、水田で田植えをし、田の草を取るために、裸足になり、しゃがみ腰になることが多く、屋内での生活は箕坐《きざ》(なげずわり)もしくは趺坐《ふざ》(あぐら)をかきます。

つぎに思想信仰・習俗の面でも、馬の文化と船の文化では相異が見られます。たとえば、馬の文化の地域では、草原沙漠に昇ってくる太陽を男性とし、したがって太陽の紅もしくは赤の色を男性のシンボルとします。これに対して船の文化の地域では、日本の『古事記』神話のアマテラス大御神や沖縄の『おもろ』の創世神話の天道子大主《てだこおおぬし》のように、日輪を女性神とし、したがって日輪の紅もしくは赤の色を女性のシンボルとします。なお、日輪と日輪の紅もしくは赤の色を女性とする「船」の文化の地域では、わが国の『古事記』神話で、スサノヲの命《みこと》を海原を知ろしめす神としているように、海神を男性とし、したがって海神の青もしくは紺青の色を男性のシンボルとします(現代日本のJR線の駅や列車内のトイレ、都市のホテルや公共の建物内のトイレで、女性用を紅もしくは赤の人形《ひとがた》、男性用を青もしくは紺青の人形で標示するのは、『古事記』神話の日輪を女性神のアマテラスとし、海原を男性神のスサノヲとするのに基づきます。NHKの紅白歌合戦で女性を紅とするのも同様です。ただし、中国大陸で漢民族の思想文化の定着した地域では、都市のホテルやレストランなどのトイレの人形標示は、男女が日本とは逆になっています)。

それからまた、上に述べた船の文化の地域では、着物は一般的に呉服と呼ばれる古代中国の江南地方に普遍的であった衣裳を用いますが、この呉服を着る場合、必ず左襟《えり》を上にして着ます。儒教の開祖とされる孔子が『論語』（憲問篇）の中で「管仲微《な》かりせば、吾れ其れ被髪《ひはつ》（ざんばら髪にし）左衽《さじん》せん」といっている「左衽」であり、この左衽は儒教の立場からは野蛮人を意味します。そして、このような左襟を上にする着物の着かた（左衽）は、後に道教の開祖とされる老子が、「君子、居れば則ち左を貴ぶ」（第三十一章）――教養ある人間は、日常生活において左を上位にする――と言っているように（したがって現代の中国においても道教の僧侶の服装は左衽）、右よりも左を上位にする思想信仰と結合し、わが国で古くから着物の着方《きかた》がすべて呉服と同じく左衽であることと共に、奈良朝期の初め（養老二年―七一八年）に制定された『養老令』の職員令で左大臣を右大臣の上位に置いている考え方と一致します。

さらにまた、船の文化の地域における思想信仰の特徴として、偶数よりも奇数を重んずることが挙げられます。孔子を開祖とする儒教では、人類を含む天地万物の生成を解説して「太極は両儀（陰と陽）を生じ、両儀は四象（陰と陽の四種の組み合わせ。⑴老陽⚌⑵少陽⚎⑶少陰⚍⑷老陰⚏）を生じ、四象は八卦（⑴乾☰⑵兌☱⑶離☲⑷震☳⑸巽☴⑹坎☵⑺艮☶⑻坤☷）を生ず」（『周易』繋辞伝（上））といい、また、中国で正月に対聯《ついれん》の語句を玄関に掲げるように、偶数を重んじ対偶を貴びますが、これに対して道教の開祖とされる老子は、天地万物の生成を説明して、「道は一を生じ……三は万物を生ず」などと偶数よりも奇数を重んじ、道教の経典『太丹隠書洞真玄経』においても、「数は三と五に起《はじ》まりて、兆《ひと》は始めて形を禀《う》け、七と九と既に帀《あまね》くして、兆の体は乃ち成る」と、人間の生命の成立を三五七九の奇数で説明しています。わが国最古の歴史書『古事記』が、世界の始まりをアメノミナカヌシおよびタカミムスビ、カミムスビの三柱の神からウマシアシカビヒコヂとアメノトコタチの二柱の神を加えた別天《ことあま》つ神五柱へ、さらにウヒヂニの神とイモスヒヂニの雙《つが》える神からイザナギ、イザナミの雙える神に至る神世七代へと、三→五→七の奇数の展開となっているのも、上述した古代中国における老荘の「道」の哲学ないし道教の天地開闢の神学との緊密な影響関係を考えることができます。

現在、日本の社会で広く行われている子供の成長を祝う七五三行事が、『古事記』の三→五→七の神生み神話に基づき、さらに中国古代の宇宙生成の道教神学に基づくものであることは言うまでもありません。ちなみに、同じく『古事記』神話の「国稚《わか》く浮きし脂《あぶら》の如くして海月《くらげ》なす漂へる時、葦牙《あしかび》の如く萌《も》え騰《あが》る物によりて成れる神の名は、ウマシアシカビヒコヂの神、次にアメノトコタチの神」という記述、また「イザナギの命《みこと》、黄泉《よもつ》比良《ひら》坂の坂本に到りし時、その坂本にある桃子《もものみ》三個《みつ》を取りて、待ち撃てば、悉《ことごと》に逃げ返りき」という記述。さらにまた「イザナギの大神詔《の》りたまひしく、吾《あ》はいなしこめしこめき穢《きたな》き国に到りてありけり。故《かれ》、吾は御身《みみ》の禊《みそぎ》せむ」、「ここに左の御目《みめ》を洗ひたまふ時に成れる神の名は、天照大御神。次に右の御目を洗ひたまふ時に成れる神の名は、月読《つくよみ》の命」などの記述は、いずれもそれぞれ『正統道蔵』の中に道教文献として著録する『周易参同契』および『墉城《ようじょう》集仙録』、『黄素《こうそ》四十四方経』、『元気論』（『雲笈七籤』巻五十六所収）などに同様の記述が共通してみられます。

船の文化の地域に住む人々の多くが、日輪と日輪の紅もしくは赤の色を女性のシンボルと考え、また、右よりも左を上位とし、偶数よりも奇数を重んずる習俗信仰を持ち、その習俗信仰が、中国における老荘の「道」の哲学ないし初期の江南道教の神学と密接な関連を持つことは、上に述べた通りですが、この老荘の「道」の哲学ないし江南道教の神学は、『老子』第二十五章の「物有り混成し、天地に先だちて生ず。寂《せき》たり寥《りょう》たり、独立して改めず、周行して殆《つか》れず、以て天下の母と為すべし」、同じく第六章の「谷神、死せず、是れを玄牝《げんぴん》と謂う。玄牝の門、是《こ》れを天地の根と謂う」、もしくは同じ第八章の「上善は水の若《ごと》し。水は善く万物を利して争わず、衆人の悪《にく》む所に処《お》る。故に道に幾《ちか》し」、同じく第七十八章の「天下に水より柔弱なるは莫《な》し。而して堅強を攻むる者、之に能く勝《まさ》る莫きは、其の以て之（水の本性）を易《か》うる無きを以てなり」などの言葉が如実に示しているように、「母」（玄牝）もしくは「水」をその哲学の根本原理である「道」の形而下的なシンボルとし、母と水の「柔《しなや》かさ」もしくは「弱《たおや》かさ」を処生と処世の第一原理として説きます。

このことを船の文化との関連で言えば、大きな船が海原の水の上にどっしりと浮かび、多くの人々や貨物をその上に乗せて、その重圧にじっと耐え、やがて遠く遙かな目的地に運び届けるのに譬えられます。そこでは、同じく『老子』（第二十二章）に「曲《きょく》なれば則ち全し」といい、『荘子』（天下篇）に「人は皆な福を求むるに、己は独り曲《まが》りて全し」というように、ジクザグした紆余曲折の生き方が重んぜられ、「柔曲」すなわち曲線的で柔軟な人生態度が、「道」に合《かな》った在り方として尊重されます。したがって、ここでもまた『老子』（第六十一章）が「牝《ひん》（めす）は常に静を以て牡《ぼ》（おす）に勝つ」といい、同じく第二十八章に「其の雄《ゆう》（男性的なたくましさ）を知って其の雌《し》（女性的なしなやかさ）を守る」というように、「乗せて」勝つ女性優位の母系社会、もしくは大国の富強を願わず、小国にして寡民、自給自足して、犯さず犯されずの村落自治共同体の連合を政治理想とし、人間の生命を安らかに全うすることを最優先の価値として強調します。

これに対して、馬の文化の地域に住む人々は、馬に乗ることが生活の必須条件であり、しかも馬に乗って勇敢に戦うことが、「大義」すなわち最大の道義とされ、「大義」のためには「親」すなわち骨肉・親子兄弟の愛情をも滅しなければならないとされます。そこでは儒教の古典『論語』(子路篇)に「剛毅木訥《ぼくとつ》は仁に近し」といい、同じく『礼記』儒行篇に「儒に近づくべくして迫《おびや》かすべからず、殺すべくして辱《はずか》しむべからざるもの有り。其の剛毅なること此の如し」というように、「剛毅」であること、すなわち男性的な堅さと強さを持つことが美徳とされ、「柔弱」は女性的なめめしさとして厳しく排撃されます。もしくは、同じく『論語』(衛霊公篇)に「其の民や(夏殷周)三代の直道にして行う所以なり」といい、同じく『尚書』洪範篇に「王道は正しくして直《す》ぐなり」、また『荀子』性悪篇に「敢て其の身を直ぐにす」などというように、身心ともに真っ直ぐであることが尊ばれ、曲がっていることは邪悪として却けられます。つまり、すでに「船」の文化のところで述べましたように、「曲柔」であることを最終的な勝利者として生き残るための「全真」(天寿の保全)の秘訣とし、その「全真」の秘訣としての「曲柔」を、『老子』が「牝」もしくは「雌」と呼ぶすべての女性的なるものの先天的に具備する美徳とし、その美徳をさらに「玄牝」をシンボルとする老子的母系社会維持の根本原理として強調するのに対し、「馬」の文化の地域では、「剛毅」「正直」もしくはそれを二字につづめた「剛直」が「君子の徳」すなわちすぐれた人格価値として強調され、他を「乗せる」受身的な順応性よりもむしろ、自ら「乗る」能動的な積極性が高く評価されるわけです。

孔子が『論語』(衛霊公篇)の中で「人能く道を弘む。道、人を弘むるに非ざるなり」といい、その孔子の教を継承する『礼記』の中庸篇が「能く物の性を尽くせば則ち以て天地の化育を賛《たす》くべし。……則ち以て天地と参となるべし」、同じく『周易』繫辞伝(下)が「易《えき》の書たるや広大悉く備わる。

天の道あり、人の道あり、地の道あり、三才を兼ねてこれを両《ふた》つにす（天の道を陰と陽、人の道を仁と義、地の道を剛と柔のそれぞれ両箇とする）」などと言って、「人」が「天」と「地」と共に「三才」と呼ばれており、この三才の中の一才である人類が「天地の化育を賛けて」、すなわち天地大自然の生成造化の働きを積極的に助けて推し進めるべきことを強調しているのもそのためでありますが、このことは、老子を開祖とする道教の神学が、「天」と「地」と「水」を三元（三官大帝）として「人」をその中に加えず、人類はひたすら己れを無にして「天」と「地」と「水」の宇宙大自然の大いなる生命の流れにそのまま随順すべきことを説くのと大きく異なります。

そしてまた、同じく『論語』学而篇に「君子は本を務む。本立ちて道生ず。孝弟なるものは、其れ仁の本《もと》たるか」と、父と兄とに対する道徳である「孝弟」を儒教の「仁」の教の根本として説き、なかんずく父に対する道徳の絶対性を強調して、「（其の父、羊を攘《ぬす》むも）子は父の為に隠す」（『論語』子路篇）といい、「父の讎《あだ》は與《とも》に共に天を戴かず」（『礼記』曲礼篇（上））とまで極言していることからも明らかなように、孔子を開祖とする儒家ないし儒教の社会構造的基盤は、明確に父系社会であり、馬の文化を代表する北方騎馬民族と全く共通します。北方騎馬民族が典型的な父系社会であることは、『魏書』皇后列伝に「魏の故事《しきたり》として、後宮（の女性）、子を産みて将《まさ》に儲貳（皇太子）たらんとすれば、其の母は皆な死を賜う」とあるのなどによって確認されます。なお、儒教の社会構造的基盤が父系社会であることは、儒教の古典『孔子家語』本命解に「婦に七出（無条件で離婚される七箇条）有り。七出とは、(1)父母に順わざる者。(2)子無き者。(3)淫僻《みだらでうわき》なる者。(4)嫉妬する者。(5)悪疾ある者。(6)口舌多き者。(7)窃盗《ぬすみ》をする者」とあり、家父長に従順でない者、父系社会の秩序と安定をおびやかす者をそのトップに置いていることからも明白であります。

日本文化は複合混成——北からも南からも

以上述べてきましたように、北方の「馬」の文化は、人間の積極的な作為を重んずる、言うなれば、鼓舞叱咤、勇躍して「乗る」文化であり、太陽を男性のシンボルと考え、左よりも右、柔よりも剛、曲《カーブ》よりも直《ストレート》を重んじ、その社会構造的基盤は男性尊重の父系社会であるのに対して、南方の「船」の文化は、人間の作為よりも宇宙大自然の法則真理に己れを虚しくし、ひたすら随順してゆく無為無心を重んじ、言うなれば、どっしりとおおらかに包容して「乗せる」文化であり、日輪を女性のシンボルと考え、右よりも左、剛よりも柔、直線的であるよりも曲線的であることを重んじ、その社会構造的基盤は女性優位の母系社会であります。

古代の日本文化は、このような「馬」の文化と「船」の文化がそれぞれに北方から、あるいは南方から伝来してくるのですが、この両者は日本列島に現在も麦作と稲作とが併行して行われ、また米と魚を主食とする人々と、肉とパンを主食とする人々とが混在同居しているように、「両行」すなわち両《ふた》つながら行われています(「両行」は道教の古典『荘子』斉物論篇の語)。そこで最後に、このような北方中国の「馬」の系統の文化と南方中国の「船」の系統の文化とを折衷混成して、古来、日本国の伝統的な国技とされ、現在も多数の日本人を熱烈なファンとしている大相撲について、その北(孔孟儒教)の「馬」の文化的要素と南(老荘道教)の「船」の文化的要素をそれぞれ指摘することによって、本日の私の話の結びとさせて頂きたいと思います。

まず、大相撲の「相撲」という言葉ですが、この言葉は、先に申しました神社、神宮、八幡、源氏などと同じように、もともとは漢語すなわち古典中国語です。中国の文献資料としては、南宋の紹興十七年（一一四七）、中国江南の杭州で書かれた孟元老の『東京夢華録』や、同じく咸淳十年（一二七四）頃、江南の杭州（銭塘）で書かれた呉自牧の『夢粱録』などに見えていますが、『夢粱録』（巻二十。「角觝」の条）に「角觝《かくてい》とは相撲の異名なり」とあり、後漢の班固（三二—九二）の『漢書』武帝紀元封三年（前一〇八）の条に「春、角抵（觝）戯を作《な》す。三百里の内、皆（来り）観る」とありますので、中国南宋時代の相撲は、西暦前二世紀、漢の武帝の時代に「角抵（觝）戯」と呼ばれていた一種の天覧相撲にまで溯ることができます。漢の武帝の天覧相撲ですから相撲の力士——「力士」というのも既に『史記』淮陰侯伝などに見えている漢語です——は冠を着けていたに違いなく、現代日本の相撲の力士が、丁髷《ちょんまげ》（冠の台座）を結《ゆ》っているのも、その名残りと解されます。ちなみに日本の大相撲の行司が、古代中国の官吏の礼服である「衣冠」の服装をして、手に軍配を持ち、その軍配に「天下泰平」の漢字が記されていること、また、土俵の東西南北に立てられた四本柱に、それぞれ青白赤黒の大きな房《ふさ》が下げられ、最上級の行司である木村庄之助が紫服を着用することになっているのも、これらはすべて北方の馬の文化、「乗る」文化と結合している漢代以後の儒教の思想哲学との密接な関連性が考えられます（詳細は儒教の古典『礼記』月令篇や『漢書』礼楽志、『通典』礼（歴代沿革）部などを参照のこと）。

一方また、その大相撲の力士が裸体《はだか》で裸足《はだし》、腰に廻《まわ》しを着けて、塩を撒《ま》き、四股《しこ》を踏み、呼吸を整え、相手の体に抵《うちあた》って技を角《きそ》うのは、すべて南方の船と海原の文化、「乗せる」文化と結合している江南道教の思想哲学との密接な関連性が考えられます。そのことは、今から二十年ほど前、中国は湖南省長沙の馬王堆《ばおうたい》漢墓から出土した『帛書導引図《どういんず》』（帛《きぬ》に書かれた道教の体操の絵解き図）や河南省密県打虎亭漢墓の墓室内彩色壁画の相撲図、さらには道教の根本経典で代表的な健身術理論書である『黄庭経』およびその注釈書の記述などで確認することができます。

相撲図。河南省密県漢墓彩色壁画。後漢晩期（AD三世紀）。『水経注』（洧水）の張伯雅の墓。

さらにまた、わが国の大相撲の横綱力士が、九万里の上空を飛翔して、天下に敵無しという道教の経典『南華真経』（逍遥遊篇）の「大鵬」を醜名《しこな》に用いたり、同じく大相撲で六十九連勝の偉業を成し遂げて、不世出の大横綱と言われた、私と同郷の双葉山（時津風親方）が、同じく道教の経典『南華真経』（達生篇）に載せる「木鶏」の寓話で勝負の哲学に開眼したと伝えられていることなどによって如実に理解されます。わが国古来の純粋に伝統的な〝国技〟といわれる大相撲の場合もまた、以上見てきましたように、我々は「相撲」という名称と共にその実質的な内容のほとんどにわたって、北回りの中国文化、南回りの中国文化、「馬」の文化と「船」の文化の有形無形の密接な影響関係を指摘することができます。

このことは、たんに大相撲の問題だけに止まりません。たとえば、格闘技としては、ほかに柔道や剣道、空手《からて》（唐手）などがあり、技芸としては、書道や茶道、華道などがあり、宗教としては、神道や儒道、仏道など、とりわけ仏道のなかでも自力解脱の宗教を代表する臨済・曹洞の禅教、また他力随順の宗教を代表する法然・親鸞の浄土信仰——そのなかでも特に「自然法爾」「肉食妻帯」の問題——が注目されますが、本日は大相撲の一例だけに止めて、私の話をこれで終わります。

思想信仰としての南船北馬

越人と胡人

古代中国の文化を南方の「船」の文化と北方の「馬」の文化とに大きく分けるのは、西暦前一三九年（漢の武帝の建元二年）にその成立が確認される一種の思想百科全書『淮南子《えなんじ》』斉俗篇が現存の文献としては最古である。この『淮南子』斉俗篇では、南方の「船」の文化の代表的な担い手が「越人」、北方の「馬」の文化の代表的な担い手が「胡人」とされて、「胡人ハ馬ニ便《タクミ》ニシテ、越人ハ船ニ便ナリ」と記述されている。

そして、この「船ニ便ナル越人」はまた、上記『淮南子』と同じく漢代に成立した司馬遷の『史記』李斯伝に「（秦ノ始皇ノ時）、南ハ百越ヲ定メテ秦ノ強キヲ見《シメ》ス」とあり、その「百越」に関しては、さらに元の馬端臨『文献通考』「古南越」の条に、「交趾（北ベトナム）ヨリ会稽（浙江省東部沿海地区）ニ至ル七八千里ハ、百越雑処ス」などとある。この「百越」と呼ばれるさまざまな越族の人々は、中国の春秋戦国時代の頃から、その居住地によって「於《お》越」（会稽）、「甌《おう》越」（温州）、「閩《びん》越」（福建）、「南越」（広東）、「揚越」（江西）、「滇《てん》越」（雲南）、「駱《らく》越」（安南）、「越南」（ベトナム）など呼ばれているが、古代日本の越前・越中・越後の「越」、もしくは同じく瀬戸内海の「海」の豪族・越智《おち》氏の「越」も、後述のようなその生活様式ないし思想信仰の共通性から、「百越」の多くの越族と何らかのかかわりを持つであろうことが推測される。

一方また、北方の「胡人」というのも、秦漢時代以前には、主として騎馬民族の匈奴を呼ぶ中国語として用いられているが、三世紀以後、魏晋南北朝時代には、中国の北西方の騎馬民族一般を呼ぶ言葉として広く用いられるようになり、そのなかでも五種の騎馬民族、すなわち(1)匈奴、(2)羯《かつ》、(3)鮮卑、(4)氐《てい》、(5)羌《きょう》のいわゆる「五胡」が、漢民族を南方に圧迫駆逐して北方中国に次々と彼らの王朝を建て、漢民族との間に大規模な人種的文化的交流習合を行って、周知のごとく中国史における五胡十六国時代ないし北魏・北斉・北周の北朝諸王国時代を出現させている。

対照的な北と南

北方の胡人は、『史記』匈奴伝や『漢書』西域伝などに詳細な記述が見えているように、岳麓の草原平野を活動の舞台として畜牧を主要な産業とし、麦作中心の農耕生活を営み、したがって肉とパンもしくは麺類が主食となり、日常の交通手段はもっぱら馬を使用し、戦闘能力においては「騎射」(「馳射」)に最もすぐれる。

そして、このような北方の胡人の「馬」の文化は、西暦前三世紀末、秦王朝を滅ぼして漢王朝を創始し、長安に建都して当時最強の胡族「匈奴」と対峙した高祖劉邦によって、積極的に採り入れられ、さらにその曽孫・武帝劉徹によって孔子を開祖とする儒教と結合一体化され、四点セットの「馬」の文化、すなわち(1)騎馬戦法の導入による中国全土の軍事的統一。(2)「治国・平天下」の教学体系＝儒教の採用による「群生」の「統治」。(3)儒教学者による皇帝権力の宗教的神聖性の弁証。(4)「封禅」の祭祀と「天馬・崑崙」の神僊信仰の実施もしくは推進、を一応完成させる。

これに対して、南方の越人は、漢の袁康『越絶書』や同じく趙曄《よう》『呉越春秋』などに詳細な記述が見えているように、海原もしくは海原に注ぐ河川流域を活動の舞台として漁労を主要な産業とし、兼ねて水田稲作農耕に従事する。したがって魚と米が主食となり、日常の交通手段としては、舟もしくは船をもっぱら使用し、戦闘能力においては「水戦」に最もすぐれる。

そして、このような南方の越人の「船」の文化は、西暦前四七三年における越王勾践による呉の国の討滅、前三五五年における楚の威王による越の国の討滅、および前一五四年における漢王朝による呉楚七国の乱の鎮圧などを経て、『荘子』知北遊篇の「道は（中略）淵淵乎《えんえんこ》として其れ海の若《ごと》し」、同じく列禦寇篇の「（真人は）汎《はん》として繫《つな》がざる舟の若《ごと》し」、もしくは越王句践の功臣・范蠡《はんれい》の「久しく尊名を受くるは不祥なり」（『史記』越世家）などの語が端的に示すように、次第に老荘的自然無為の思想への傾斜を強め、二―四世紀、漢魏晋の時代には、江南沿海地区の仙道実践の一大基地として初期道教との結合を深めていく。

いま、上述した北方の「馬」の文化と南方の「船」の文化との対比を、思想信仰という視座から相互に比較検討するとき、その最も顕著で明確な相異点は、私のこれまでの文献学実証、また戦時中の現地での生活体験、さらには東アジア文明交流史研究会派遣の第一次（一九八九年十月）―第四次（一九九二年九月）学術調査団の現地調査成果などに基づく総合的な知見によれば、以下のような十項目に要約整理することができるであろう。すなわち、

(一)日輪《おひさま》とその紅色を男性の象徴と見るか、女性の象徴と見るか

「馬」の文化においては、中国古代の正史『後漢書』桓帝紀に「太陽も光を虧《うしな》えり」とあり、日輪は太陽と呼ばれて男性とされている（儒教の古典『易経』繫辞伝に「乾《けん》は陽物なり」「乾道は男を成す」などとあるのに基づく）。そして、この太陽の紅色も「馬」の文化においては、中国共産党の「紅旗」が如実に示しているように革命の象徴とされ、「剛毅」「直道」（ともに儒教の古典『論語』の言葉）の最も男性的な色彩とされている。

これに対して、「船」の文化においては、道教の古典『老子』が「道」もしくは「天道」を「万物の母」（第一章）とすることから、日輪を「天道」の具象的シンボルとし（日本語の「お天道《てんとう》さん」もここにそのルーツを持つ）、したがって日輪をまた「母」すなわち女性とする思想信仰が、江淮文化圏ないし呉越の沿海地区では古くから行われていた。ちなみに現代中国における浙江省東南部の沿海地区ないし雲南省メコン河上流域——古代中国の呉越・甌越ないし滇越の地域——に居住する非漢民族（少数民族）の間でも日輪を女性とする思想信仰の残滓《し》が、上記第一次および第三次の現地学術調査によって確認された。

沖縄の『おもろ』の創世神話（岩波『日本思想大系』本『おもろさうし』巻十「ありきゑとのおもろ御さうし」）における女性の日神「天道子大主《てだこおおぬし》」やわが国の『古事記』神話における女性の日神

「天照大御神《あまてらすおおみかみ》」なども、上述の天道＝日輪を「万物の母」すなわち女性とする『老子』の「道」の哲学、ないし古代中国の呉越・甌越～滇越の地域における日輪を女性とする思想信仰と密接な関連性を持つと見てよいであろう。

一方また、紅色を女性の象徴とする思想信仰も、例えば六世紀、梁の簡文帝の『採蓮の詩』に「紅袖」を女子の同義語とし、八世紀、唐の李白の『子夜呉歌』に「紅粧」を妓女の同義語としているように、江南呉越の「船」の文化の地域に広く行われており、わが国のＮＨＫ紅白歌合戦において、紅白の「紅」を疑問の余地なく女性に当てているのも、このような中国南方の「紅」を女性の象徴とする「船」の文化とアジア的規模において系列づけることが可能である。

㈡衣服の着用が右衽《じん》であるか、左衽であるか。一般的に言って、右と左のどちらを上位とするか

「馬」の文化においては、儒教の古典『礼記』王制篇「左道を執る」の『正義』に引く『漢書』に、「賢を右とし愚を左とし、貴を右とし賤を左とす」とあるように、すべて右を左よりも上位とし、衣服の着用も右衽（右襟を上）もしくは合せ襟とする。これに対して、「船」の文化においては、道教の古典『老子』第三十一章に「君子居れば則ち左を貴ぶ。兵を用うれば則ち右を貴ぶ。……吉事には左を尚《たっと》び、凶事には右を尚ぶ」とあるように左を右よりも上位とし、衣服の着用も「呉服」がその典型であるように左衽（左襟を上）である。

ちなみに、一九八五年五月に訪ねた中国江南道教の大本山＝江蘇省茅山《ぼうざん》の九霄万福宮では、道士すなわち道教の僧侶たちは、当然のことながら衣服の着用はすべて左衽であったが、一九九二年九月

（上記第四次学術調査団に参加して）に訪ねた中国天台仏教の大本山＝浙江省の天台国清寺の仏教僧侶たちも皆道士と同じく左衽であった。なお、中国江南の「呉服」の服飾文化を忠実に継承する日本国の和服もまた男女ともに左衽であるが、元正天皇の養老二年（七一八）に撰修された『養老令』の職員令においても、中国の右を上位とする儒教的律令制とは異なり、左大臣が右大臣の上位とされている（現代の日本語で「あの人の右に出る者はない」とか「こいつの頭は左巻きだ」とか言うのは、いずれも右を上位とする「馬」の文化の立場からの発言である）。

㈢日常生活において、偶数と奇数のどちらを重視するか

「馬」の文化においては、例えば、儒教の古典『易経』繋辞伝に載せる宇宙生成論は、「太極は両儀（天地）を生じ、両義は四象（春夏秋冬）を生じ、四象は八卦を生ず」というように二（2）の倍数＝偶数が基幹となっているのに対し、「船」の文化においては、道教の古典『老子』第四十二章に載せる宇宙生成論では、「道は一（一気）を生じ、一は二（陰陽の二気）を生じ、二は三（陰陽の二気が交合して生じた第三の和気）を生じ、三は万物を生ず」というように、奇数が基幹となっている。また儒教では日常の生活においても「対《つい》」（対偶）の文化を尊ぶのに対して、老荘の「道」の哲学では「奇」もしくは「畸」の文化を重んずる（『楚辞』九章「渉江」「余《わ》れ幼くして此の奇服を好む」。『荘子』大宗師篇「畸人は人に畸《ことな》りて天に侔《ひと》し」など）。

現代の日本国に広く行われている児童の成育を祝う七五三行事は、『古事記』神話における「三柱の神」→別天神《ことあまつかみ》五柱の神→神世七代《かみよななよ》の「三→五→七」にその源流を持つと考えられるが、この『古事

記』神話の「三↓五↓七」は、さらに道教の古典『九天生神経』や『沖虚至徳真経』などの「三↓五↓七」の宇宙生成論に基づくと見ることができるであろう。また、江戸後半期の京都の学者・伴蒿蹊《ばんこうけい》の著作『近世畸人伝』の「畸人」が、上掲道教の古典『荘子』の「畸人」に基づくものであることは、言うまでもない。

㈣日常会話における漢字の発音。「平」的か「仄」的か

ここで「平《ひょう》」的なものとは語尾が平《なだら》かなＡＩＵなどの母音系であり、「仄《そく》」的なものとは語尾が仄《つま》ったＫＴＰなどの子音系のことである。例えば、「馬」の文化の系列に属する現代の北京語で li（力） jiao（角） fu（福）など語尾が「平」的な母音系になっている漢字発音は、「船」の文化の系列に属する現代の中国海南省の方言では、lek kak fok（一九八七年、澳門東亜大学出版、雲惟利著『海南方言』による）と語尾がＫ音で終る「仄」的な子音系の発音になっている。また現代の北京語で mo（末） gu（骨） jie（結）など同じく語尾が「平的」な母音系になっている漢字発音は、海南省の方言では muat kuat kat と語尾がＴ音で終る「仄」的な子音系の発音になっており、同様にして北京語で he（合） ji（及） li（立）と語尾が「平」的な母音系となっている漢字発音は、海南省の方言では、kap kiop liop と語尾がＰ音で終る「仄」的な子音系の発音になっている。そして、これらの海南省の方言における漢字発音は、現代の日本語においては、それぞれ「リキ・カク・フク」、「マツ・コツ・ケツ」、「コウ（カフ）・キュウ（キフ）・リュウ（リフ）」となって、語尾がＫＴＰで終る「仄」的な子音系の発音となっており、ほぼ完全に上記海南省の方言のそれと一致する。

なお、『海南方言』の著者・雲惟利氏（同書緒論）によれば、海南省方言の漢字発音は、だいたいにおいて「閩南」すなわち福建南部のそれに属するとのことであるが、この指摘と同様のことは、上記第三次学術調査団に参加して訪れた海南島通什市の海南省民族博物館においても、館の責任者から海南方言は約五百年前の福建語と同類である由の教示を受けた。

ちなみに、この海南島は三世紀に成立した『魏志』倭人伝に「其の地には牛馬・虎豹・羊鵲無く、兵（武器）には矛楯・木弓を用う。木弓は下を短くし上を長くす。竹の箭《や》にして或は鉄の鏃《やじり》、或は骨の鏃。およそ有ると無きの所は儋耳《たんじ》・朱崖《しゅがい》（儋耳は『史記』貨殖伝、朱崖は『後漢書』郡国志などにそれぞれ見え、共に海南島の地名）と同じ」とあり、古代の日本国と「船」の文化圏として風俗習慣の面でも多くの共通点を持っていたことが知られる。

(五)処世態度において、直線的と曲線的と、いずれを優位とするか

後漢の許慎『説文解字』に「騁《てい》は直馳なり」とあり、『水滸伝』などに用例の見えている「驀地《ばくち》」という中国語がまた「まっしぐらに」もしくは「一直線に」を意味しているように、馬という字は直線的なものと結びつき易い。これに対して、「船」という字は、同じく後漢の劉熙『釈名』に「船は循《したが》うなり。水（の流れ）に循いて行く」とあり、また道教の古典『荘子』列禦寇篇にも「泛《たゆた》いて繫《つな》がざる舟の若《ごと》し」などとあって、「振幅《ゆれはば》を持つもの」もしくはカーブを描く「曲線的なもの」と結びつき易い。

同様にして、処世態度に関しても、「馬」の文化においては、例えば儒教の古典『詩経』小雅「大

東」に「周の（時代の君子の）道は砥《といし》の如く、其の直《なお》きこと矢の如し」、同じく『孟子』公孫丑篇に「我れ善く吾が浩然の気を養う。……直を以て養いて害《そこな》うこと無ければ則ち天地の間に塞《ふさ》がる」などとあり、「直」すなわち真っ直ぐであることが美徳の第一であり、政治倫理の根本であると強調されている。

これに対して、道教の古典『老子』第二十二章には「曲なれば則ち全し」、同じく『荘子』人間世篇には「吾が行《あゆ》み、郤《あとずさり》し曲《とおまわり》すれば、吾が足を傷つくること無し」などとあり、「直」の処世よりも「曲」の処世の方が安全無事であり、最終的な勝利者となりうることを強調している。つまり、「馬」の文化では、前項㈣の漢字発音に「平《ひょう》」的なものが多用されていたように、「直」すなわちストレートで直線的な処世態度を優位に在りとし、「船」の文化では、同じく漢字発音に「仄《そく》」的なものが多用されていたように、「曲」すなわちクッションを置いて曲線的な処世態度を優位に在りとするのである。

㈥日常生活における実践倫理として「剛毅」と「柔軟」のいずれを重要視するか

「馬」の文化においては、例えば、儒教の古典『論語』子路篇に「剛毅木訥は仁に近し」、同じく『礼記』儒行篇に「儒に親しむべくして劫《おびや》かすべからず、殺すべくして辱《はずか》しむるべからず……其の剛毅なること此くの如き者あり」などとあって、剛《かた》くて毅《つよ》いことが、儒教の理想的人間像の必須条件として強調されている。これに対して、「船」の文化と密接な関連を持つ道教の古典『老子』第七十八章には「天下に水より柔弱なるは莫《な》し。而して堅強（剛毅）を攻むるもの、之に能く勝《まさ》るもの莫し」、また後漢の班固の『新語』資質篇には、「（南方の名木）楩楠《くすのき》は、虫蝎《きくいむし》も穿《むしば》む能わず、高きに在りて柔軟」などとあって、剛毅よりもむしろ「柔弱」「柔軟」であることこそ世に処して自己の生命を全うし、最後まで生き残るための秘訣であるとする。

ちなみに、『老子』の説くこのような「堅強」に攻め勝つ「柔弱」——柔《やわら》かくて弱《しなや》かな生命力の活用——を武闘術に採り入れて講道館柔道を創始したのは、船の文化の地域（神戸市東灘区）に生まれた嘉納治五郎であるが、一方また、この『老子』の「柔弱」を「柔軟」の語に改め、浄土信仰における彼岸成仏の心境を「身意は柔軟にして歓喜踊躍す」と解説しているのは、三世紀の半ば、西域僧・康僧鎧《こうそうがい》らによって漢訳された『仏説無量寿経』である。この漢訳経典には、「柔軟」の語が「随順」の語と共にそれぞれ五回も使用されており、さらに『老子』の「道」の哲学のキーワードともいうべき「自然」の語が五十六回、同じく「清静」の転訛語「清浄」が二十四回も使われており、「船」の文化との思想信仰面での緊密な関連性を顕著に示している。

なお、『老子』における「柔」ないし「柔弱」の思想信仰は、上引の第七十八章「水より柔弱なるは莫《な》し」の表現によっても明確なように、山水の「水」と密接な関連性を持ち、さらに同じく第八章には、「上善は水の若《ごと》し。水は（中略）道に幾《ちか》し」、すなわち万物の命の源泉である「水」は、形而下的に具象化された根源的真理の「道」であるという最高讃美の記述さえ見えている。儒教の古典『論語』雍也篇にいわゆる「仁者は山を楽しむ」などの言葉とも対比して、道教の古典『老子』における「水」は、大小の河川・海原をも含めて、「船」の文化の好適の象徴であり、一方、『論語』における「山」は、岳麓・草原・曠野をも含めて、「馬」の文化の好適の象徴であると言えるであろう。

(七)人間の賢明さと愚暗さのいずれを凝視するか

「馬」の文化においては、儒教の古典『尚書』咸有一徳篇に「官に任ずるはもっぱら惟《こ》れ賢のみ」、同じく『孟子』に「(明君は)賢を尊び才を育《はぐく》み、以て有徳を彰《あきら》かにす」(告子(下))、「賢者は其《おのれ》の昭昭《あきらか》なるを以て人を昭昭《あきらか》ならしむ」(尽心(下))などとあり、「賢」ないし「賢明」(「賢明」の語は、『漢書』楚元王伝に「天下は(成帝を)賢明と称せざるは莫し」などと見える)であることを人間の資質の最高価値として、その育成を学問教育の第一義的な目標とする。

しかし、『史記』老子伝には、老子の言葉として「君子は盛徳あれども容貌は愚なるが若《ごと》し」を載せ、さらに『老子』第四十一章には「明道は昧《くら》(暗)きが若《ごと》し」、同じく第二十一章には「道」を説明して「窈《かそけ》く冥《くら》(暗)し」などと述べ、真に偉大な有徳の賢者は一見して愚者に見え、真の意味で明白な根源の真理は、却って俗人の目に曇って見えるなど、儒教的賢者観に一種の価値顛倒を行っている。

そしてまた、同じく『老子』第二十二章には、老子自身の深刻な自省の言葉として、「我は愚人の心なるかな、沌沌《どんどん》たり」を載せ、『老子』と同じく道教の古典である『列子』湯問篇にも常識を遙かに超える大事業を完遂するためには、子子孫孫におよぶ「血」の不断の継承を必要とするという「愚公移山」の寓話を載せて、その主人公を特に「愚公」と呼んでいる。これらの「愚」字の使用は、言うまでもなく上引の「明道は昧《くら》きが若《ごと》し」もしくは「君子の盛徳、容貌は愚なるが若し」の逆説的表現と全く共通の思想的基盤の上に立つ。

なお、人間存在をその上限（賢明）で捉え理解するよりも、下限（愚暗。この語は、『論衡』弁祟篇に「巧恵は意を生じて愚暗を驚惑す」などと見える）で捉え理解しようとする傾向を顕著に持つ老荘の「道」の思想哲学は、『荘子』田子方篇「中国の君子は、礼義に明らかなれども、人の心を知るに陋《つたな》し」などの儒教規範主義への鋭い批判、および同じく列禦寇篇「凡そ人の心は山川よりも険しく、天を知るよりも難し云々」、在宥篇「人の心は排《おさ》えれば下りて進むれば上り、上り下りて囚殺せらる。……其の熱きこと焦《しやく》（灼）火のごとく、其の寒《つめた》きこと凝冰のごとし。其の疾《はや》きこと俛仰《ふぎよう》の間にして再び四海の外を撫す……僨驕して係《つな》ぐべからざるものは、其れ唯だ人の心か」などの、人間の内面性の険しさと危さ、脆《もろ》さと弱さ、愚かさと暗さ等々の切実な凝視において、高く聳え立つ山岳をその象徴とする「馬」の文化よりも、深く渦巻く海原をその象徴とする「船」の文化により近接して立つと言えるであろう。

(八)有為と無為のいずれを基底におくか

「有為」という古典中国語は、儒教の古典『孟子』公孫丑篇に「将《まさ》に大いに為す有らんとする君は、必ず召《まね》かざる所の臣有り」、同じく『礼記』儒行篇に「其の身を養いて以て為すこと有らんとす」などとあり、儒教の倫理道徳を積極的に実践して、その究極の理想である治国・平天下の実現に強く盛んな意欲を持つことをいう。そして、この「有為」はまた、人間が積極的に物を作っていくことでもあるので、「人為」もしくは「作為」とも呼ばれ、中国の古典『法言』問名篇や『墨子』節用篇などにその具体的な用語例が見える。

ところで、これらの「有意」もしくは「人為」「作為」は、上にも引いた儒教の古典『礼記』表記篇に孔子の言葉として「日に孳孳《つとめつと》むること有り、斃《たお》れて而る后《のち》に已《や》む」を載せ、同じく『論語』泰伯篇に曽子の言葉として「仁以て己れの任と為す、亦た重からずや。死して而る後に已《や》む、亦た（道）遠からずや」を載せているその「斃れる」「任重し」「（道）遠し」などの言葉から容易に連想されるように、「馬」の文化と密接な関連を持つ。

これに対して、「無為」もしくは「無欲」という古典中国語は、周知のように道教の古典『老子』第三十七章に「道の常は無為にして為さざるは無し。侯王若《も》し能く之を守れば、万物、将《まさ》に自《おのずか》ら化せんとす。化して欲作《よくおこ》れば、吾れ将に之を鎮むるに無名の樸（荒木のように名を持たぬ無為の道）を以てせんとす。無名の樸は夫《そ》れ亦た将《まさ》に無欲ならんとす」などと見え、明らかに「侯王」すなわち儒教的統治者の「有為」の政治に対する批判として無為無欲の政治が強調されている。そして道教の古典『老子』に説くこのような無為無欲の「道」の体得者である「無能者」（能く作為すること無き者＝道家的聖人）の現世的な在り方を説明して、「泛《たゆた》いて繫《つな》がざる舟の若《ごと》し」と言っているのは、同じく道教の古典『荘子』列禦寇篇であるが、上述の「馬」の文化と結合した儒教の「有為」「人為」「作為」の教説を否定的に批判する老荘道教の「無為」「無欲」の教説は、『荘子』にいわゆる「舟の若《ごと》し」の「舟」の語が如実に示すように、まぎれもなく「船」の文化の系列に属する。

ちなみに、「苦行解脱」を強調するインドの正統仏教に対して、老荘的な「自然《じねん》随順」を強調し、「絶学無憂」の一向念仏を宗旨とする中国浄土教系仏教は、わが国の肉食《にくじき》妻帯を「道人」（僧侶）の「自然無為」として許容する浄土真宗をもその中に含めて、同じく上記「船」の文化に系列づけることができるであろう。

㈨男性尊重の父系性社会か、女性尊重の母系性社会か

「馬」の文化の社会構造的基盤が徹底した父系性であることは、『漢書』匈奴伝に「匈奴は北辺に居り、草に随いて畜牧して転移す。……壮健を貴び、老弱を賤み、父死すれば其の後母を妻とし、兄弟死すれば、皆其の妻を取りて之を妻とす」とあり、また『魏書』道武宣穆皇后伝に「魏の故事《しきたり》、後宮（の女性）子を産みて将《まさ》に儲貳《ちょうじ》（皇太子）たらんとすれば、其の母は皆死を賜う」とあることなどによって最も良く確認される。また儒教の古典『周易』繫辞伝にも「天は尊く地は卑しくして乾坤定まる。……乾道は男を成し、坤道は女を成す」などとあって、男尊女卑の思想哲学が明確に記述されている。

これに対して、道教の古典『老子』第六十一章には、「牝《めす》は常に静かなるを以て牡《おす》に勝つ」。同じく第六章には、「谷神《こくしん》（谷間の神霊《デイモン》）は不死、是を玄牝《げんひん》と謂う。……綿綿として存するが若《ごと》く、之を用いて勤《つか》れず」などとあり、女性の男性に対する優越性と母系の永遠不滅性が反復強調されている。

なお、同じく『老子』においては、既に述べたように、宇宙と人生の根源的な真理＝「道」も「万物の母なり」すなわち女性であるとされており、この「道」（「天道」）の形而下的なシンボルとしての日輪（お天道《てんとう》さん）もまた、わが国最古の歴史書『古事記』神話の天照大御神、琉球の『おもろ』の創世神話における天道子大主《てだこおおぬし》のように、疑問の余地なく女性とされている。

(十)「道《タオ》」の世界（生命の原郷）を、「天地上下」の垂直線上に想定するか、それとも「四方八方」の水平線上に想定するか

「道《タオ》」の世界とは、人間の生命の原郷すなわち人間がそこからこの世に生まれて来、この世での一定期間を過ごしたのち、再びそこに帰っていく〝玄の又た玄〟なる世界である。「馬」の文化においては、儒教の古典『礼記』郊特牲篇に「（人の死するや）魂気は天に帰り、形魄は地に帰る」、同じく『詩経』大雅「文王」の詩に「文王（歿して）上に在り、於《ああ》、天に昭《あきら》かなり。……陟《のぼ》り降りて（上）帝の左右に在り」などとあるように、人は死して霊魂が天に帰り、とりわけ聖明の天子の場合には、天上世界で宇宙の最高神「上帝」の側近《そば》くに侍《はべ》り、その寵愛が受けられるとする。つまり、「馬」の文化においては、垂直線上の「天」（「上天」）が生命の原郷とされているわけである。

これに対して、「船」の文化においては、中国最古の正史『史記』封禅書に「斉《せい》の威王・宣王、燕《えん》の昭王のころより、人をして海に入りて蓬萊・方丈・瀛《えい》州（の三神山）を求めしむ。諸僊人および不死の薬みな在り。黄金・銀もて宮闕を為《つく》る」とあり、『史記』のこの記述を承けて六朝期の道教文献『真誥《こう》』協昌期篇には、「東海青童君は常に丁卯の日を以て方諸《ほうしょ》（山島）の東華台に登りて四望す。……青童君の宮は東華山上に在り。方二百里中は盡《ことごと》く天仙と上真との宮室なり。金玉瓊瑤、雑《まじ》えて棟宇を為《つく》る」などとある。つまり、「船」の文化においては、上述の「馬」の文化とは全く対照的に水平線上の海原もしくは極遠の地平に生命の原郷が想定されているわけである。

ちなみに、わが国最古の歴史書『古事記』の神話においては、人間が死後に帰るべき生命の原郷は、(1)「根の国」、(2)「妣《はは》の国」、(3)「常世《とこよ》」の三種とされているが、(1)「根の国」は、道教の古典『老

子』第十六章「夫《そ》れ物は芸芸《うんうん》（千様万態）たるも各おの其の根に帰る」の「根」（「大元」）の哲学に基づき、(2)「妣の国」の「妣」は、母と同義で同じく『老子』第一章「（道は）万物の母なり」の「母」（玄牝）の哲学に基づく。また、(3)「常世」の「常」は、上にも引いた『老子』第十六章「根に帰るを静と曰う。是《これ》を命《めい》に復《かえ》ると謂い、命に復るを常《とこ》と曰う」の「常」（永遠）の哲学に基づき、ここでいわゆる「命に復る」とは、万物がそれぞれの個の生命を解かれて、宇宙大自然の大いなる生命の流れに復帰することをいう。

舟山群島。観音浄土とされる落迦山島から普陀山島を望む。

なお、上記第四次の学術調査団に参加して、一九九二年の九月、現地を訪れて確認した中国舟山群島の普陀《ふだ》山島と落迦《らくか》山島に亘《わた》る道仏習合の観音浄土《ポタラカ》信仰も、明確に海原すなわち水平線上に生命の原郷を想定するものであり、典型的な「船」の文化の系列に属する。そしてまた、この舟山群島のポタラカ信仰と系列を同じくするわが日本国・和歌山県熊野を中心とする補陀落《ふだらく》渡海の思想信仰も、生命の原郷としての観音浄土《ポタラカ》への往生を目指すものであり、いうまでもなく「船」の文化の系列に属する。

補記

思想信仰としての「船」の文化と「馬」の文化との明確な相異点は、右に列挙した十項目のほか、さらに以下の三項目を付け加えることができよう。

『摩訶止観』が講述された玉泉寺（湖北省当陽県）

(十一)「馬」の文化が「刑以て邪を正す」（『春秋左氏伝』僖公二十八年）と言い、「邪正は人に由り、吉凶は命に在り」（梁の劉峻『弁命論』）などと言うように、「正邪」の価値判断を重視するのに対して、「船」の文化の方は、「（至人は）仮《いつわ》り無きものを審かにして利と與《とも》に遷らず、物の真を極めて能く其の本を守る」（『荘子』天道篇）、「道は悪《いずく》にか隠れて真偽有る」（同上、斉物論篇）などというように、「真仮」もしくは「真偽」の価値判断を重視する。

「船」の文化でいわゆる「真」とは、これも『荘子』漁父篇で解説しているように、「真とは天に受《さずか》る所以、自然にして易《か》うべからざるなり」であり、「仮」もしくは「偽」とは、同じく至樂篇に「生は仮借《かしゃ》なり、之を仮《か》りて生く」、列禦寇篇に「今は民をして実を離れて偽を学ばしむ」と言うように、一時的なかりそめのもの、本来的・本当のものではなくて、人為的・人工的につくられた贋《にせ》のもの、いつわりのものをいう。

これに対して、「正邪」の「正」というのは、弓矢の的《まと》ないし弓で射た矢が正しく的に中《あた》ることをいい（『礼記』中庸篇「正鵠」の「正義」）、「邪」というのは、その反対に矢が邪《ななめ》にそれて的をはずれることをいう。つまり「正邪」というのは、弓矢・騎射と密接な関連をもつ「馬」の文化における価値基準であり、「真仮」もしくは「真偽」というのは、人為人工よりも自然と無為を重んずる「船」の文化における価値基準であるということになる。

なお、六世紀の末、隋の時代に成った天台智顗《ちぎ》（五三八—五九七）の仏教哲学理論書『摩訶止観』に、「上根の菩薩は仮を体して真に入る」（巻三㊤）、「仮より空に入るを明かし、真諦を証す」（巻七㊤）、また「痴鈍なる者は（中略）智慧の眼に乏しくして真偽を別たず」（巻五㊤）などと「真仮」「真偽」の対用が多く見られるのも、天台系の中国仏教僧侶の衣服がすべて左衽となっているのと同じく、老荘の「道」の哲学の影響を強く受け、大体において「船」の文化の系列に属すると見ることができるであろう。

㈩「馬」の文化が、「人の性の善なるや、猶《な》お水の下《ひく》きに就くがごときなり」（『孟子』告子㊤）と言い、「君子は以て悪を遏《とど》めて善を揚ぐ」（『周易』「大有」卦の象伝《しょうでん》）、「善悪は史册に書せられ、毀誉は千載に流る」（曹魏の李康『運命論』）などと言うように、倫理的価値判断に「善悪」の語を多用するのに対し、「船」の文化の方は、「清浄恬愉は人の性なり」（『淮南子』人間篇）と言い、「凡そ道士は（中略）死尸血穢の物を見るを禁ず」などと言うように、「浄不浄」もしくは「浄穢」の価値判断を重視する。

ところで、「馬」の文化でいわゆる「善」とは、『呂氏春秋』古楽篇に、「殷の湯王は伊尹に命じて大護（の楽曲）を作為せしめ（中略）、以て其の善を見《しめ》す」とあり、そこの漢の高誘の注に「善は美なり」と解説されているように、本来は羊の大きく立派で毛並みのうるわしいことをいい、「悪」はその反対で汚く醜いことをいう。要するに牧畜と密接に関連する用語であり、したがって、もともとは「馬」の文化の系列に属する言葉であった。

これに対して、「浄」というのは、水の静かに澄んだ状態をいい、もともとは道教の古典『老子』の「清静」が、同じく『淮南子』で転訛して「清浄」となったものであり、その「清静」の語はまた『老子』第十五章「濁りて以て之を静めて徐ろに清《す》む」の「清」と「静」とに基づく。つまり汚濁もしくは濁穢の反対語であり、いずれも「水」ないし河川・海原と直接的な親近性をもち、したがって「船」の文化とも極めて密接な関連性をもつ。

ちなみに、わが国で親鸞を開祖とする浄土真宗がその根本教典とする漢訳『仏説無量寿経』や『浄土論註』などの「浄土」すなわち「清浄国土」の「清浄」の語もまた上記『淮南子』の「清浄」ないし『老子』の「清静」に基づき、そのほか「五濁《じょく》」（劫濁、見濁、煩悩濁、衆生濁、命濁）「濁心」「罪濁」「穢濁」などの語も、これらの仏典に多用されている「自然」「無為自然」「清浄」「清静」などの語と同じく『老子』の「濁」もしくは「混濁」の言葉と思想とに基づく。

なお、上引『浄土論註』の開巻冒頭には、浄土真宗における阿弥陀仏他力信仰の「易行道《いぎょうどう》」を解説して、「譬えば水路の船に乗れば則ち楽しきがごとし」などと、「水」と「船」とで象徴的に表現しているが、その開祖・愚禿親鸞の「愚」と「鸞」、浄土真宗の「浄」と「真」、また『歎異抄』の「わが計らはざるを自然とまうす」、同じく「念仏には無義をもて義とす」などの字句表現と思想信仰が、いずれも老荘の「道」の哲学を踏まえているのと思い合わせて、とりわけ我々の注目を引く。

(十三)「馬」の文化が、たとえば儒教の古典『周礼』天官宮伯職において、「其の正令を掌り、其の秩序（原文は「秩敍」に作るが、「敍」は「序」と同じ）を行う」と言い、三世紀、晋の陸機の『文の賦《うた》』に「玄黄（刺繡の糸の色分け）の秩序を謬《あやま》る、故に淟涊《てんでん》（垢濁）して鮮やかならず」と言うように、秩序・条理（けじめ、すじめ）ないしコスモス的なるものを重視するのに対して、「船」の文化の方は、道教の古典『老子』に「物有り混成す、天地に先だちて生ず」（第二十五章）、「我は愚人の心なる哉、沌沌たり」（第二十章）などとあり、また『荘子』に「渾沌、日に一竅《いちきょう》を鑿《うが》たれ、七日にして（七竅＝目、耳、鼻、口の七穴＝を鑿たれ）、死す」（応帝王篇）、「渾沌氏の術は、予《われ》（孔丘）と汝（子貢）と、何ぞ以て之を識るに足らんや」（天地篇）などとあるように、「渾沌」ないし「全真」（盗跖篇）、「天地の大全」（田子方篇）などのカオス的なるものを愛重する。

そして、コスモス的なるものを愛重する「馬」の文化がまた儒教の古典『論語』衛霊公篇に、「志士仁人は生を求めて以て仁を害することなく、身を殺して以て仁を成す」と言い、同じく『孟子』告子篇に「生も亦た我の欲する所なり。義も亦た我の欲する所なり。二者兼ぬるを得べからざれば、生を舍《す》てて義を取るものなり」と言い、同じく『春秋左氏伝』隠公四年の条に「大義、親を滅す」——君国の大事のためには、肉親の情愛も没却して顧みない——などと言うのに対して、「船」の文化の方では、道教の古典『荘子』養生主篇に「生を全うし……真を保つ」、同じく『淮南子』覧冥篇に、「性を全うし真を保ちて、其《おのれ》の身を虧《そこな》わず」、さらに『抱朴子』詰鮑篇には、「老荘の書を好む」当時の無政府主義者・鮑敬言の主張として、「古《いにし》えは君無く、今の世（の君有る）に勝る」、「君臣既に立ちて衆慝《とく》（多数の背徳行為）日に滋《しげ》し」などと言い、個々人の生命を君主や国家に優先する至高最上の価値とする（『荘子』譲王篇に、帝王の位を譲られて、自己の生命の帝王の位より尊貴なることを強調する多くの説話・寓話を載せているのを参照）。

要するに、「馬」の文化と結合した儒教においては、すべての人間を家族制度と国家組織の中に厳しく組み込み、家を斉《ととの》え、国を治めるための「人」の「道」すなわち「秩序」を重視するのに対して、「船」の文化と結合した老荘道教の方は、「家」と「国」とを人類生存の絶対条件とはせず、むしろ「道」（「天の道」）の前での「万物斉同」（万人の平等）を説き、「人」（倫理）よりも「天」（自然）を尊重し、「畸人《き》（真の悟道者）は人に畸《ことな》りて天に侔《ひと》し。……天の君子は人の小人にして、人の君子は天の小人なり」などとうそぶく。したがってまた、「天」よりも「人」を尊重する儒教の立場では、「人」よりも「天」を尊重する老荘道家（「道」の哲学派）の教説を「天に蔽《おお》われて人を知らざるもの」――『荀子』解蔽篇――と激しく非難攻撃する。

なお、「人」もしくは「人の道」を重んじ、「家を斉え」、「国を治める」ための「秩序」「倫理」を重視する儒教ないし「馬」の文化が、事象現象の因果関係とくに道徳倫理における善因善果、悪因悪果を強調するのに対して、「天」もしくは「天の道」を重んじ、宇宙大自然の真理・理法を根源的に重視する老荘道教ないし「船」の文化は、コスモス（秩序）をより強く志向する因果的・分析的思考よりも、カオス（混沌）をより強く志向する自然的・全一的思考を一般に尊重する。たとえば、『荘子』斉物論篇「吾れは待《たの》む有りて然る者ならんや」の郭象の注に、「造物者は主《あるじ》無くして物各おの自《おのずか》ら造らる。物各おの自ら造られて待《たの》む所《もの》無し。……若《も》し乃ち此の近因を責《たず》ねて其の自《おのずか》ら爾《しか》るを忘るれば、物を外に宗《もとづ》けて主《あるじ》を内に喪《うしな》う」と言い、またわが日本国の道元禅師『正法眼蔵』現成公按篇には、「生も一時のくらいなり。死も一時のくらいなり。たとへば、冬と春とのごとし。冬の春となるとおもはず、春の夏となるといはぬなり」、同じく『弁道話』には「生死はのぞくべき法ぞとおもへるは、仏法をいとふつみとなる。……この一法に身と心とを分別し、生死と涅槃とをわ（分）くことあらむや」などと言っているのがそれである。つまり、人間存在を身体と精神とに二分したり、人間の心の迷い（生死）と悟り（涅槃）とを峻別したりするのは誤りであって、両者は根源的には一体のもの、もしくはカオス的なエトヴァスであり、「因果を撥無《はつぶ》（否定的に超克——『楞厳経』の語）する」自然・自爾《じ》であることを見落としてはならないというのである。

ちなみに『荘子』斉物論篇に「厲《らい》（レプラ患者）と西施《せいし》（美女）と（中略）道は通じて一と為す」と言い、同じく逍遙遊篇「逍遙」の郭象の注に、「小と大と殊《こと》なりと雖も而れども、自得の場に放てば則ち（中略）逍遙すること一《おな》じきなり」と言うのは、Aと非Aが同時に成り立つ「場」を持つといういわゆる「場」の理論——その代表的なものは、理論物理学者・湯川秀樹の非局所・場の理論——を中国の思想史で最初に確立するものであり、五世紀の初め、「毎《つね》に荘老を以て心要と為す」（『梁高僧伝』巻六）といわれる後秦の僧肇《そうじょう》『注維摩詰経』（菩薩品）に「衆生即涅槃相」と言い、さらに僧肇の「禅」哲学の忠実な継承者・道元禅師の上掲『弁道話』に、「生死すなわち涅槃なり」などと言う

「即」(「即是」「即非」)の論理と共に、「生きたる渾沌」(『荘子』応帝王篇)を「生きたる渾沌」として全一的にとらえる老荘道教ないし「船」の文化の思想哲学・思惟方法と緊密な相互関連性を持つ。

老荘の「道」

老荘との出会い

もう今から六十年以上も昔、私が小学校四、五年の頃のことでした。母がある日、学校から帰ってきた私にこんなことを言ったのです。

「裏の氏神さんの境内に大きな松の木が生えているでしょう？　あの曲がりくねった松の木が、どうやったら真っ直ぐに眺めることができるか、考えてごらん」

子供心にも奇妙な問題だと思いました。

クイズが得意な現代の小学生ならば、「松の木を切り倒して製材所で加工すれば、真っ直ぐな木材ができるよ」と答えるかもしれません。しかし当時の私はそんな機転も利かず、ひたすら頭をひねりました。躍起になって問題を解こうとしたのですが、いかんせん、学童の私には高等すぎる難問でした。翌日まで考え続けてもうまい答が見つからず、私は降参して母に答をせがみました。

すると、答はこうでした。

「曲がっている松の木を、曲がっているものとしてそのままに眺めれば、真っ直ぐに見える」

……わかったようなわからないような母の答。私はあっけにとられるばかりでした。しかしこの問答は今でも私の記憶に鮮かに蘇ります。思えばこれが、後年研究することになる老荘思想との、最初の出会いだったのかもしれません。

というのも、母が知っていたのかどうかはわかりませんが、実は老子の思想を現代に伝える書物『老子』には、こんなことが書かれているのです。

「大成は欠けたるが若《ごと》く、その用、弊《やぶ》れず。大盈《たいえい》は沖《むな》しきが若く、その用、窮まらず。大直《たいちょく》は屈《まが》れるが若く、大巧は拙なるが若く、大弁は訥《とつ》なるが若し。躁《そう》は寒に勝ち、静は熱に勝つ。清静《せいせい》にして天下の正《せい》と為る」（第四十五章）

意味は次のようになります。

本当に完成しているものは、どこか欠けているように見えるが、いくら使ってもくたびれない。本当に充実しているものは、どこか無内容に見えるが、いくら使っても無限の効用を持つ。本当に真っ直ぐなものはかえって曲がりくねって見え、本当の上手はかえって下手くそに見え、本当の雄弁はかえって訥弁に見える。動き回れば寒さがしのげるし、じっと静かにしていれば暑さがしのげる。清静無為の道に従えば、天下の長となることができる。

ここでは、世俗的な秩序づけや価値観といったものが、あっさり否定されています。常識的な認識とか価値判断は外見に欺かれやすく、人間の立場で考えられたものはすべて絶対的ではなく、相対的なものにすぎないということを、老子は説いているのです。

万物斉同《ばんぶつせいどう》の哲学

また、私はかなり早い時期から、人の世の複雑さをかいま見ていました。

大正七年（一九一八）、私は大分県中津市の郊外の農家に生まれました。中津といえば福沢諭吉の郷里で、江戸時代は十万石の城下町。四、五キロ離れたその城下町まで、私は当時の村の風習に従って、我が家で作った野菜を売りに出かけました。十種類ほどの野菜の名前を言いながら町中を行商して歩く、いわゆる「触れ売り」です。この触れ売りは小学校に入る前から中学校卒業ぐらいまで約十年やりましたから、おかげで私は多くの市井の人々に接する機会を得、今でも中津の町の古い家ならばどこに台所があるのかわかります。

野菜を買ってくれた主婦たちに、

「坊や、野菜は台所に運んでね」

と言われて家の奥へ入って行くと、そこにはさまざまな暮らしぶりがありました。嫁と姑が言い争っていたり、夫婦が喧嘩していたり、死期の近い病人が床に臥せっている部屋の隣りを通ったこともありましたし、葬式の最中に野菜を買ってもらうこともありました。生と死、喜怒哀楽……。人間の現実世界の有様を、否応なしに生々しく目のあたりにしたものです。また、いろいろな人間の表情と多様な心の動きがありました。もったいぶった人やつっけんどんな人、見栄っぱり、おしゃべり、けちん坊。家のたたずまいは一見平和でも、入口を一歩中に入れば複雑にもつれ動いているものだということを、私は教えられました。

こんなわけで私は、荘子のいう「万物斉同の哲学」を子供の頃から肌で感じ取る経験をしていたようです。「万物斉同の哲学」とは、簡単にいうと、「人生は人それぞれで違っているものだけれど、根源的な真理の「道」の前では、すべて平等であり、誰もが精一杯に生きていかなければならない」ということです。それぞれの人間がそれぞれに自己の人生に責任を持ち、自己の足どりで自己の人生を逞しく生きてゆく。これこそ荘子の哲学の根本であると私は思います。

私は大学では哲学科で学びました。当時は、老荘の哲学はともかくとしても、老荘が説く「道」の哲学の影響下にある中国の民間宗教の道教については、

「道教というのは、中国人の迷信にすぎない。学問の研究対象ではあり得ない」

とされていました。したがって私もそう考えていました。後に太平洋戦争で兵隊として中国に行き、そこでの体験で、道教が迷信ではないと知ることになります。

「死ぬ覚悟」

柔道で鍛えていた私は体格もよく、大学を出たら兵隊にとられて戦地に赴くことは確実でした。戦争に行くということは死ぬ覚悟をすることです。私も、死を前にして自分がこの世に生まれてきたことの意味を自分なりに理解したいと思い、仏教の寺に行ったりキリスト教の教会に行ったりしました。しかし、死ぬ覚悟はなかなかできるものではありません。

そんな時に道教の古典『荘子』や『淮南子《えなんじ》』を読んでいますと、次のような言葉に出くわし、私はやっと最終的に「これで死ねる」という気持ちになったのでした。

「余《わ》れ宇宙の中に立ち……日出でて作《はたら》き、日入りて息《いこ》う。天地の間に逍遙して心意自得す」（『荘

子』譲王篇）

「宇宙の大を知れば則ち劫《おびや》かすに死生を以てすべからず」（『淮南子』精神篇）

（訳）私は広大な宇宙の中でしっかと立っている。……太陽が昇れば働き、太陽が沈めば休息する。天と地に挟まれたこの世界で何の屈託もなく生きていて、実にのんびりとした気持ちである。

天地宇宙の果てしなき大きさを知ると、死生の問題におびえたり、おそれおののくということがなくなる。

「宇宙」という言葉は老荘思想で初めて使われたもので、「宇」は無限の空間を意味し、「宙」は無限の時間を意味します。つまり、人間はこの無限の空間と無限の時間とが交わるところに命を与えられ、一定期間の自己に与えられた人生を生きていくものにすぎません。

しかし、無限に広大悠久な宇宙の中の有限の生命を持った存在であることについて徹底した自覚と認識を持てば、人生を安らかに豊かな気持ちで生きることができ、死とは要するに生まれる前の自己に帰ることだと諦観することができる。日々の平凡な暮らしを精一杯に生き抜くことの大切さと、生を善しとし死を善しとする囚《とら》われない心。こんなことを私は『荘子』や『淮南子』のこれらの言葉から学び取り、死地に向かう覚悟が一応できたのでした。

大学を卒業して一週間後には熊本の野砲兵連隊に入隊し、輸送船に乗せられて中国の戦地に向った私は終戦を広東で迎えました。広東では日本の将兵や戦争中日本に協力した中国人に対する軍事裁判が始まり、戦犯容疑者ではなかった私は、日俘（日本人俘虜）善後《ぜんご》連絡所の所員として残留し、各地の監獄に捕えられている日本人に差し入れをするという仕事を与えられました。その際、日本に協力した容疑で捕えられた中国人（「漢奸」と呼ばれた）たちと話す機会を得ました。話していると、彼らの心の奥底に老荘思想ないしは道教の生死の宗教哲学がしっかり根づいているということに気がつきました。

もちろん、日本の将兵にも軍事裁判の結果の死刑を淡々と受け容れて死についた立派な人はいましたが、私の接した範囲では、全体的に日本人将兵よりも中国の人たちのほうが、死に臨む態度ははるかに従容としていました。たとえば南京の雨花台《うかだい》で処刑された陳公博《ちんこうはく》という人は、こんな意味の辞世の詩を残しています。

「政治の世界というものはうまくいく場合もあればうまくいかない場合もあり、それはちょうど空を流れる白い雲の行方のようなもので、その時々の巡り合わせによる」。

つまり、陳公博のような中国の政治官僚が死を目前にして抱く考え方は、

「自分の命は天から与えられたものであるから、天に対して命をいただいたことを感謝しよう。死が近づいたなら、人生のいろいろな悲しみも苦しみも喜びも楽しみも一切忘れて、自分の命を素直に天にお返ししよう」

というものです。

このような死生観はまさしく、道教の経典でもある『荘子』（『南華真経』）の大宗師篇にある「受けて之《これ》を喜び、忘れて之を復《かえ》す」という老荘の「道」の哲学であろうと私は思いました。

老荘の「道」とは何か

「道の道とすべきは常の道にあらず」――『老子』の第一章はこう始まります。つまり「これが道だと人間の立場で規定できるような道は、恒常不変の真の道ではない」というのです。

そもそも中国で「道」を言い始めたのは儒教です。孔子は「先王の道」「君子の道」という言い方で人間関係の倫理を「道」としています。道とは道筋のことですから、人間生活の道筋と考えればそれは生活倫理になりますし、人間社会を秩序だてて平和に統治する道筋を考えれば政治倫理になります。

これに対して老子は「道」の概念を宇宙大自然の法則として大きく広げました。ですから、ここでは「儒教でいっている道など本当の道ではない」と批判していると理解することもできます。

ここで比較を一つしておきますと、儒教が祖先崇拝など人間の霊魂的・精神的なものを重視するのに対して、老荘は現世的・現実的、肉体的な人間を重視する、ということができます。

老荘の哲学では、人類の果てしない栄枯盛衰の歴史を貫く根源の真理を「道」と呼んでいます。また、天地・大自然を貫く根源の真理も「道」と呼びます。すなわち、森羅万象のすべてに「道」という根源的な真理が宿っているということになります。『荘子』は、「道はどこにあるか」と問われて、次のように答えています。

「道は在らざる所無し。……螻蟻《ろうぎ》に在り。……稊稗《ていはい》に在り。……瓦甓《がへき》に在り。……屎溺《しにょう》に在り」

（知北遊《ちほくゆう》篇）

（訳）道は存在していないところはない。……ケラ虫の中に存在している。……稗草《ひえくさ》の中に存在している。……瓦の中に存在している。……糞小便の中に存在している。

すべてありとあらゆる所に「道」は在るのであり、大小の排便だとて根源的な真理の具現であるというわけです。日常生活を離れて、それとは別個に「道」があるのではないということです。

このような独創的世界観を持つ老荘の哲学は道家の哲学とも呼ばれていましたが、後に道教という中国の民族宗教に取り入れられ、その宗教哲学として発展していったのです。民族宗教としての道教の始まりは二世紀半ば、後漢の順帝の頃とされています。

ところで老荘思想のエッセンスは「道」の哲学といっていいのですが、老子のいう「道」と荘子のいう「道」には違いが見られます。その違いは一言で、老子は「道に帰れ」と説き、荘子は「道とともに往け」と説く、といえます。

まず「老子の道」から説明しましょう。老子はいいます。

「物あり混成す。天地に先立ちて生ず。……以て天下の母となすべきも、吾れその名を知らず。之に字《あざな》して道といい、強いて之が名を為して大《だい》という」（第二十五章）

（訳）混沌として一つになった物が天地開闢《かいびゃく》の以前から存在していた。……それはこの世界を生み出す大いなる母ともいえようが、私は彼女の名前を知らない。仮に名を道としておこう。無理に名づけて大とでも呼ぼうか。

というように、天地万物の根源に実在するものとして道をとらえます。これに対して荘子は、

「天地に先だちて生ずるもの有るも、そは物ならんや。物を物として在らしむるものは、物に非ざるなり」（知北遊篇）

（訳）天地開闢以前から道は実在していたが、この道は「物」すなわち生滅変化する現象世界の万物とは次元を異にするものなのである。物を物として在らしめる根源的な理法、それが道であるが、道は物ではありえない。

あるいは、

「道は終始無く、物に死生有り。……一虚一満、その形に位《とど》まらず。……消息盈虚《えいきょ》して、終われば則ち始め有り。……動くとして変ぜざるなく、時として移らざるなし」（秋水《しゅうすい》篇）

（訳）道は、始まりも終わりもない無始から無終に至る果てしなき変化の流れであるが、その流れの中で生滅する万物は有限の存在であり、死しては生じ、生じてはまた死んでゆく。……ある時は虚《うつ》ろとなり、ある時は満ちるという盛衰を繰り返し、一瞬たりとも古い形に止まることはない。……陰が消えれば陽が息ぶき、盈《み》ちては虚《か》ける生滅変化の果てしなき流れは、終わればまた始まり、無限の循環を繰り返す。……万物の生成変化は、一瞬一瞬の動きの中で不断に変移し、一刻一刻の時間と共に絶えず推移してゆく。

というように、刻々流転して止むことのない変化の流れそのものが道であると考えています。つまり老子は道を静的なものと見、荘子は動的なものと見ているわけです。

ですから、老子は「その根《こん》に復帰す」（第十六章）とか「嬰児に復帰す」（第二十八章）、また「樸《ぼく》に復帰す」（同）とか「古《いにしえ》の道を執《と》りて今の有るものを御《おさ》む」（第十四章）というように、〈太古の道に復帰する〉ことを強調します。

一方、荘子は「物に乗りて心を遊ばしむ」（人間世《じんかんせい》篇）とか「時に安んじて順うに処《お》る」（養生主《ようせいしゅ》篇）

とか「将《おく》らざるなく、迎えざるなし」（大宗師篇）というように、「道とともに往き、変化に乗って遊ぶ」ことを強調するのです。

したがって、老子と荘子のこの違いは、必然的に両者の歴史観の相違にもなります。すなわち、老子は復帰すべきものとしての道を考えますから〈後ろ向きの歴史観〉であり、その反対に荘子は与えられた「今」こそを問題視し、現在をどう生きるかと真剣に立ち向かう〈前向きの歴史観〉だということができるでしょう。

「調和の場」を求める哲学

中国古代の老荘ないし道教の思想を、一言で表わせば「道」と一つになるということです。これを漢字二字で表わせば「自然」（しぜん・じねん）の生き方であり、四字だと「無為自然」の在り方、五字ならば「無為自然の道」です。そして六字で表わすなら「無為自然の道の教え」すなわち道教となるわけです。

ところで、現在の日本では、学問的思考あるいは研究方法は、だいたいヨーロッパの近代史学の基底をなす、正しいものはただ一つであるという一神教的な考え方であろうと思います。しかし少なくとも日本や韓国・北朝鮮・中国など東アジアの古代に関しては、正しいものはただ一つであるとする考え方だけでは不十分です。唯一の正しさを求めがちな秩序だったコスモスの世界を、一度混沌としたカオスの世界に戻してそこから新たなものを創造していく姿勢、それが老荘の「道」に目覚めを持つ生き方だと思います。

言い換えると、対立し矛盾するものが同時に成り立つ根源的な「調和の場」を探るということです。それが老荘の「万物斉同」の「全真」の哲学でもあります。排除・差別・独裁ではなく、受容・平等・共生・共存を目指す考え方です。

老荘ないし道教の「道」の哲学では、人生を生きる場合の心がけとして、「遊心」「遊目」ということがいわれます。いずれも、「至大」の世界の中で自分を位置づけることの重要さをいいます。遊心とは「心を遊ばせる」つまり心を何かに釘付けしたりしないということです。一箇所に拘泥しないで、大きな宇宙全体の生命の流れの中に自分を位置づけることでしょう。遊目とは「目を遊ばせる」つまり旅行などで見聞を広げて、現実世界を感覚的に把握して、その中で自分の在り方・生き方を具体的に方向づけるということになります。

二十一世紀に向かって、これからの人類社会でますます重要な意味を持つのは、この「遊び」の精神で「万物斉同」の根源的な調和の場を求める老荘の哲学ではないかと思います。

『荘子』の世界

荘子と『荘子』について

荘子といいますのは、西暦前四世紀、ギリシャのアリストテレスとほぼ同じ時期の古代中国社会を生きた哲学者荘周のことです。この人は、荘が苗字で、周が名前です。この周という名前を日本人で自分の名前にしたのは、森鷗外と同じ津和野藩出身の西周《にしあまね》という明治の哲学者です。この方が「あまね」と読ませている周という字は、これは荘周の周という字を採ったものです。そういうように日本人の学者の名前にも使われております周という名前の哲学者荘周を、荘子と呼んでいます。また、この荘周の言行を記録した書物、それを『荘子《そうじ》』と言います。

なかなか紛らわしいのですが、人間である哲学者自身を呼ぶ時は「荘子（そうし）」と澄んで読むのが通例になっています。そして荘周の言行を記録した書物の方は『荘子（そうじ）』と濁って読むのがずっと古い時代からの習慣なのです。ですから私もこれからそう使い分けていきます。

荘周の著とされる『荘子』の内容は、大きく分けて二本の柱から成り立っています。そのひとつは「道」という言葉です。それが道教になっていきます。

「道」、いまの北京語ではこれを「ダオ」と発音しますが、ヨーロッパではこれを濁らずに「TAO（タオ）」と読んで、タオイズムと呼ばれています。このタオという言葉と思想、これが『荘子』の第一の柱です。それからもうひとつの柱が「遊」、遊びということです。つまり『荘子』は「道と遊びの哲学」であると理解したらいいと思います。

荘子は、もう一人の老子という思想家と並び称されます。この人は実在の人物かどうかわからないのですが、西暦前六世紀のころからの古代の中国人の生活の智恵を前三世紀のころ記録して一冊の書物にまとめ、現在の『老子』という書物がつくられました。

この『老子』に説かれている哲学と『荘子』を一緒にして「老荘の哲学」と呼び、孔子や孟子を指導者にする「儒家」の哲学と対比させることが、古くから行われています。

老子と荘子と同じ「道」の哲学を説いていますけれども、違いを簡単に言います。『老子』の哲学は「道に帰る」、その道に復帰する、根源的な真理に帰る、ということで、理想的な社会を過去に設定する、という点で特徴を持っています。それに対して『荘子』の哲学の方は往くを強調し、「道と共に往く」、あるいは「道と共に遊ぶ」ということが特徴になっています。

『荘子』の読まれ方

この『荘子』の「道」と「遊」の哲学が、明治以後、日本でどのように読まれ、また語られてきたのかをちょっと申し上げてみたいと思います。その歴史は大きく分けて四つのグループに整理できるのではないかと思います。

その第一は、反体制の思想家グループです。明治時代に主流をなしていた体制側の思想は、江戸時代からずっと引き継がれてきた孔子、孟子を代表者とする「儒教」、その一派である「朱子学」でした。

それに対して批判的な立場を取る反体制の思想家たちが『荘子』の哲学の流れを汲みます。これは社会主義者の一群ですが、その代表が中江兆民、その弟子の幸徳秋水、それから河上肇という系列をなす人たちです。中江兆民の著書を見ると非常に大きく『荘子』の影響を受けていることがよく分かります。また、幸徳秋水の秋水は、『荘子』の秋水篇から採った名前です。

第二番目は、明治以後の文芸の世界で活躍された人たちですが、まず坪内逍遥です。逍遥というのは『荘子』の中の逍遙遊篇から採った名前です。それから文芸評論家として有名だった高山樗牛や相馬御風、この樗牛や御風も『荘子』の中の言葉です。そして、若い頃から肺病に侵された正岡子規はたえず死と直面していた関係から、『荘子』に深く影響されています。それから夏目漱石もそうです。

三番目は仏教の禅の哲学者たちです。禅の哲学の第一人者である鈴木大拙、その親友であった西田幾多郎博士、その弟子の久松真一などがそうです。

第四番目は理論物理学者です。代表的なのはノーベル賞を受賞された湯川秀樹博士、それから長岡半太郎や寺田寅彦。寅彦は夏目漱石のお弟子さんで『荘子』の哲学を勉強されたうえで『科学の底をぬく論』などを発表しています。

以上が、簡単ですが、明治以降の日本における『荘子』の思想の流れです。

しかし現代、世界的な風潮として「タオイズム」が脚光を浴びています。老・荘の「道（タオ）」

の哲学が新しく見直されようとしています。その引き金になったのはアメリカと中国であって、日本の流れから出たものではありません。

まずアメリカから申しますと、これは理論物理学者フリッチョフ・カプラが『タオ自然学』という書物を出したことによります。彼はこの中で、デカルト哲学、つまり人間を精神と肉体に分けて考えたり、あるいは宇宙を人間と自然に分けたりする、この二分法の哲学を批判し、宇宙の全体をひとつととらえて、いろいろな現象を一体的に見なければならないと述べています。その場合、一番参考になるのは『荘子』の渾沌《こんとん》（カオス）、タオ（道）の哲学であるというのです。そうしたことで『荘子』の哲学がクローズアップされてきたのです。

もうひとつ、中国では、天安門事件の少し前に蘇暁康《そぎょうこう》という作家（作品は『河殤《かしょう》』）が提唱した「『荘子』の海原の哲学を見直そう」という動きが、いま改革派と呼ばれる人たちの間で起こってきています。ちょうど時を同じくしてアメリカと中国から『荘子』を見直そうという動きが起こってきていますので、そういう状況を踏まえながら、日本でももう一度『荘子』を読み直してみる必要があると思うわけです。

機械と機心ということ

ここでは、今アメリカで盛んに論じられている「ハイテクノロジーの文化とマインドの文化との関係をどう考えるのか」ということについてお話してみます。

『荘子』という書物は全部で三十三篇から成り立っていますが、大きく三つの部分に分かれています。第一部は内篇、第二部は外篇、第三部は雑篇で、これは成立の順序とも見ることができます。

内篇ではまず「遊び」の哲学と「道」の哲学が論じられ、ついで技術というものは非常に大切であるということが論じられています。この内篇で技術について論じている中に、日本でいまも使われている、料理をする時の庖丁《ほうちょう》という言葉が用いられています。庖というのは料理をするという意味、あるいは料理人ということを意味します。古代の中国では職業名を名前の上に置きますから、庖丁というのは「料理人の丁さん」という意味になります。この庖丁さんの登場するのは第三番目の「養生《ようせい》主《しゅ》」という篇で、「道」と「技」の問題を論じています。儒教の場合は、技術というのはあまり重視されずに、精神の方に重点を置きます。けれど道教の場合は肉体的な要素を非常に重視します。この世の生活は身体が一番根本になり、その身体に心（精神）が宿るという考え方をします。

そして外篇の天地篇では、この「道」と「技」をさらに展開し、「機械」と「機心」という言い方で論じています。機械を使う時は用心しなければならない、機械に慣れてしまうと心まで機械のようになってしまうからだ、と言っているのです。このように、機械という言葉はすでに『荘子』に出てきています。この機械とは、からくりを使った仕掛け道具といった意味です。

天地篇のこの原文は「機械あるものは必ず機事あり、機事あるものは必ず機心あり」となっています。機械が作られると人は必ず物事を機械的に処理してしまうようになる。そうすると、心まで機械のように冷酷な温かみのないものになってしまう危険性がある。だから、機械を使う者は用心しなさいと言っているのです。

この『荘子』が書かれたのは中国の戦国時代です。戦いが続き、どんどん戦うための機械が作り出され、効果的な武器が出てきて戦死傷者の数がますます増えてしまうため、荘子が警告の意味でこうした言葉を書いたのです。

それから、先ほどの内篇の「養生主」篇ですが、ここでは技術と共に心の重要性が述べられています。庖丁という人が牛を料理する場面ですが、技術が成り立つためにはそれを使う人間が「人生とは何か」、あるいは「世界とは何か」といった哲学を、はっきりと持っていなければならない。つまりテクノロジーを駆使するためにはしっかりしたマインドがなければだめだと言っています。

そして、効果的な技を身につけるためには徹底した訓練をしなければならないとも言っています。庖丁という料理人が牛を料理したとき、見事な刃さばきを見せたのは二〇年間の訓練があったからだ。訓練とは繰り返すこと、繰り返しているうちに熟練して無心になれる。心にとらわれるものがなくなる。この無心が大切なんだと言うのです。

無心というのも『荘子』によって初めて使われた言葉です。心と技、あるいは道と技が一体になって別々に意識されることがないということ、これが無心の状態で、それは徹底した訓練によって得られるというわけです。つまり技術を使う人は技術だけではだめなんであって、同時に技術を支える「道」の哲学を持たなければならないと『荘子』は説いているのです。

技術を支える「道」の哲学というのは、機械というものを人間の心の立場で、あるいは人間のいのちの立場で考えていくということなんです。そのように心がけていけば技術がすばらしい技術として上達していくというのです。それが「技」と「道」の一体化につながるのです。

これを武術の立場で言えば、嘉納治五郎が、それまで柔術といわれていた武術を、「やわらの術が術として生きるためには道が根底になければならない」と考え、やがて柔道として展開していったのです。

茶道についても同じで、岡倉天心も言っていますが、茶道というのは本質的にタオイズムの哲学であり、老荘の哲学だというわけです。茶をとおして道を究めるということで、それまで茶術・茶法などと言っていたのを茶道と呼ぶようになりました。剣術も、それまでただの剣の扱い方だったものがタオイズムの道にまで高められて、剣道となったのです。

「テクノロジーとマインド」は、東洋では「技と道」という言葉で表現されております。あらゆる技術は、その技術を使う人間が根底にしっかりした哲学を持っている時に、はじめてその真価が発揮されるということで、『荘子』の哲学はこれからももっと大きな意味を持つものと思われます。

道について

「道（タオ）」というのは、『荘子』の哲学の中での特徴として三つあります。

そのひとつは「道は在らざるところなし」ということ、それから第二に「道は変化の流れなり」ということ、三番目は「道は通じて一となす」ということです。

第一番目の「道は在らざるところなし」というのは、『荘子』の知北遊篇に見えています。ある人が荘子に「あなたの説く道とはどういうことなんですか」と聞きます。すると荘子が「道はあらゆる形を持って存在するものに宿っている」と答えます。質問者は「そんな抽象的な答えでは分からない。もっと分かりやすく教えてください」と質問し直します。すると今度は、「道は螻蟻《ろうぎ》にあり」と荘子が答えます。つまり道は、けら虫のような小さくて下等なものに宿っているというのです。こうして問答が続いていくのですが、瓦礫や小石、あるいは屎尿にあるとまで答えるため、ついに質問者は黙ってしまいます。荘子が、いのちのない小石や屎尿にまで道はあると答えるものですから、分からなくなってしまうわけです。でも、ここに、『荘子』の哲学の特徴があるのです。

仏教では「生きとし生ける者はことごとく仏性を持つ」と言っています。つまり生きているもの、生物だけを救済するということであります。また、キリスト教の場合、神の恩寵を受けるのは人間だけだとしています。ですから、これはあくまで人間中心の宗教と言えると思います。

ところが荘子は、この世に形を持って存在しているものはすべて、「道」すなわち根源的な真理を宿している、つまり、存在するだけの根拠を持ってこの世に存在しているんだということを言っているわけです。だから、人間だろうが小石だろうが、あるいは川の流れであろうがそびえ立つ山であろうが、そういう意味では森羅万象すべてひとつである、みな等しいという考え方なんです。

それから二番目の「道は変化の流れなり」ということですが、これは『荘子』の天道篇の中で言われています。流れというのは変化とか時間ということと緊密な関係を持っています。あらゆるものは決して同じ所にとどまることはない。刻々に変化していくものであって、その大きな流れが道であり、流転そのものが道なのである、という考え方です。この流転の思想はのちに『易』の哲学に採り入れられ、すべては宇宙的な規模で動いていくのだから、待っていればおのずと好い状況がやって来る、それを忍耐強く待つことが物事をうまくやってのける重要な要件だという「待ちの思想」につながっていくのです。中国人が非常に気が長く、あるいは自分の一生だけで事を済まそうとせず、子々孫々にまで仕事を受け継がせていくという考え方も、この「待ちの思想」と密接に関係しています。毛沢東の「革命の無限継続」というのも、やはり『荘子』の「流れ」の哲学を基盤にした道教の革命理論と関連します。これで完結したと思った時は腐敗し堕落していく、だから革命の運動は無限に継続すべし、という考え方、これが彼の継続革命説の根底を支えている思想です。

三番目にあげた「道は通じて一となす」は、この世に存在しているすべてのものは道を宿して存在しているのであるから、人間も動物も小石もすべて価値は同じなのだという考え方です。現実社会でハンディを持たされた人たちに対して、トータルにみればみんな同じなんだと元気づけている、これはまた劣等感の解消には非常に役に立つ考え方なんです。この『荘子』の全一という思想は、キリスト教の「貧しき者は幸いなれ」という考え方と重ね合わされて、福音という言葉で呼ばれています。

そしてこの「道は通じて一となす」という考え方が、さらに今度は、道はこの上なく大きなものである、と言い換えられ、『荘子』の中の雑篇では「宇宙」という言葉を用いるようになっています。道は時間と空間を超えた広大無辺な宇宙大自然であるというわけです。

遊びの哲学

『荘子』には「遊び」の哲学があります。それは逍遙遊篇などにあり、遊びを思想、哲学として展開していくわけです。三十三篇ある『荘子』全体の中に、遊ぶという漢字がなんと一〇六回も使われています。『老子』の中には一度も使われていないので、やはり『荘子』の哲学の大きな特徴といえます。

『荘子』の「遊び」の哲学についての特徴は二つあります。そのひとつは、「遊び」の哲学を「道」の哲学と一体化させているということです。例えば「造物者と遊ぶ」、万物の創造者と遊ぶという意味ですが、万物の創造者、すなわち道と遊びをセットにしたところに特徴があります。

もうひとつは遊びを人間の心の世界に関連させていることです。「遊心」という言葉が六回も使われています。このように心と遊びを結びつけている点に特徴があります。

中国の禅宗に「遊戯三昧《ゆげざんまい》」という言葉がありますが、これも『荘子』の哲学から展開された言葉です。禅僧臨済の『臨済録』の中には『荘子』と文章表現や発想、論理や思想の共通するものがたくさんあります。臨済と荘子は郷里が同じ地域であるため、共通性があるのだとも言えます。その「遊戯三昧」が『臨済録』では「随処に主となれば立処みな真なり」という言葉になり、「一所不住」、「乞食行脚」、つまり同じ所にとどまらず、乞食をしながら行脚するという宗教的な実践になっていきます。そしてそこに旅の哲学が生まれるわけです。こうして荘子の哲学と臨済の禅哲学が合体するのが、唐の時代です。この両方の哲学を日本でそのまま偉大な文芸の哲学にしていったのが松尾芭蕉です。芭蕉も作品の中で「遊び」という中国語を頻繁に使っております。たとえば、「緑に乗りて気に遊ぶ」、この芭蕉の言葉はもうまったく『荘子』の逍遙遊篇の言葉そのままを踏まえたものです。

また芭蕉には、「南華真人《なんかしんじん》のいわゆる一巣一枝の楽しみ、偃鼠《えんそ》が腹をたたいて無可有《むかう》の郷に遊ぶ」という文章があります。道教では荘子という哲学者を南華真人と呼びます。南華の出身者で、道の根源的な真理を体得した人という意味です。

この芭蕉の文章は、荘子という哲学者が言っているように、鳥はひとつの巣、ひとつの枝で楽しみ、いくつもいくつもと欲ばりはしない。鼠やもぐらもひとつの穴を住み家としてそこで自分の生活を充分に楽しんでいる。このように、私も、大自然の中で欲ばらず、その生活を楽しみながら、とらわれのない心で生きていきたい、といった意味です。また、「心は高遠にして、無窮の境に遊ばしむ」という文章がありますが、ここで芭蕉は『荘子』の遊心という言葉をそのまま使っております。

このように芭蕉について例を引けばたくさんあり、『荘子』の遊びの哲学を自分の作品の中で採用しているのがよく分かります。芭蕉によって『荘子』が日本の文芸にしっかりと結びつけられたのです。遊びから旅遊の哲学、そして禅宗の乞食行脚を重ね合わせ、さらに自分の俳諧文芸をその上に展開していったのです。

芭蕉の、「禅と『荘子』の遊びの哲学のコンビネーション」を近・現代で継承したのが明治の文豪夏目漱石です。漱石も鎌倉の円覚寺で参禅したりして、禅に造詣が深かったのですが、しかし彼は僧にはならず、やはり文芸の作者となりました。夏目漱石に『漾虚集《ようきよしゆう》』という作品がありますが、この漾虚という言葉は禅宗の古典『碧巖録』の言葉です。

夏目漱石において『荘子』の遊びの哲学と禅の遊戯の宗教哲学が一体化している具体的な作品としては、『草枕』があります。「山路を登りながらこう考えた」という文章で始まっていますが、冒頭に「山路」という大自然、山水の世界を象徴する言葉を使っていることでも分かります。そして内容は「非人情の世界」を書いているのです。非人というのは『荘子』応帝王篇の言葉で、人にあらざるもの、つまり大自然の世界ということなのです。漱石はそれを非人情の世界と表現していますが同じ意味です。そこへ心を遊ばせることの楽しみを書いています。

このように、芭蕉から漱石へと『荘子』の遊びの哲学と禅の遊戯の宗教哲学とが合体したひとつの流れが、日本でもずっと続いてきました。決して儒教のように主流ではありませんでしたが、脈脈としてひとつの大きな流れを持っているということで、『荘子』の哲学も、私たちに非常に近い所にあったのだということをお分かりいただきたいと思います。

Ⅱ

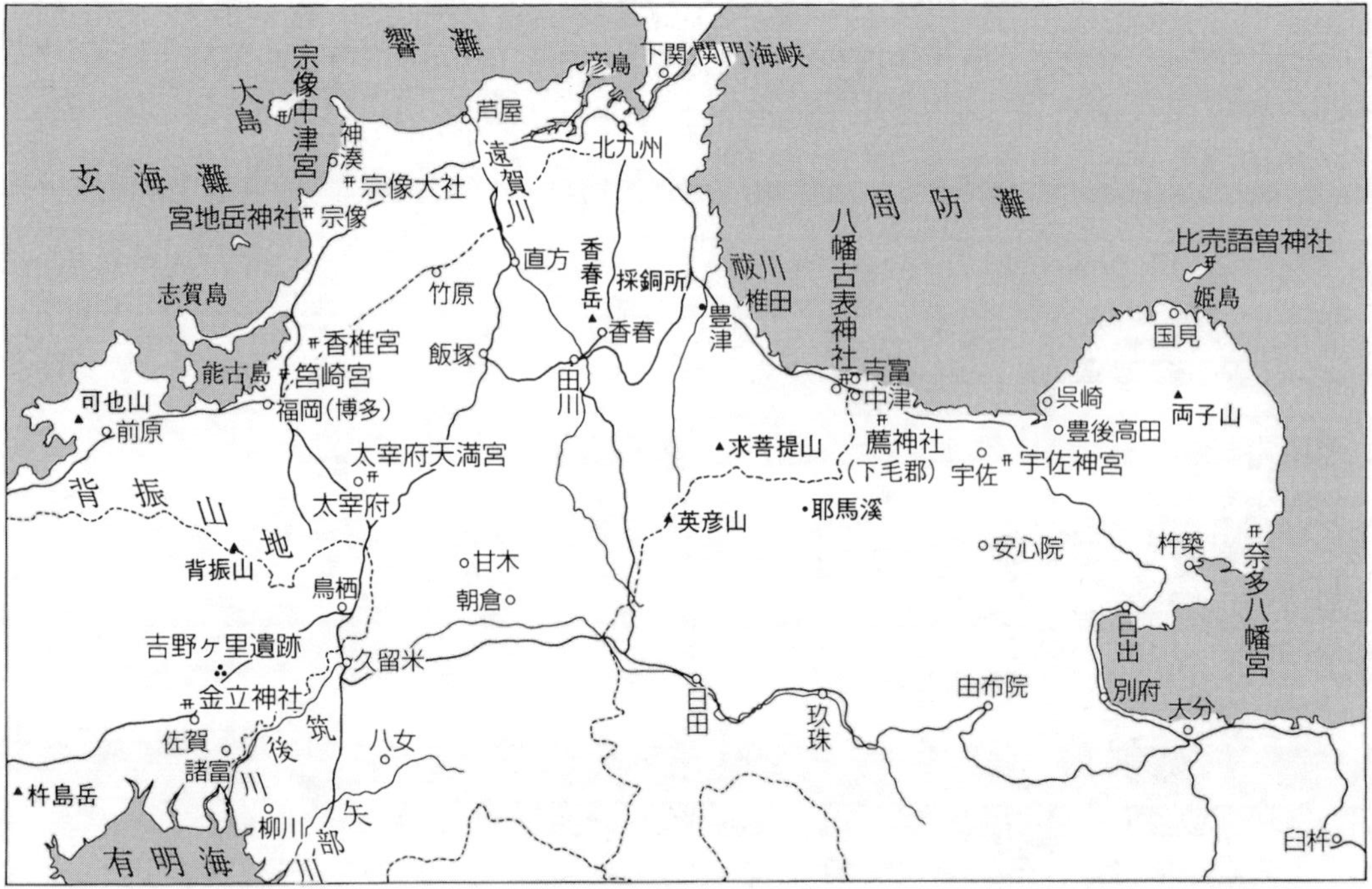

響灘
玄海灘
周防灘
有明海
大島
宗像中津宮
神湊
宗像大社
宮地岳神社
宗像
志賀島
能古島
筥崎宮
香椎宮
福岡(博多)
可也山
前原
背振山地
背振山
太宰府天満宮
太宰府
鳥栖
吉野ヶ里遺跡
金立神社
佐賀
諸富
杵島岳
柳川
筑後川
矢部川
久留米
八女
甘木
朝倉
竹原
飯塚
芦屋
遠賀川
直方
香春岳
香春
田川
北九州
彦島
下関
関門海峡
採銅所
豊津
祓川
椎田
八幡古表神社
吉富
中津
薦神社
(下毛郡)
求菩提山
英彦山
耶馬溪
宇佐
宇佐神宮
呉崎
豊後高田
両子山
国見
姫島
比売語曽神社
安心院
杵築
奈多八幡宮
日出
別府
大分
由布院
玖珠
日田
臼杵

徐福と神僊と吉野ヶ里遺跡

徐福については、文献実証学の立場で信頼すべき資料といえば、これはいうまでもなく西暦前一世紀に書かれた司馬遷の『史記』があります。この『史記』のなかの徐福に関係する記事は以下のごとくです。

(1)『史記』秦始皇本紀二十八年（BC二一九）

始皇……乃ち遂に泰山に上り、石を立て、封じて祠り祀る。……是に於て乃ち勃（渤）海に並《そ》いて以て東し、黄《こう》（縣）腄《すい》（縣）を過ぎ、成山《せいざん》を窮め、之《し》（芝）罘《ふ》

成山頭の秦橋遺跡（秦始皇が海神と会ったという伝説の場所）

泰山の聖地に立つ碑

芝罘の「陽主」（「斉の八神」の第五）神像
（烟台市博物館）

（山島）に登る。石を立てて秦の徳を頌《ほめたた》えて去る。南して琅邪《ろうや》（山）に登り、大いに之を楽しみ、留まること三月、乃ち黔首《たみびと》三萬戸を琅邪台（越王勾践《こうせん》の観台）の下に徙《うつ》し、復《ふく》（賦税を免除）すること十二歳、（新たに）琅邪台を作り、石を立てて刻し、秦の徳を頌す……。

既に已《おわ》るや、齊《せい》（国）の人徐市《じょふつ》（徐福）ら書を上《たてま》つりて言う、海中に三神山有り、名づけて蓬萊《ほうらい》・方丈《ほうじょう》・瀛洲《えいしゅう》と曰い、僊人これに居る。請う、斎戒し、童男女と之を求むることを得ん、と。是に於て始皇は徐市を遣わし、童男女数千人を発し、海に入りて僊人を求めしむ。

〔参考〕『史記』封禅書

（齊《せい》国の）威（王）、宣（王）、燕《えん》（国）の昭（王）のとき自《よ》り、人をして海に入りて蓬萊・方丈・瀛洲（の三神山）を求めしむ。此の三神山は、其の伝うること勃（渤）海の中に在り、人を去ること遠からず。（されど）且《まさ》に至らんとすれば、則ち船、風に引かれて去るを患《うれ》う。蓋《おも》うに嘗て（この三神山に）至れる者有りしならん。諸もろの僊人及び不死の薬みな在り、其の物と禽獣は尽《ことごと》く白くして、黄金と銀もて宮闕を為《つく》る、と。未だ至らざるときは、之を望むに雲の如く、到るに及びては、三神山反《かえ》って水の下に居る。之に臨めば、風輒《すなわ》ち引きて去り、終に能く至る莫《な》しと云う。

秦の始皇、天下を并《あわ》するに至るに及びて、海上《うみのほとり》に至れば則ち方士（神仙の道術者）の之を言うもの勝《あ》げて数うべからず。始皇みずから以て海上に至るも恐らくは及ばざらんと為し、人をして乃ち童男女を齎《もた》らして海に入りて之を求めしむ。（多くの）船、海中に（往来して相）交わる。皆な風を以て解《いいわけ》と為して曰う、未だ至る能わずして之を望見するのみ、と。

(2)『史記』秦始皇本紀三十五年（BC二一二）

始皇……乃ち大いに怒りて曰く……徐市（徐福）ら費《ついや》すこと、巨万を以て計《かぞ》うるも、終に（不死の）薬を得ず、と。

(3)『史記』秦始皇本紀三十七年（BC二一〇）

始皇……会稽（山）に上り、大禹《たいう》（夏《か》王朝の創始者）を祭り、南海を望み、石を立てて刻し、秦の徳を頌す。……還りて呉を過ぎ、江乗《こうじょう》（縣）より（長江を）渡り、海上に並《そ》い、北のかた琅邪に至る。方士の徐市（徐福）ら海に入りて神薬（不死の薬）を求むるも数歳得ず、費《つい》え多くして譴《とが》められんことを恐る。乃ち詐《いつわ》りて曰く、蓬萊の薬は得べし。然れども常に大鮫魚《だいこうぎょ》の苦しむ所と為り、故に至るを得ず。願わくは善く射るものを請いて与《とも》に倶《とも》にし、見れば則ち連弩《れんど》（いしゆみの一斉射撃）を以て之を射ん、と。

始皇、夢に海神と戦うに、人の状《かたち》の如し。占夢《せんむ》博士に問うに、（博士）曰く、水神は見るべからず、大魚・蛟龍《こうりゅう》を以て候《しるし》と為す。今、上《おかみ》（始皇帝）は祷《いの》り祠ること備《つぶさ》に謹めるに此の悪神有り。当《まさ》に除去すべし、而《すなわ》ち善神致すべし、と。（始皇帝）乃ち海に入る者をして巨魚を捕うるの具を齎らしめ、而して自ら連弩を以て大魚の出づるを候《うかが》い之を射らんとす。琅邪より北して栄成山に至るまで（大魚を）見ず。之罘に至りて巨魚を見、射て一魚を殺し、遂に海に並《そ》いて西す。

(4)『史記』淮南衡山《わいなんこうざん》列伝

（伍被《ごひ》、淮南王劉安に謂いて曰く）、昔、秦（の始皇）は徐福（徐市）をして海に入りて神異の物を求めしめしが、還りて偽辞を為して曰く、臣《われ》、海中の大神を見たり。われに言いて曰く、汝は西皇（秦の始皇）の使《つかい》なるか、と。臣答えて曰く、然り、と。（大神曰く）、汝、何をか求むるや、と。われ曰く、願わくば延年益寿（年を延ばし寿を益す）の薬を請わん、と。

神曰く、汝が秦王の礼（供物）薄ければ、観ることは得るも取ることは得ず、と。即《ただち》に臣を従えて東南のかた蓬萊山に至り、芝《きのこ》の宮闕を成せるを見る。使者有り、銅《あかがね》の色にして龍のごとき形《からだ》、光は上りて天を照らす。是に於て臣《われ》再拝して問うて曰く、宜しく何をか資《おくりもの》として献ぐべきや、と。

海神曰く、令名《よきいえ》の男子《おのこ》もしくは振女《めのわらべ》と百工の事とを以てすれば、即ち之を得ん、と。秦の皇帝大いに説《よろこ》び、振《わらべ》（童）の男女三千人を遣《つかわ》し、之に五穀の種（原文は「五穀種種」に作るも「種」の一字は誤衍）と百工とを資《おく》りて行かしむ。徐福は平原広沢を得、止まりて王となりて来《かえ》らざりき。

〔参考〕『漢書』伍被伝――後漢の班固（三二―九二）が上掲『史記』の文章に基づいて一世紀に著述。

徐福をして海に入り、仙薬を求めしむ。多く珍宝・童男女三千人・五種（五穀の種）・百工を齎して行かしむ。徐福は平原大沢を得、止まりて王となりて来らず。

西暦前三世紀、秦の始皇帝の勅命を受けた齊国の方士の徐福が、海中の三神山に棲むという僊人もしくは僊人の持つ神薬（不死の薬）を求むるために、多数の童男女ないし五穀の種や百工（さまざまの技術者）を携《たずさ》えて海に入ったという、いわゆる〝徐福の琅邪出航〟について記述する『史記』の文章は、以上のごとくであるが、この『史記』の成書に後れること約三百年、晋の陳寿《ちんじゅ》（二三三―二九七）の撰述（実際は呉の韋昭の『呉書』を踏襲）に成る『三国志』呉書の呉王伝、黄龍二年（二三〇）の条には、『史記』淮南衡山列伝が「平原広沢を得、止まりて王となりて来らず」と記す徐福の「止まりて王となった」地について、以下のごとき記述を載せている。

春正月……将軍衛温《えいおん》、諸葛直《しょかつちょく》を遣わして甲士万人を将《ひき》い、海に浮びて夷洲《いしゅう》及び亶洲《たんしゅう》を求めしむ。

亶洲は海中に在り。長老伝えて言う、秦の始皇帝は方士の徐福を遣わし、童男童女数千人を将《ひき》いて海に入り、蓬莱の神仙及び仙薬を求めしむ。（徐福は）此の洲に止まりて還らず、世々相承けて数万家有り。其の上の人民、時に会稽に至りて布を貨《あきな》うこと有り。会稽東《とう》（冶《や》）県の人、海に（入りて）行き、亦た風に遭い流移して亶州に至る者有り、と。在る所は絶《はなは》だ遠く、卒《つい》に至るを得べからず。但だ夷洲の数千人を得て還りしのみ。

〔参考〕Ⅰ『後漢書』東夷伝「倭」の条――宋の范曄《はんよう》（三九八―四四五）の著述。

会稽の海外に夷洲および澶《たん》洲在り。伝えて言う、秦の始皇帝、方士の徐福を遣わし、童男女数千人を将いて海に入り、蓬莱の神仙を求めしめて得ず。徐福は誅《ちゅう》を畏れて敢《あえ》て還らず、遂に此の洲に止まり、世世《よよ》に相い承け、数万家在り。人民、時に会稽に至りて市《あきな》う。会稽東冶《とうや》県の人に、海に入りて行き、風に遭い、流移して澶洲に至る者有り。在る所は絶《はなは》だ遠く、往来すべからず。

〔参考〕Ⅱ『隋書』東夷伝「倭国」の条――唐の貞観十年（六三六）に成書。

（隋の）大業三年（六〇七）、其《そ》（倭国）の王多利思比孤《たりしひこ》、使《つかい》を遣わして朝貢せしむ。……明年（六〇八）、上《みかど》（煬帝《ようだい》）は文林郎の裴清《はいせい》（『日本書紀』推古紀は裴世清）を遣わし倭国に使せしむ。百済に度《わた》り、行きて竹島に至り、南のかた耽羅国《たんらこく》（済州島）を望み、都斯麻国《つしまこく》（対馬島）を経て、迥《はるか》に大海の中に在り。又た東して一支国《いきこく》（壱岐）に至り、又た竹斯国《ちくしこく》（筑紫）に至る。又た東して秦王国に至る。其の人は華夏に同じ。以て（『三国志』呉王伝・『後漢書』東夷伝にいわゆる）

夷洲と為すも、疑いて明らかにする能わざるなり。又た十余国を経て海岸に達す。竹斯国より以東は皆な倭に附庸す。

円仁の「巡礼行記」に見える大朱（珠）山。碇泊地はその背後の海上。

〔参考〕Ⅲ『入唐求法巡礼行記』――日本僧　円仁撰

（唐の宣宗の）大中元年（八四七）五月九日。大朱（珠）山を去ること遠からざる琅邪台に於て、斎堂島との中間に石《いかり》（碇）を拋《はな》って住《とど》まる。四宿を経たり。

六月二十八日。田横島《でんこう》に至るに風信《おいかぜ》無し。

七月二十一日。登州《とうしゅう》界に至り船を泊《はく》す。……此より渡海せんと擬す。

九月二日。午時（十二時）、赤山浦より渡海す。赤山莫耶《ばくや》口《こう》を出で、正東に向って行くこと一日一夜。

九月三日。平明《あけがた》に至り、東に向って新羅国の西面の山を望見す。風は正北に変じ、帆を側《そばだ》て東南に向って行くこと一日一夜。

九月四日。暁に至り、東に向って山島を見る。……是れ新羅国の西、熊州（公州）の西界。本《もと》是れ百済国の地なり。終日東南に向って行く。

九月六日。東南に向って遥かに耽羅島《たんらとう》（済州島）を見る。

九月九日。西南に向って耽羅島を見る。新羅国の東南に至り、出でて大海に至り、東南を望んで行く。

九月十日。平明、東に向って遥かに対馬島を見る。午時、前路に本国の山を見る。……初夜に至り、肥前国松浦郡の北界鹿島《しかしま》に至って船を泊す。

九月十七日。博太《はかた》（多）の西南（西北の誤りか）能挙島《のこ》の下に船を泊す。

九月十八日。鴻臚館《こうろかん》の前に至る。（以下省略）

私は京都大学で中国学を、中国学のいちばん全盛期のやや終わりがたですけれども、学生として専攻しました。しかしその後は人文科学研究所などにいまして、文献学はもちろん研究の中心ですけれども、そのほかに考古学の出土資料にも注目してゆくという立場で仕事をしてきました。これは京都大学人文科学研究所の一貫した作業方針ですけれども、思想史の研究を行う場合、考古学の出土資料も慎重に注目して、それと文献資料との突き合わせをやるということです。その他にもうひとつ、人文研の共同研究を支えてきたものは、できるだけ現地に行って見学、調査するということ。つまり文献実証学と、考古学の出土資料と、現地の調査、この三本の柱で研究を進めるというのが、この研究所の根本方針ともいうべきものでした。ですから、私は一九八八年と一九八九年と、徐福に関係する山東半島、とくに琅邪《ろうや》の地区と、煙台、蓬莱から山東半島の東の突端付近を細かくまわって現地を調査してまいりました。

三本の柱のうちの、第二の考古学の出土資料についても、これもやはり山東半島をまわりながら、連雲港地区にある徐福の祠堂や祠堂の中の資料館でいろいろ見学調査することができました。

それから山東半島の突端をめぐっているときに、煙台市の博物館で、たとえば佐賀の丸山遺跡から出土した籾の圧痕と同じようなものが陳列されていて、水田稲作が山東半島から日本のほうにくるということの可能性もあることを確認してきました。水田稲作が山東からきたかどうかは別として、くる可能性は確実にあるということは断言できます。

渤海に臨む蓬莱の海辺

それから山と水のコンビネーションというのが、中国の宗教文化を代表する道教の基本観念ですから、中国と九州の古代宗教文化の交流を考えるにあたって、有明海の水と山の関係をとらえるために、多良岳（九八三メートル）の頂上まで登りまして、多良岳ととくに東北（道教でいわゆる「鬼門」）の方角にある——といいますのは方角の哲学が中国の古代ではきわめて重要な意味をもちますので——有明海との関係を確認したりもしてきました（泰山と渤海の方角の関係と類似）。

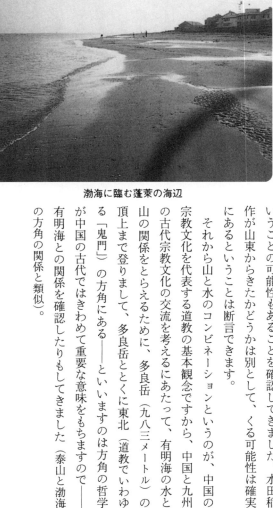

文献実証学の立場

そういうことで考古学的なものも私なりに注意しておりましたので、一九九〇年の二月末に吉野ヶ里遺跡を見せていただきました。その時点ではこの遺跡など私とはほとんど関係はないのだ、この吉野ヶ里遺跡のことは考古学者にまかせておけばいいんだ、私の出番はないと、こう思っていたのですが、その後の新聞の報道を見ていますと、西南から入る墓道が発見されたとか、墳丘墓の南の墓道の傍に焼き土の跡が三カ所確認されたといった報告がありまして、これはわれわれとしても注目しなければいけないと見守っているうちに、こんどは吉野ヶ里の墳丘墓の形をめぐっていろいろな議論が出てきました。

しかし私は西南から入る墓道と墳丘墓の下の焼き土の跡というのは、漢の武帝が泰山の麓で行った燎《たきび》祭りの跡と同じではないかと思ったのです。吉野ケ里の墳丘墓がつくられた前一世紀のころであれば、当時の東アジア諸国の国王たちのいちばんの恐れと憧れの的は、漢の武帝でした。この漢の武帝は、前一〇八年に朝鮮に攻め込んで、いわゆる楽浪四郡を置き、朝鮮を植民地化します。『後漢書』倭国伝によりますと、武帝が朝鮮を滅ぼしてから、「使駅(使者伝令)の漢に通ずる者三十余国、国は皆な王と称す」とありますから、元封五年(前一〇六)に実施された武帝の有名な泰山の燎祭りのことも、倭の国々ではよく知られていたと思います。

ですから、中国のほうの焚火祭りや山祭り、墓祭りなどの古代の宗教文化資料と吉野ヶ里の墳丘墓を比べてみるときに、こういう類似点もしくは一致点がたくさん考えられるという、その事実を本日は報告したいと思うのです。相互に影響があるのかないのかといったことは、それからの問題にしたいと思いますので、今日は事実だけを紹介します。

　徐福の話に戻りますけれども、文献実証学の立場で確実な資料は『史記』だけであり、『漢書』のなかにも徐福に関する記事はありますけれども、それはほとんどが司馬遷の『史記』にもとづいて、それを補うか、もしくは適当にふくらませたものということになります。『後漢書』以下『三国志』になると、いよいよ時代が下がりますから、ほとんど根拠なしに、執筆者の考えでつけ加えていくということになる。そのことは、そこで使われている中国語がいつごろのものであるか点検していくということによって、ある程度はっきりさせることができます。たとえば徐福が有明海から入ってきて、諸富町の浮盃《ぶばい》からずっと金立《きんりゅう》神社の方向に向かったという場合も、いま金立神社に関していろいろ記録されている文書、そのなかで使われている言葉、それが中国語であるかどうか。中国語であるとすれば、その中国語は、仏教が中国に入る以前の中国語なのか、中国に仏教が入ってきてからできた中国語、いわゆる仏教漢語なのかどうかなどの点検が、文献実証学の立場にたつ限り、どうしても必要になってきます。

金立神社（佐賀県）

　そこで、佐賀の有明海に関して徐福関係の文書をずっと調べていくと、たとえば浮盃というのは、はっきりと中国語です。浮盃、盃を浮かべるという二字の中国語は、十一世紀に成立した、仏教関係の禅宗の行脚僧に関していろいろな記録をまとめた『景徳伝燈録』という書物のなかに見えている言葉ですから、そこで浮盃の話は、少なくとも中国の禅宗の僧侶の行脚と、その浮盃の話をモデルにして、それを取り入れた可能性が非常に考えられるということになります。

そのことは、金立神社で徐福が祀られるようになったのが、いったいいつなのかという問題と関連しますが、金立神社にある程度の宗教的な施設があったことは平安朝の記録ではっきりしています。しかしそこに徐福という固有名詞が結びつく時期は、文献実証学の立場でいつになるかということの研究は、中国学の専門研究者である私たちにとっては重要な問題です。文献実証学だけで全部片づくわけではありませんが、ひとつの大きな方向づけにはなろうかと思います。

そういうことで、徐福が有明海から入ってきたのか入ってこないのか、この問題は私の専門をかなり外れていますので、これはその道の専門家におまかせするとして、私はあくまで文献実証学の立場から、考古学の出土資料を参考にし、現地でこの目で確認したことをもあわせて参考にしながら、いちおうの答えを出して、それをみなさんに申しあげたいと思っております。

『史記』の語る徐福についての五つのポイント

そこで司馬遷の『史記』の記述をとりあげます。『史記』以外の資料は価値がうんと落ちるわけです。

『史記』の記述で徐福という人物を考えますと、ポイントになる点がだいたい五つあります。つまり確実に歴史的な事実として認定しうるという点です。

その五つのポイントの第一は、徐福が西暦前三世紀の秦の時代の人物であったということです。これは学問的な立場からも否定できない。よほどの反証がない限り、これをくつがえすことはできない。

第二点は、斉《せい》（山東半島）の国の人であり、斉の国の琅邪の地域で始皇帝と接触しているということ。この『史記』の記述、これもひっくり返せません。琅邪というのは現在の山東省の東南部と、江蘇省の北東部の地域ですね。これが秦漢時代の琅邪ですから、そこの琅邪台の附近で始皇帝と接触したということ、これも疑いえない。

この琅邪の地域との関連でつけ加えますと、老子という中国古代の哲人は後に道教の開祖にされるわけですが、この老子の子孫は琅邪の地域の周辺に住んでいた。斉の国の高密・膠西《こうせい》に住んでいたという記録が、同じく司馬遷の『史記』の楽毅列伝というところにはっきり書かれておりますから、老子の子孫と称する者が琅邪の近くにいたということ、これもはっきりしております。

それからもう一つは、西暦二世紀の中ごろに道教の最初期の経典ともいうべき『太平経』が出現したのが、いまの連雲港市の飛行場のあたり、昔の徐州東海郡（『後漢書』郡国志㈢）といわれるところです。ここから百七十巻の『太平経』という道教の経典が、これは神から授けられた神書、神道の書物として出現した。神道という言葉は、中国語を日本語がそのまま使っているわけです。『日本書紀』いらい、日本では神道という中国語をそのまま使っていますが、もとは中国語です。

その神道の書物、神書といわれるものが、二世紀の中ごろ、後漢の順帝の時代に天の神から授けられたというかたちでこの世に出現してきますが、その出現した場所がこの東海郡、連雲港の飛行場の近く、つまり琅邪の地域ということで、これは中国の宗教文化史もしくは道教の思想史のうえで重要な意味をもつ地域なのです。徐福がその琅邪の地域と密接な関連を持つということ、これもまた疑うことのできない事実です。

第三番目は方士であるということ。このことは司馬遷の『史記』のなかに詳細な記述があって、これはあとで紹介しますけれども、ともかく方士であったということ。このことは最も重要な意味をもっているわけで、文献実証学の立場でいえば、徐福が水田稲作をもってきたとか、金属器文化をもってきたとかというのは付録であって、いちばん確実なことは、方士であったということなのです。方士とは何かということはあとで申しますけれども。ともかく徐福は方士であった。司馬遷の『史記』によって徐福を考える限り、徐福は方士を職業とする斉国出身の前三世紀頃の男性であったということになります。

四番目は、海に入って三神山の僊人から不死の薬を入手して、神僊マニアの始皇帝にその不死の薬を売り込もうとした。これもやはり明確な事実であります。

第五番目は、その不死の薬を、海のなかにある三神山で得ようとしていろいろ努力したけれども、結局それが得られずに、海を渡って逃亡するということになった。その逃亡するときに、出港した港がやはり琅邪の地域であるということ。これもほぼ間違いない、つまり文献実証学の立場では信用せざるをえないということになります。

以上の五つの点ですね。これらはどうしても私たち文献実証学の立場に立つ者としては否定できないわけです。しかし、港を出てからどこに行ったかということは、これはもうまったく伝説ですね。いままでのところなにひとつ学問的な根拠、証拠になるものはない。徐福と書いた板切れか銘文、徐福のもっていたと確認される遺物が、この佐賀平野か、もしくは八女の近辺か、唐津の近辺で出土しない限りは、これはまったくの伝説である。しかし伝説だからといって意味を持たないというわけではない。徐福の伝説があるために、盛大なお祭りが行われ、佐賀の人々の生活に大きな影響を与えてきている。これは事実であります。しかし徐福が佐賀に来たかどうかという史実とは別個の問題であります。そのことがごっちゃにされてはならない。

それから、徐福の率いて往った童男童女の数についてですが、『史記』の記述では三千人という記述と、数千人という記述と、二通りの文章表現があります。三千人というのは、「後宮三千人」という中国語がありますように、これは多くの人、多くの人々の集団という意味であって、必ずしも数学的（算術的）に三千人を意味しません。ですから、むしろ数千人というほうが正確であるかもしれませんけれども、これは中国語の文章表現のひとつの決まったパターンですから、それで了承すればいいと思います。

ただ、『十洲記』などで五百人となっていますのは、これは後の三世紀以降の資料で、たとえば、『抱朴子』金丹篇に「金丹を飲むと寿五百歳を得る」などとあり、五百が多数をあらわす慣用語のようになりますので、それにあわせて文章を書き替えたということも考えられます。それに『十洲記』の「童男童女五百人」というのは、三百人となっているテキスト（『雲笈七籤』本）もあり、三百人であれば、『呉越春秋』の刀剣の鋳造のとき神に奉仕する「童男童女三百人」と一致します。いずれにしても、五百という数字は、三千人ないしは数千人という、司馬遷の『史記』の記述ほどの信憑性をもたない。文献実証学の立場では信憑性をもたないと判断せざるをえません。

不死の欲望を実現する方士としての徐福

さきほど『史記』に書かれている徐福に関する記述のポイントとして、五つのことを申しましたけれども、その五つのなかで最も重要な意味をもつ、とくに吉野ケ里遺跡ないしは吉野ケ里の墳丘墓との関係を考える場合に重要な意味をもつのは、徐福が方士であったという事実です。

この時代つまり秦漢時代、西暦前三世紀から前二世紀、一世紀のころ、いまの山東省から河北省、ここは日本や朝鮮と海を隔てて隣接している地域ですけれども、そこにたくさんの方士という職業集団の人たちがいて、皇帝やその他の政治権力者たちに彼らの不老不死実現の技術の売り込みをやるわけです。すべて人間の欲望は、最終的には不老不死の欲望となる。戦争に行かれた方は経験があると思いますけれども、戦場で戦闘にあけくれて睡眠不足が続きますと、とにかく欲望というのは、ただ寝ることだけですね。食い気も色気もいっさいなくなります。そして眠りが少し足りると、あとは食い気で、腹がある程度ふくれますと、今度は色気になる。

色欲がある程度充たされますと、そのつぎは名利の欲望になる。早く一等兵から上等兵になりたいとか、給料が高くなればよいとか、つまり名誉と利益のからんだ欲望ですね。

しかしその上へずっといきますと、結局、権力欲、他人を支配したいという欲望にとりつかれて、それの絶頂に立つと、あとは死にたくないという欲望にとりつかれるようです。これは、司馬遷が詳細に『史記』のなかで描いております。秦の始皇帝から漢の武帝までの最高権力者、当時の世界帝国のトップの座に居る人の欲望の状況をずっと、司馬遷は子細に観察しています。

司馬遷は男性機能を完全に剔除《てきじょ》された、宮刑というきびしい刑罰を受けた人ですから、見る目がじつに冴えているのです。その冴えた目で秦の始皇帝や漢の武帝の死にたくない欲望、不老不死の欲望の追究を、じつに鋭く描いているわけです。

そのなかで司馬遷は、徐福も含めた方士と呼ばれる人々のいうことすること、これを精細に記述しています。それが司馬遷の『史記』のなかで封禅書と呼ばれる部分です。封禅というのは、天の祀りが封、これは土盛りをするわけです。いま日本の神社で砂や土で円錐形の盛りあげをやって、その上に御幣などを立てていますけれども、これは中国の封の祀りのミニ版ですね。禅というのは、大地をきれいに箒で掃いて、そこに薦を敷いてお供え物を置き、大地のお祀りをする儀式です。このような天と地の神の祀りを何のためにするのかといえば、それは権力者の最終的な欲望である死にたくない、不死を実現するという欲望を充たすためですね。その不死を実現したいという権力者の欲望にピントを合わせて、いろいろな術策、テクニックの売り込みをやる人たち、これが方士と呼ばれる一群の呪術宗教的職業集団の人たちです。

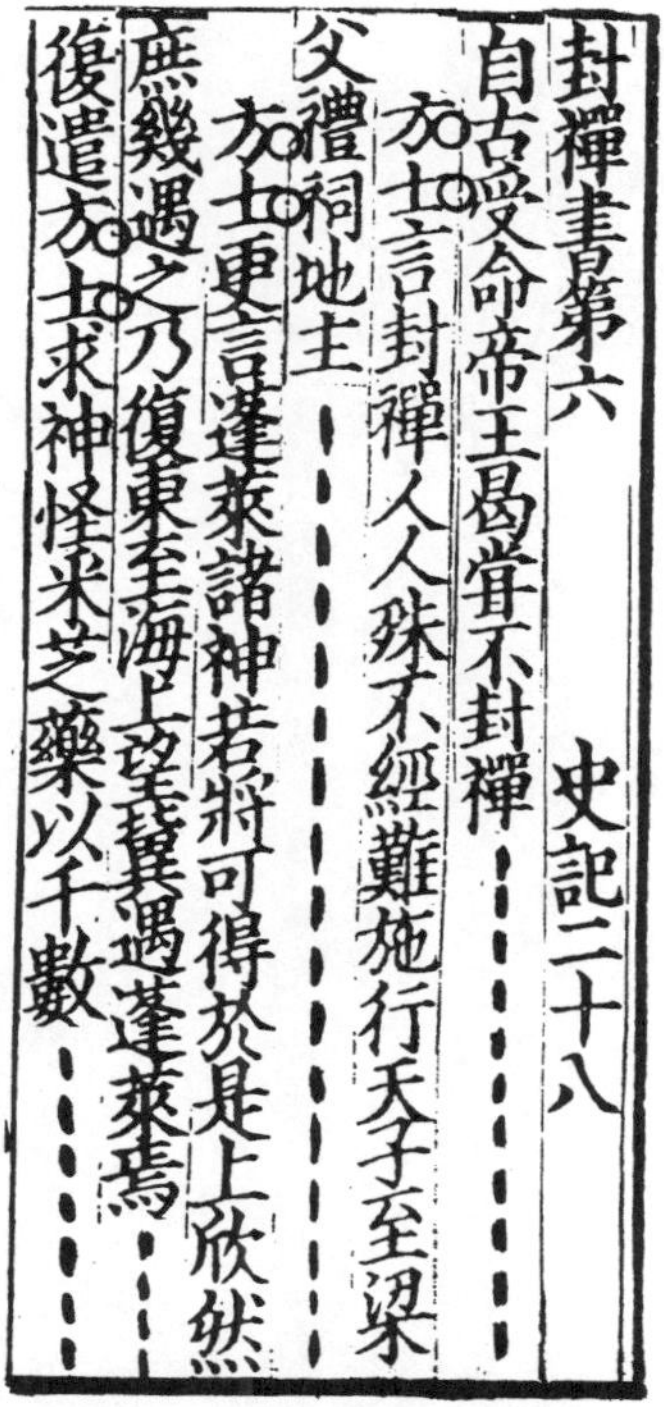
封禪書第六　史記二十八
自古受命帝王曷嘗不封禪
方士言封禪人人殊不經難施行天子至梁
父禮祠地主
方士更言蓬萊諸神若將可得於是上欣然
庶幾遇之乃復東至海上望冀遇蓬萊焉
復遣方士求神怪采芝藥以千數

『史記』封禅書に多見する「方士」

方士、これはいまの言葉でいえば、宗教と医術・薬学を含む広い意味の科学技術者です。その方士の目的は、人間の真——生命の本来的な在り方——を全うする、全真ということですね。全真という言葉は、中国の前四世紀、ギリシャのアリストテレスと同じころの哲学者である荘周という人の書いたとされる書物『荘子』のなかに見える言葉ですね。

後の十二世紀には、中国でそれまでの皇帝貴族を中心とした道教の宗教改革が行われて、全真教という新しい宗教が成立する。宗教を民衆に返せということで、宗教改革が十二世紀の終わりに行われて、それまでの道教が大きく宗教改革されます。それは十六世紀初めのキリスト教におけるルターの宗教改革に匹敵する大規模な宗教改革です。その宗教改革は、蒙古から十三世紀初めの中国に攻め込んできたジンギスカンとフビライが、中国支配のためにその全真教を利用するわけです。

しかしそれ以前の隋唐の道教は、正しい一つの裁きの神の道教、正一明威の道教と呼ばれて、これは日本の天皇家が一所懸命追いかけて取り入れた皇帝貴族中心の道教です。日本の天皇家だけでなくて、アジアの古代の国王たちは、自分の政治権力を絶対化するために道教をモデルにして、北魏では即位儀礼も道教でやった皇帝がおります。ちょうどローマ皇帝が即位式、戴冠式を、カトリックのキリスト教でやったのと同じですね。

ですから、政治権力を宗教的に絶対化するということに関しては、中国にいいモデルがあるわけですから、それを日本の天皇家は大いに取り入れた。取り入れてしまうと、それは日本古来の神道であって、中国の宗教思想とは何の関係もない、というふうに宣伝する。これは現在までの日本の学校教育でも一貫して説かれてきたことですが、歴史的な事実とは違います。

ともかく、そういうふうにして方士という人たちが、最高権力者たちの「死にたくない」という欲望にピントを合わせて、いろいろと売り込みをやるわけです。

方士と封禅の祀り

それでは方士たちは、死にたくないという権力者たちの欲望を実現するためには、どういうふうにしたらいいと考えたかというと、司馬遷の『史記』封禅書の記述によれば、それはだいたい三つの点にまとめることができます。

その第一番目は、天神地祇すなわち天の神と、大地の神の祀りです。これを司馬遷は封禅の祭祀と呼んで、その成立の経緯・歴史をまとめまして、それで封禅書を書いたわけです。この封禅書は、いまの言葉でいうと、一種の宗教史、もしくは宗教思想史ということになります。

しかし、この封禅という祀りの名前は、すぐに郊祀という言葉に置き換えられます。その郊祀という、皇帝の行う天地の神の祀りは、今度は西暦後に祭祀という中国語に変わります。したがって歴史書も、司馬遷の場合、天の祀りに関する記述は『史記』の封禅書ですけれども、班固の『漢書』の場合には、『漢書』郊祀志ということになります。また『後漢書』の場合には祭祀という言葉が使われて、『後漢書』祭祀志というところに、後漢時代の祀りのことは全部一括して書かれています。

しかし、その中心になっているのは、皇帝の行う宇宙の最高神の祀りです。最高神は中国でいちばん古くは上帝もしくは昊天《こうてん》上帝といいますけれども、漢代の初めに太一神となります。この太一神は、鎌倉、室町時代には、伊勢神宮の天照大神が太一神だというふうにいわれた時期があります。

太一神のつぎが天皇ですね。これも宇宙の最高神で、西暦前一世紀ごろから文献の上にあらわれてくる。宇宙の観測のいちばん基準になる北極星、これを神格化して天皇もしくは天皇大帝というふうに呼ぶことになります。

そういうわけで、秦の始皇帝も天の神の祀りを盛んに行うわけですけれども、ただ、どういうふうにしてお祀りしたかということの具体的な記録はないわけです。詳細な記録は、司馬遷は少なくとも書いていない。具体的に方角まできちっと決めて、お祀りの状況を司馬遷が詳細に書いているのは、漢の武帝が西暦前二世紀に行った天の最高神の太一神の祀りですね。これは祖先神の祀りのこともあわせて詳細に書かれております。

ですから、吉野ケ里遺跡もしくは吉野ケ里の墳丘墓というものを考えていく場合、九州の北部にたくさんいたミニ国王たち（『魏志倭人伝』にいわゆる「今、使訳の通ずる所三十国」の王たち）も、中国大陸の最高権力者をモデルにしていたことは十分考えられることです。とくに九州と海を隔てた朝鮮は、西暦前一〇八年に漢の武帝が攻め込んできて中国の植民地にされてしまっています。いわゆる楽浪四郡ですね。そういうことで吉野ケ里の墳丘墓のつくられたころ、九州の北部に住んでいたミニ国王たちは、漢の武帝をモデルにするということは当然考えられるわけです。

道教を取り入れた古代日本の天皇

現に吉野ケ里とは鹿児島本線を隔てて反対側の、甘木から朝倉の付近にしばらくおられた斉明天皇は、二回天皇位につかれています。最初は皇極天皇ですけれども、二回目は斉明天皇。ところが皇極というのも斉明というのも中国語です。皇極というのは『書経』という中国の古典に見られる言葉です。斉明というのも『中庸』という、やはり中国の古典に見える言葉を使っているわけですけれども、そのことからも明らかなように、斉明天皇、皇極天皇のやられたことを、とくに宗教に関することを『日本書紀』でずっと追究していきますと、たとえば大和の飛鳥川のほとりで行われた四方拝の行事のように、ほとんどが中国の道教の文献に同じことが書いてあるということが確認できます。

日本で最初期に八角形の天皇のお墓をつくったのは、天智の娘の持統ですね。持統は直接九州に来たという証拠はないようですけれども、しかしお父さんの天智は九州に来ていて、朝倉宮で亡くなられたお母さんの斉明のお葬式をどういうふうにしたらいいのか、お墓をどうつくったらいいのかということで、いろいろと中国大陸の宗教文化を勉強している。

天武は皇后の持統と同じく道教信仰を日本の天皇家に大幅に取り入れた人ですけれども、天武・持統の道教信仰は九州の吉野ケ里の地域の宗教文化とまったく無関係ではないと考えられます。

それから漢の武帝という人がいかに東アジアの支配者たちの憧れの的であったかということは、『後漢書』倭国伝を引いてはじめにも説明しましたが、日本の『古事記』の記述を見てもわかります。『古事記』でイザナギノミコトが、亡くなったイザナミノミコトの墓場をのぞきに行きます。そのときに当然、お墓のなかでイザナミの死体は腐乱している、うじ虫がいっぱいわいている。しかし昔の姿をひと目見ようと思って、黄泉比良坂《よもつひらさか》を越えて墓場の死体をのぞきに行くけれども、いろいろな鬼がきて追い払う。そこで鬼に追われてイザナギが黄泉比良坂を越えてこの世に逃げ帰ってくるときに投げた桃の実が「三つ」とあるのは、これは漢の武帝の道教信仰を小説化した『漢武帝内伝』という、

徐福と吉野ケ里遺跡の墳丘墓

四世紀ごろに書かれた中国の文芸作品に出てくる「桃の実三つ」と同じです。これを『古事記』の神話のなかに取り入れたものとみることができます。

それからさきほど名前をあげました斉明天皇の場合も、漢の武帝をそっくり真似て、吉野からくる神仙を待ち受けて、多武峰《とうのみね》に天宮（『書紀』では天つ宮と呼んでいます）と呼ぶ道教の寺院の観（道観）をつくって、不死の薬をもらおうとした、ということが『日本書紀』に書かれています。これは漢の武帝が都の西北の方向——この西北という方角は重要な意味をもちますけれども——、そこにある甘泉の離宮に延寿観・益寿観という二つの道教の建物をつくって、崑崙《こんろん》の山からくる神仙を待ち受けたという話が司馬遷の『史記』封禅書に書かれております。

ですから、それを真似たことは確かですから、そういうことで日本の古代からやはり漢の武帝というのは、東アジアの君主たちにとって憧れの的であった。したがって吉野ケ里のおそらく王――どの程度の規模の国王かわかりませんけれども、国王であったことはほぼ間違いないと思いますが――の葬り方、墓のつくり方、祀りの仕方、こういったものが当時の世界最大級の権力者である漢の武帝をモデルにしたということは十分に考えられることではないか。これが吉野ケ里の墳丘墓を見て私の最初に感じたことです。

鬼神の祭りの原形――漢の武帝の明堂の祀り

しかし私は文献実証学者ですから、それを文献の上で証明しなければならない。しかし文献だけでは日本の古代はとても明らかにできません。そこで考古学の出土物が重要になる。幸いにも、古稀をすぎた老学究の前にポックリ吉野ケ里の墳丘墓というものが出てきて、私の中国学の学力がテストをされているような気持になって、大いに感激しているところです。

漢の武帝も秦の始皇帝も、不老不死の神仙の実現を求めて天の神、大地の神、山や川の神々を熱心に祀っているわけですね。いろんな神々を祀ることによって、神々がもっている不死の薬を分けてもらえるというので、さまざまな祭りが行われる。その神仙を求める祭りの具体的な例は、西暦後一世紀に書かれた『漢書』という書物の地理志というところに、各郡県ごとに分けて、どういう神仙の祭りが行われたかということが詳細に載せられている。この『漢書』地理志の記載も文献資料としては信頼できるものです。

そして吉野ケ里との関係でいいますと、人鬼の祭りがあります。古典中国語では人の死んだものはすべて鬼といいます。鬼というのは、もとの意味は死霊ということですね。その人鬼を神として祀る、それを行った古い時代の確実な資料としてあげられるのは、やはり司馬遷の書いた『史記』封禅書の記述する、漢の武帝が行った明堂の祀りです。明堂というのは、のちに中国に儒教経典解釈学が成立しますと、これについていろいろな解釈が行われて、それだけで一冊の書物になるほどのものですけれども、最も原始的なかたちは『史記』封禅書の記述する漢の武帝のつくった明堂であろうと私は考えます。

その漢の武帝の明堂というのは、私の解釈では、要するに祖先の御霊をお祀りする清廟と同じようなものということになります。明堂の「明」というのは、現実世界と死者の世界を両方含めて明という言葉であらわしています。たとえば死者の副葬品のことを明器といいますが、その明器の明と同じ意味です。それから京都の比叡山の頂上を四明嶽といいますが、四明嶽の四明というのは道教の四明君のことで、死者の世界を管理する最高の神様です。これは比叡山の最澄、伝教大師が中国に留学したときに、浙江省の四明君の信仰をもって帰ったものです。

四明君というのは六朝時代の道教の教義書『真誥《こう》』に見える言葉で、冥界の管理者のことです。その四明君の明もしくは明器の明と共通する意味をもつ明堂、すなわち祖先の御霊を含む天神地祇をお祀りする殿堂を、漢の武帝が泰山の麓の奉高という場所につくった。そして、その明堂の祀りを漢の武帝は、西暦前一〇九年と前一〇六年との、二回やっております。その二回の祀りの記録が司馬遷の『史記』封禅書のなかに出ています。中国には、こういう信頼できる文献資料があるということだけでも確認していただければけっこうです。

さて、この漢の武帝が泰山の奉高で行った明堂の祀りは、佐賀の吉野ケ里の墳丘墓とたいへん密接な関係をもつと私は考えますが、その説明は後にまわして、いまはまず徐福を含む方士と呼ばれる職業集団の人々、彼らの不死を実現するための第三番目の道術――錬金術と金丹の製造に話を戻します（第二番目の、渤海海中の神僊の島に住むという僊人の持つ不死の薬の入手については、冒頭に列挙した『史記』『漢書』『後漢書』などの、徐福と三神山に関する記述に詳細な説明が見えていますので、時間の関係上、省略させて頂きます）。

方士たちの行った錬金術――金丹の製造

是の時（方士）李少君、祠竈・穀道・郤老の方を以って上（武帝）に見《まみ》ゆ。

これは『史記』の封禅書のなかで、当時の方士と呼ばれる人々がどういう仕事をしていたかということを、司馬遷が記述している文章の一節です。

「祠竈《しそう》」、竈《かまど》を祠る、これは、錬金術が西暦前三世紀ころから発達しますけれども、錬金術で竈を祀ってできた黄金（金丹）、その金丹を体内に入れると、黄金の不滅性が人間の体質を変えて、不老不死を実現するという考え方です。

この錬金術は何種類かの鉱物を高熱で溶かして液状にし、さらに金丹として結晶させます。いちばん最初の原料は赤い砂、丹砂。この丹砂から朱をつくるのですが、これは吉野ケ里のカメ棺の内部に塗られている朱と同じです。朱から今度は化学処理して水銀をつくります。秦の始皇帝陵に水銀を充満させたということが、やはり司馬遷の『史記』に書かれております。当時の錬金術では水銀までは化学実験で成功したのですが、水銀からさらに黄金をつくるということに関してはついに成功しなかった。これはヨーロッパの錬金術でも同じですけれども。

高熱で鉱物を処理するという火の技術、その守護神が竈の神ですね。その竈の神が火を中心として人間生活を守ってくれるという信仰に変わっていくのですが、錬金術における鉱物の高熱処理の技術的な面が、中国の陶磁器産業を発達させてゆくわけであり、佐賀の有田・伊万里の陶磁器産業もそのはるかな延長線上に位置づけることができるでありましょう。

竈の神を祀るということは、いまも田舎に行けば残っているおくどさん、つまりおくどの神を祀るということですね。これは中国からきたものです。吉野ケ里遺跡のなかにも、おくどさん、竈の神を祀ったと思われる祭祀遺跡がいくつかあげられます。

つぎの「穀道《こくどう》」というのは、人間を老衰させるのは五穀の穀物を食うからだということで、穀物をなるべく食べないという道教の修行のことをいい、これも中国で非常に古くから行われています。つまり穀物を避けて、栄養価の高い穀物以外の食糧で人間の老衰を防ぐという道術、これが穀道です。

そのつぎの「郤老《げきろう》」ですが、老衰のいちばん大きな原因はセックス、すなわち男女の欲望です。しかしそれを断ち切ってしまうと、人類は子孫もつくれないし、この世がまったく灰色になってしまう。だから子孫をつくり、楽しく人生を過ごしながら、同時にスタミナを消耗しないためにはどうしたらいいかという房中術のことです。現在、中国の道教の郤老法が、とくにヨーロッパで盛んに研究されております。

方士はそういった不老不死を実現するためのさまざまな道術の売り込みを、「上に見ゆ」、すなわち皇帝に面会して盛んに行っていたわけです。

そこで方士の李少君という人——李というのは道教の開祖の老子（李耳）と同じ苗字です——が、皇帝につぎのように説いた。

少君、上に言いて曰く、竈を祠《まつ》れば則ち物を致す。丹沙を化して黄金と為すべし。黄金成りて以って飲食の器と為せば、則ち寿《よわい》を益す。

「物を致す」の「物」というのは、神仙とか鬼神とかいう神秘で超越的な存在。物の怪《け》の物です。人間の在り方を越えたいろいろな怪物、神秘な存在がやってくる。そして、丹沙を原料にし、水銀をつくって、それをさらに化学処理して人工の黄金をつくることができる。その黄金を飲み食いの器に使うだけでも、不老長生の効果がある。

これを日本でまじめに実行したのは、九州の名護屋に来ていた豊臣秀吉です。金屛風をめぐらせて、茶器も全部純金製の黄金を使っていますけれども、これは熱烈な道教の神仙信仰です。この秀吉の使ったものが、いま京都の西本願寺（滴翠園・黄鶴台など）に持ち込まれていますけれども、それを見ると、秀吉がいかに中国の黄金神仙信仰のとりこになっていたかということがよくわかります。現に金沢で盛んな金細工の職人は、ふつうの人よりだいたい十年は長生きするというふうにいわれていて、それは金粉をしょっちゅう扱うから、金粉が体内に入って、その作用で長生きするんだという説があります。

寿《よわい》を益して海中の蓬萊の僊者乃ち見《まみ》ゆ可し。之に見《まみ》えて以って封禅すれば則ち不死、黄帝是れ也。

「寿《よわい》を益して」、不老長寿が実現できたならば、そのつぎはさらにもう一歩進んで、海中の蓬萊の僊者と会うことができる。

この「僊」というのは、「仙」の字と意味が違うということはさきに申しました。ここの場合は、同じ道教でも祭祀中心の道教、他力本願の道教の時代ですから、神様のもっている不死の薬を、一所懸命お祀りすることによって分けてもらうという考え方が基礎です。これが西暦後三世紀頃になりますと、山のなかに入って、自力で修行して神仙になるということから、同じ仙人でも文字が変わってくるということになりますが、ここはその前の段階です。

「之に見えて以って封禅すれば」、これは最高の権力者だけの行う天地の祀りですけれども、その封禅の天地の祀りを行うと不死は実現する。天の神から不死の薬を与えられて自分も不死になる。それの歴史的具体的な例は、「黄帝是れなり」、中国の古代の伝説的な帝王である黄帝がそれだ、というふうに方士の連中は説きつけたというわけです。

漢の武帝の明堂の祀り

それでは、ここでさきほど吉野ヶ里の墳丘墓と密接な関係をもつのではないかと申しました、漢の武帝の泰山の明堂の祀りに話を戻したいと思います。

『史記』の封禅書（『漢書』郊祀志）のなかの元封二年（前一〇九）と五年（前一〇六）にその記事があります。

初め、天子泰山に封ぜしとき、泰山の東北阯に古時、明堂の処有り。険しきに処《お》りて、敞《ひろ》からず。上《てんし》、明堂を奉高の旁《かたわら》に治めんと欲すれども、未だ其の制度を暁《あきら》かにせず。済南の人、公玉帯、黄帝の時の明堂の図を上《たてまつ》る。明堂の図中に一殿有り。四面壁無く、茅《ちがや》を以って蓋《おお》う。水を通し、水、宮垣を圜《めぐ》る。複道を為《つく》り、上に楼有り、西南より入る。命《なづ》けて崑崙と曰う。天子之より入りて以って上帝を拝祠す、と。是に於いて、上、奉高をして明堂を汶（水）の上《ほとり》に作らしむること、公玉帯の図の如くせしむ。（元封）五年、封を脩《おさ》むるに及び、則ち太一、五帝を明堂の上坐に祠る。高皇帝の祠坐をして之に対せしむ。

右に引用した文章は、『史記』封禅書も『漢書』郊祀志も全体としては同じですが、読みやすいので『漢書』に従っておきました。

漢の武帝が行った明堂の祀りは、元封二年、西暦前一〇九年にまず行われます。そしてそのつぎにそれを少し軌道修正したかたちで、西暦前一〇六年に行われます。

では意味をとっていきましょう。

「初め、天子泰山に封ぜしとき、東北阯に古時、明堂の処有り」。漢の武帝が泰山における封禅の祀りを行った。これはその前の年（前一一〇年）のことです。そのときに現地で、泰山の東北の方向、鬼門の方角に、昔、明堂の場所、祖先の御霊を祀る建物があったという話を聞いた。そこで漢の武帝は自分も造りたいと思った。もちろんそれは不死の願いを祖先の神霊にかなえさせてもらおうという目的ですけれども、どういう祀りをしていいかわからなかった。そこで、家来に訊いた。そしたら方士がつぎのように説明した。

済南の公玉帯という方士が、黄帝のときの明堂の設計図をもってきた。その設計図のなかに一つの御殿があって、その御殿は、四面に壁なく、茅《ちがや》を以て蓋《おお》ってある。水を通し、水が宮垣をめぐる。これはつまり周溝ですね。「複道と為す」、二階建ての廊下になった道がそこについている。そして上に樓閣があり、「西南より入る」、ここではっきり西南から入るという方角の規定があります。「名づけて崑崙という」。崑崙というのは、道教の女性の最高神である西王母の住む、当時世界最高の山で天と往来できるとされていた聖山ですね。そういう不死の実現に縁起のいい名前をつけた。「天子之より入りて、以て上帝を拝祠す」。天の神をお祀りした。

公玉帯という方士が出してきた設計図は、そういうふうに説明されていますけれども、この説明を聞いた漢の武帝は、「是に於いて、奉高をして明堂を汶上に作らしむること、公玉帯の図の如くす」。ここで汶上というのは、汶水のほとり。汶水という筑後川よりもっと大きい川のほとりに明堂を造るよう奉高県に命じた。奉高県というのは、『漢書』地理志によると、泰山郡に属し、その治所（県庁の所在地）は、現在の山東省泰安市の東北十七里（『古今地名大辞典』）、すなわち泰山の東南麓にあたります（吉野ケ里も脊振山系全体から見ると東南になります）。また、汶水のほとりに造らせたという明堂は、唐の顔師古の地理志の注に「奉高県の西南四里」とあり、これによれば汶水の北方にあたり、吉野ケ里が筑後川の北方にあたるのと一致します。つまり泰山と汶水の位置関係は、脊振山系と筑後川のそれに対応し、脊振山系の東南方の吉野ケ里の墳丘墓と泰山の東南麓の奉高県の明堂との位置関係が非常によく似ているということです。

しかし漢の武帝は、天の神だけでなくて祖先の神をも一緒に祀るわけですね。すなわち「五年封を脩むるに及び」、祀りの庭を修理したときは元封五年ですから、西暦前一〇六年になります。「則ち太一、五帝を」、今度は太一の神と五帝（東西南北・中央の五方の大神）を明堂のいちばん上座に置いて、高皇帝——漢の皇室の祖先である高祖劉邦——のお祀りの座を向かい合わせにして、天の神々と一緒に祖先をお祀りして、祖先と天の両方に不死の願いをした、ということになります。

変形八角形について

吉野ケ里の墳丘墓の形について、佐賀の県教委は、これまでのところ変形八角形という公式報告を出しております。もしそうであるとすれば、この変形八角形ということもまた、漢の武帝の鋳造した亀幣と呼ばれる銅製貨幣の長細い八角形とよく似ているということになります。漢の武帝の鋳造した亀幣については、司馬遷の『史記』のなかの、貨幣とか貨幣経済のことを詳細に書いた「平準書」に記録されています。『漢書』では「食貨志」というところに、『史記』と同じ文章が載せられています。

時期は元狩四年ですから、西暦前一一九年。そのときに漢の武帝は、銀と錫を使って三種の新しい貨幣を鋳造している。そのときに彼はつぎのような哲学をそこにこめています。

(『金索』四)

> 天の用は竜に如《およ》ぶは莫《な》し、地の用は馬に如ぶは莫し、人の用は亀に如ぶは莫し。故に白金は三品なり。其の一に曰く、重さ八両、之れを圜《まる》くして、其の文は竜……。二に曰く、重さ差《や》や小なるを以てす、之れを方《しかく》にして、其の文は馬……。三に曰く、復《ま》た小にして、之れを楕《かどと》り（四角の角を削って）、其の文は亀……。

全宇宙空間は天と地と人の三つに分けられる。これは易の哲学ですね。天地人三才。その天と地と人、これを貨幣という形で具体的にあらわすとどうなるか。それは漢の武帝の考え方によりますと、天空を利用して翔《はばた》けるものは竜が最高である。大地を利用して走るものは馬がいちばんである。人に役立つ宝としては亀がいちばんである。

だから新しく鋳造される貨幣は三等級のものにする。その第一は重さ八両。これは形は円形で貨幣の模様は竜を絵にする。二番目は竜の貨幣よりも少し小さい。それは四角であって、馬の模様をその貨幣に刻み込む。三番目はそれよりもさらに小さくして、「これを楕《かどと》る」。「楕る」とは、長にして方、すなわち長細い四角形、長方形の四つの角を切り取るという意味なのです。その模様は亀で、六角形の亀甲紋がずっと図柄として描き込まれていて、全体の形は変形八角形、長細い八角形です。つまり吉野ケ里の墳丘墓の形――佐賀県教委の公式発表の変形八角形と一致するということになるわけです。

貨幣というものは、中国の北京の明の十三陵やそのほかを見てもわかりますように、あの世にいって不自由しないようにお金を死者に持たせるということが、非常に古くから中国で行われています。現在の中国でも紙のお金を焚いて死者供養するということが、革命後また復活していますけれども、そういう死者供養に亀の貨幣を使うということと関連して、墳丘墓の形を亀の貨幣（変形八角形）にかたどったということがいちおう考えられます。

吉野ケ里墳丘墓

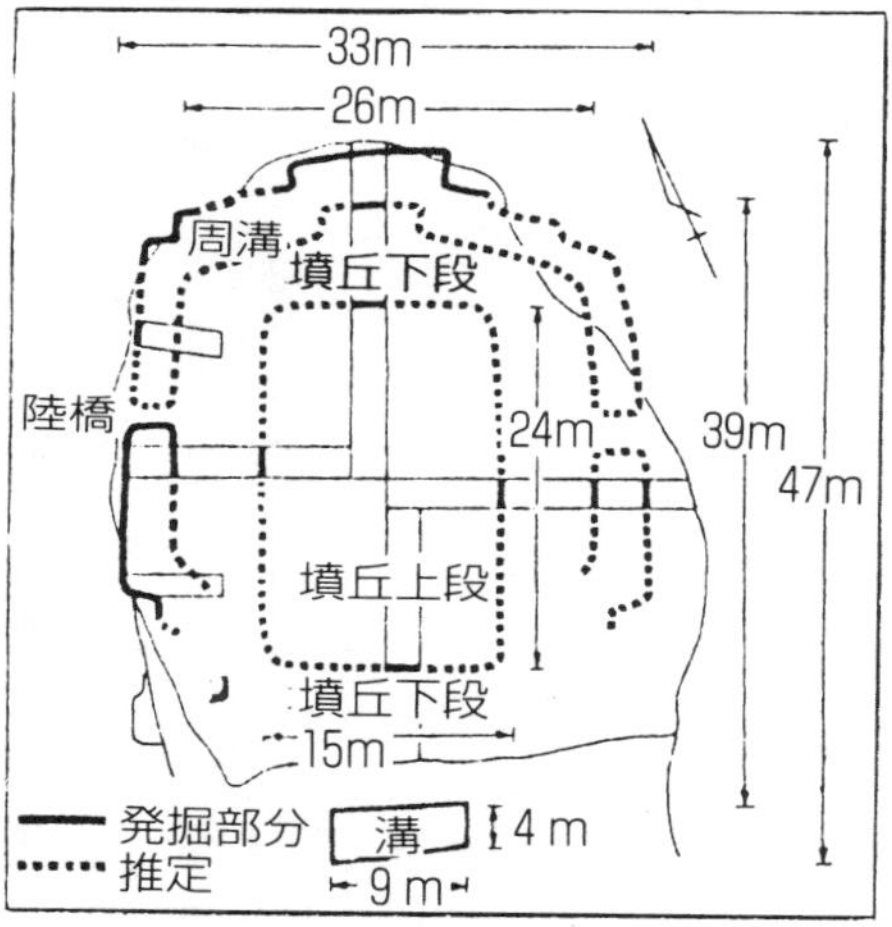

“亀の甲型”周溝墓
（1989. 3 .15 西日本新聞）

以上、文献実証学の立場からいろいろ述べてきましたが、まとめますとつぎのようなことになります。徐福が方士であったこと、そして当時の方士の主要な仕事は、(1)不老不死を実現するための天神・地祇・人鬼の祭祀の現場担当、(2)海中の三神山に住むという神僊の持つ不死の薬を最高権力者に売り込むブローカー的業務、(3)金丹製造という中国的錬金術の理論的整備と、技術の開発ないし提供ということになります。

そして、このような方士の一人であった

徐福と吉野ケ里墳丘墓とを結ぶものは、墳丘墓の南側に見られる祭祀遺跡と西南の方角から入る墓道とであること、その墳丘墓の祭祀遺跡と西南の方角から入る墓道とは、前二世紀の段階で北部九州のミニ国王たちの畏怖と憧憬の的であった漢の武帝が、泰山の麓の奉高県の汶水のほとりで行った明堂の祀りと一致していることなどを確認できたのが、私のいちおうの結論ということになります。

神僊・樓閣・渦巻文

一　神僊信仰から道教教理の形成へ

神仙と神僊

神仙の「仙」という字と神僊の「僊」という字の違いは、道教の思想史上、非常に重要な意味を持つので、初めにそのことを申し上げます。現存する中国の文献では、三世紀、後漢の時代の学者・劉《りゅう》熙《き》が作った『釈名《しゃくみょう》』という、言葉の解説をした辞書の中に、初めて神仙の「仙」という字が見えます。それまでは『史記』も『漢書』も神僊の「僊」という字を使っていました。僊はしんにゅうを書くと遷という字になるように、地上の世界から神の世界・天上世界に引っ越しをする人という意味です。確実な文献では司馬遷の『史記』の封禅書がいちばん古いのですが、西暦前四世紀ごろからこの僊の字が使われていたと思われます。

それでは神仙と神僊はどこが違うのかと言いますと、地上から神の世界に引っ越しをする神僊の場合はお祭が中心ですが、神仙のほうは自分で修行して仙人になるという考え方です。「神僊は樓居を好む」（『史記』封禅書――現行本は「僊人」となっているが、封禅書の上文に「僊人」を「神僊」「神僊人」などとも呼んでおり、葛洪の『抱朴子』や『神仙伝』の「神仙」と揃えるために「神僊」と改めた）といわれるので、楼閣の上で神僊をお祭りして招き寄せ、神僊の持っている不死の薬を分けてもらって自分も神僊になるという考え方ですから、仏教流にいえば他力信仰です。

これを中国の漢の武帝がやり、日本では斉明天皇が真似をして、吉野から来る神僊を祭る多武峰の両槻宮《ふたつきのみや》(観)になったと考えられます。漢の武帝の場合は、都長安の西北方の崑崙山脈に住む西王母という女性の僊人が不死の薬を持っている、その西王母を楼閣（観）でお祭りして、持っている不死の薬を分けてもらうことによって自分も不死の僊人になって天上世界に引っ越しをすると考えました。宗教としての道教が成立する二世紀の中ごろ（西暦後一四二年）から六朝時代にかけて、引っ越しをするという意味の他力（祭祀）の神僊信仰が東アジアにずっと広まります。私は奈良の唐古・鍵遺跡の楼閣渦巻文もそれと関係があると考えていますが、そのことはあとで説明することにいたします。

神僊がお祭という他力的な手段で僊人を招き寄せるのに対して、神仙は自分で修行・努力し、いわば自力で仙人になるわけです。仙という字がいちばん古く見えるのは、いま申しましたように後漢の劉熙という学者が作った『釈名』という辞書ですが、この仙という字をたくさん使って一般に普及させたのは、西暦三一七年ごろに葛洪《かっこう》が書いたといわれる『抱朴子』内篇という書物です。これはもちろん西アジアにも行きますが、東アジアでは朝鮮半島から日本列島にこの文字が入ってきます。

仙人になる四つの方法

『抱朴子』は、山の中で修行して仙人になる場合、修行のしかたは四種類あると説明しています。細かいことを説明する余裕はありませんが、第一は吐故納新《とこのうしん》です。西暦前三世紀ごろに書かれた『荘子』外篇という書物の中に初めて見える言葉を、西暦後三・四世紀の『抱朴子』もそのまま使っていますが、故《ふる》きを吐きて新しきを納れるという道教の呼吸調整術は、気功・空手・柔道・相撲にも大きな影響を与えました。

第二番目は導引です。今日、新幹線で新大阪駅を下りて淀屋橋のほうに来る途中に導引道場があるのを見て、大阪にもついに導引術がやって来たのを確認しましたが、わかりやすく言えば道教の体操です。人間の体内にある気の流れをスムーズにするために、からだを動かして、呼吸とコンビネートさせるという道教の道術を導引と言っています。気功は導引術の変化したものだという見方もあります。

第三は服薬です。この場合の薬は本草薬（植物質の薬）と石薬（鉱物質の薬）に大きく分かれます。石薬の最高のものが金丹と呼ばれるものです。金丹をつくる過程が錬金術と非常によく似ているので、金丹術を錬金術とわかりやすく言い換えて説明することもあります。そういった薬を飲んで不老長生を実現しようとして、文献の上では西暦前四世紀頃から錬金術が発達します。

日本でも展覧会が開かれたように、スキタイの黄金の文化が北朝鮮から満州の地域に非常に早く入ってきます。しかし、朝鮮や満州、シルクロードの地域と違って、中国本土は黄金の文化がかなり遅れます。寶とか財という字はみんな貝が付いていますが、中国では貝の文化が最初にあって、それから銅《あかがね》の文化になりました。今度は西のほうから来た周の民族が玉《ぎょく》の文化を大切にしたので、これが儒教のシンボルになって、貝からブロンズ、玉の文化へと展開していきます。黄金が主役になるのはインドから仏教がやってきた西暦紀元前後以降です。仏教では金銀珠玉といって、七つの宝のトップに黄金を置くので、仏教と共に黄金の文化が中国で盛んになります。

しかし中国では、黄金の器物を用いて飲食し、黄金の不滅性を人間のからだに吸収して不老長寿を実現しようという道教の思想が、文献によると西暦前四世紀ぐらいから出てきて、鉱山から自然の黄金を掘り出して役立てるというよりも、錬金術で人工的に黄金をつくろうとしました。丹砂という赤い砂を原料にして、それを水銀にするところまでは早く成功します。水銀を原料にしていろいろな鉱石を一二〇〇度以上の高熱で溶かして、化学的に結晶させて黄金をつくるということが、古く西暦前四世紀頃から錬金術・金丹の術として中国で盛んに行われ、日本にもやってきますが、銀から金をつくることはついに成功しませんでした。

中国では錬金術の技術者が成功したと言い触らしたので、金丹を飲んで即死した唐の皇室の人たちの名前がはっきりしています。日本では平安朝初期の淳和天皇が周囲の人が止めるのを振り切って、「朕はこれを飲んで死んでも本望だ」と言って、金丹と称するものを飲みました。これは関東地方の武蔵国で熔鉱炉を造ってできあがった製品だということで、淳和天皇は飲んで死にはしなかったけれども、あまり効果はなかったように六国史（『続日本後紀』）は書いています。

このように、錬金術は『抱朴子』が書かれた四世紀ごろには道教の仙術のトップに置かれますが、それまでとそれからは本草薬が主役でした。大阪の道修町《どしょう》にある製薬会社は、武田製薬のアリナミンを始めとしてほとんどが『神農本草経』で代表される六朝期の本草薬学を基礎に発展しています。しかし『抱朴子』の場合はもっぱら金丹です。『抱朴子』内篇の中に金丹篇がありますが、その錬金術の方程式を器物にデザインしたものが、現在石上神宮に宝蔵されている七支刀であろうということを私の『道教と日本文化』の中で考証してありますので、興味のある方はそれを見てください。

第四番目は房内方です。房中術ともいいます。平安朝時代に丹波康頼が作った『医心方』という中国の医学書のダイジェスト版の最後に「房内方」という項目がありますが、中国では房内方の文献は儒教によってたびたび弾圧され、焼却されているので、日本にだけ残っています。最近、ヨーロッパ、とくにスウェーデンやフランスで翻訳が出て、房中術の研究がリバイバルしていますが、人間の命のいとなみを支配するいちばん根源的なものは男女のセックスだという考え方から、よい子孫を作り、また楽しみながら体力を消耗しないようないろいろの工夫と技術が説かれています。

『抱朴子』は不老長生もしくは不死を実現するための仙道あるいは仙術という言葉を使っていますが、四世紀以降はこの四つの修行法によって自力で神仙を獲得するという方向にだんだん変わっていきました。

しかし、新しいものができても古いものがなくならないというのが中国の文化の特徴です。そこで自力の神仙術が発達しても、古いお祭を中心にした神僊信仰もずっと残っていきました。あとで申しますが、とくに日本では天皇家を中心として神僊の思想と信仰が非常に重要な影響を与えます。

体制外宗教としての三張道教

こういった四つの神仙術に先行するお祭を中心とした神僊信仰を基礎にして、道教の宗教哲学あるいは神学が中国の南のほうで徐々に構築されました。この頃、漢民族は五胡と呼ばれる北のほうの五種類の騎馬民族（匈奴・羯・鮮卑・氐・羌）に追われて南へ南へと大きく移動します。四世紀以降になると鮮卑族が北中国を統一して北魏という騎馬民族国家をつくりました。中国の古代史では、五胡すなわち五種類の胡《えびす》の中の匈奴と鮮卑がいちばん活躍します。

五胡のトップで代表的な匈奴は冒頓単于《ぼくとつぜんう》という素晴らしい軍事的な天才に率いられて、西暦前三世紀の後半あたりから非常に勢いを増してきます。もともと歩兵戦闘を中心にしていた、徐州文化圏出身の漢の高祖劉邦は騎馬戦法に弱いわけです。項羽と戦争をしている間はどちらも歩兵戦闘中心ですから、うまく勝てました。ところが、都長安で皇帝の位に就くと、都長安は騎馬民族の坩堝の中のようなところです。匈奴と戦って、漢の高祖劉邦は、たびたび苦戦し危機に追い込まれています。

西暦四世紀の後半は、いまの山西省大同が平城と呼ばれて北魏の都でした。日本の古代国家は五世紀から七・八世紀ごろまでは主として北魏の統治体制をモデルにしています。とくに積極的にそれを真似たのが奈良朝時代の聖武天皇です。聖武という言葉は北魏王朝の始祖神元皇帝の父、聖武皇帝の名前をそのまま取っていますし、聖武天皇が即位してすぐに使った神亀という元号も、その次に使った天平という元号も、北魏もしくは北魏を継ぐ東魏のものです。北魏は皇居を紫宮と呼んだので、日本の天皇家も紫を皇室の色にしています。

北魏の太武帝のときに、源は同じ氏族であるから皇帝の家に忠勤を励めということで、皇帝の子孫を臣籍降下させて皇室を守る親衛隊とする源氏という制度がつくられます（『魏書』源賀伝）。平安朝の初めになると、嵯峨天皇はその制度をそのまま取り入れて、天皇家の子孫を親衛隊にして源氏という名前を付けました。歴代の天皇がそれを真似たので、嵯峨源氏、清和源氏、あるいは住む場所によって摂津源氏、河内源氏、大和源氏などと呼ばれるいろいろな源氏が、皇室を守る親衛隊の役割を持ちました。しかも、これらの源氏は北魏と同じく騎馬戦法が中心で、歩兵戦闘だけではありません。

漢の高祖劉邦も初めは歩兵戦闘中心の戦争をしていましたが、長安に都を置くと匈奴の騎馬戦法でコテンコテンにやられたので、そのご武帝は全面的に戦闘方法を切り換えます。張騫《ちょうけん》という、名前に馬という字の付いた人物をシルクロードに派遣して、騎馬戦法と同時に優れた馬を集めて匈奴の騎馬戦法に十分対応できる処置をするわけです。そのときの有名な将軍が霍去病《かくきょへい》です。いまも西安の漢の武帝のお墓の茂陵《もりょう》の横に霍去病の立派なお墓（陪冢）があって、そこに石人・石馬が置かれています。私は霍去病の墓の石人・石馬を現地で見てきましたが、私が見た限りでは、六世紀、筑紫の磐井《いわい》の墓だといわれる九州の八女《やめ》の岩戸山古墳の石人・石馬と同系列だと考えられます。

このように、漢の武帝は古代の日本にとって非常に大きな影響力を持ちます。そのことはあとで申すことにして、いま申し上げたいのは、『抱朴子』の神仙術、山の中に入って修行する神仙術、あるいはお祭を中心とする神僊信仰にだんだん哲学的な理論づけが行われるようになるということです。それまでは道教は体制外宗教でした。たとえば、後漢の三張（張陵・張衡・張魯）道教（五斗米道・天師道の道教）のように、道教は国家権力あるいは皇帝権力と真っ向から武力闘争をする宗教としてスタートしますが、哲学的な理論づけが行われる過程で、三世紀の初めごろから騎馬戦法を取り入れた中国の皇帝の軍事力に到底太刀打ちできないようになって、結局、江西省の龍虎山に逃げ込んでしまいます。

体制内宗教としての茅山道教

それに対して、南のほうで体制内宗教として茅山《ぼうざん》道教と呼ばれる新しい道教が出てきます。前の道教を五斗米《ごとべい》の道教とか天師道の道教、あるいは張という三人の教祖の名前（張陵・張衡・張魯）を取って三張道教と呼んでいますが、三張道教までは武力闘争や宗教一揆をたびたび起こして皇帝や国家権力と真っ向から戦い、鏡と剣の二種の神器を道教のシンボルとして天師の位を万世一系に伝えるのだと主張しました。万世一系も、もともとは道教の思想です。これは天皇家が理想として採り入れたのであって、現実の天皇家は皆さんご承知のように必ずしも万世一系ではありません。

ところが、四世紀に道教が体制内宗教に変わると、儒教のシンボルである玉《ぎょく》が道教の中に入って二種の神器が三種の神器に変わり、道教と儒教が一体化されるという動きが出てきます。したがって、道教と日本の文化との関係を考えていく場合は、体制内宗教の道教と体制外宗教の道教をはっきり区別しなければなりません。

さらに、体制内宗教になると、大きく言って三つの段階に分かれて道教が内容的に変わっていきます。ですから、日本の宗教文化がどの段階の道教と接触したのかということについて、時間軸と空間軸、歴史的なものと風土的なものの関係を考えないで、十把一からげに道教とかタオイズムという言葉で議論すると、全く非歴史的な研究になって事実と食い違ってしまいます。現在はそういう研究のほうが多く行われていますが、思想史の中にきちっと組み込んで道教を考えていかないと、日本との関係は正確に出てこないことになります。

古代の中国では神仙と神僊が技能的なもの、あるいは信仰的なものを中心にして展開しますが、西暦後二世紀ごろになると、信者や指導者もある程度でき、教団的なものができてきます。そうすると、どうしても教義・教理が必要になってくるので、教義・教理の整備が行われるようになりました。現在、巻数は五四八五巻、冊数にして一一二〇冊の『道蔵』という膨大な道教の一切経がありますが、教義・教理の整備が行われる段階は大きく三つに分けられています。

まず、洞神部はいちばん初期の道教経典を集めた部分です。『道蔵』と呼ばれる道教の五四八五巻の一切経の中では、洞真部がいちばん最後にできたので、洞真部の中には仏教の哲学が大幅に取り込まれてきています。成立は道真部が最後ですが、仏教に対抗するためにいちばん哲学的な深い内容を持った経典を『道蔵』のトップに置いているわけです。たとえば道教経典の中の『度人経《どじんきょう》』という経典は、仏教で使っていた度人という言葉を道教が取って、自分の経典名にして、道教には衆生済度(度人)の教がないという仏教の攻撃に備えています。こうして、仏教から攻撃された道教の弱点をカバーして経典を新しく作っていきました。

「鬼道」について

日本でいう鬼道や巫術《ふじゅつ》は外国語に訳してシャーマニズムと呼ばれることもありますが、中国で鬼道と呼ばれているもの、道教の初期の経典としてまとめられて洞神部経典と呼ばれているものの内容は、だいたい七つに整理できます。

第一は祈禱、おいのり。神にねがって福を求めること。儒教の開祖とされる孔子さんも、『論語』によれば「丘《われ》の禱《いの》るや久しいかな」（述而篇）、「罪を天に獲れば禱る所なし」（八佾篇）などと言っておられます。

第二は祭祀、おまつり。肉や酒などを供えて神を祭ること。『史記』封禅書に方士（鬼道の方術者）たちが神僊を祭ったことを記述し、『漢書』地理志には僊人を祀る祠堂が琅邪郡に多かったことを記述しています。

第三は禁呪《きんじゅ》、おまじない。『抱朴子』至理篇に「呉越に禁呪の法あり」とあり、この禁呪の法は、わが国の山岳修験道に多く採り入れられています。

第四は祝詞、のりと。祝とは神に申し上げるという意味。神に申し上げる言葉、神に申し上げて福を祈る言葉が祝詞です。

第五は護符、お札信仰。

第六は憑依《ひょうい》、神がかり。招魂、たまよびなどもこの中に含めることができます。

第七番目は、神託・託宣、つまり、神の言葉を告げるいわゆる「お告げ」です。これは憑依、神がかりとも関係がありますが、中国の場合はほとんど占いをお告げの先にしています。たとえば、亀の甲羅を使って占った結果を巫祝シャーマンが「神のお告げであるぞよ」と告げるわけです。

都から和気清麻呂がわざわざ九州の田舎まで行き、宇佐八幡のご託宣を聞いて皇位継承という重大問題を解決するというのも、もとはといえば中国の神託の宗教文化です。天皇という言葉も本来は宇宙の最高神を意味し、八幡という中国語とセットになった言葉ですから、日本の天皇家も都からわざわざ宇佐八幡にお伺いを立てにいったわけです。

この㈠祈禱、㈡祭祀、㈢禁呪、㈣祝詞、㈤護符、㈥憑依、㈦神託・託宣の七つが、古代の中国では鬼道と呼ばれています。巫術と呼んでもいいし、シャーマニズムと呼んでもいいと思いますが、これが第一の洞神部の経典の具体的な内容です。

洞玄部の教典

第二番目の洞玄部は『老子』の哲学のシンボルマークの「玄」という字が付いているように、『老子』の哲学が『易経』の「神」の哲学と共に鬼道（シャーマニズム）の中に持ち込まれてきて、道教の神学の理論化が始まります。漢民族が北の騎馬民族（五胡）に追われて南に逃げ、いまの南京に都を移して中国の南朝が始まりますが、その四世紀のころから蘇州の南のほうの太湖の周辺で道教の宗教哲学の理論づけがなされます。

太湖の真ん中の小さな島にある林屋洞《りんおくどう》という洞穴は、室戸岬の空海さんがこもったという洞穴と非常によく似ています。洞穴は道教の修行場所ですが、空海さんがこもった洞穴も中国に留学しているときに仕入れた知識を持ち帰ったと見ていいわけです。林屋洞を中心にして、天上の道教の神様からいろいろな書物が修行者に届けられたとして、それらが神書とよばれ、その神書を中心にして道教の神学的な理論づけが行われました。

その場合、『老子』の「玄」の哲学と『易経』の「神」の哲学がまず結合されます。『易経』の中に

「陰陽不測、これを神と謂う」「一陰一陽、これを道と謂う」などの言葉がありますが、あるいは陰となりあるいは陽となって、大自然の世界の在り方、天地宇宙の動きと対応しながら個物個人の生命の営みが行われていくというのが道教の基本的な理論ですから、『老子』の「玄」の哲学と『易経』の「神」もしくは「神道」の哲学が中心になって神学的な理論づけが行われていきます。そして自己の寿命を無限に延ばそうとするならば、まず生命とはなんであるかということがわからなければダメだということから、全宇宙空間を分母にして、人間の生命についていろいろな思索と理論づけが行われました。先程申しました「一陰一陽、これを道と謂う」というのも、もちろん宇宙の非常に大きな生命の流れを分母にして個々の生命を理解していくというやり方です。『老子』(第四十二章)の「道は一を生じ、一は二を生じ、二は三を生じ、三は万物を生ず」という宇宙生成論の哲学も大きく取り入れられて、洞玄部の経典ができました。

葛玄と葛洪

その宗教哲学を理論化していく中心人物は、南方中国の太湖の北側、南京の東南方向に当たる句容《くよう》の出身者の葛玄《かつげん》とその孫の葛洪です。戦争中、蔣介石の国民党政府の大弾薬庫が句容にあったので、そこを日本軍が爆撃したということで、新聞にたびたび句容という文字が出ましたが、句容は非常に古くから冶金鋳造の技術ないし錬金術の中心地だったという関係で、国民党政府の大弾薬庫ができたわけです。

葛玄と葛洪が洞玄部の道教経典の理論的な整備を行っていきますが、句容のあたりはいま申しましたように、中国では非常に早くから錬金術と刀剣や鏡を鋳造する技術の発達した地域でした。この太湖の北側の句容のあたりを中心にして葛玄と葛洪がつくりあげた道教の神学理論を、霊宝洞玄《れいほうどうげん》あるいは洞玄霊宝《どうげんれいほう》と呼んでいます。したがって、道教の経典の中で洞玄霊宝とか霊宝洞玄というタイトルの付いた経典の原形は、すべてこの地域でつくられたと見ていいわけです。こうして、たくさんの道教経典がつくられ、それらの道教経典は主として『易』の「神」の哲学と『老子』の「玄」の哲学をコンバインして理論づけが行われました。

仏教と道教

次の段階で、インド、シルクロードからやってきた仏教の哲学が導入されます。太湖の南側の、三国時代に孫権の呉の国が興った場所という意味の呉興《ごこう》という町が中心になって、道教の経典の第三の段階のものとして洞真部の経典がつくられますが、洞玄の玄が『老子』の哲学のシンボルマークであるのに対して、洞真の真は『荘子』の哲学のシンボルマークです。さらに、『荘子』の哲学を基盤にして理解解釈した仏教の般若系の哲学が道教教理の中に取り込まれて、洞真部の経典がつくられていきました。

こういう三段階を踏んで、最も仏教的な色調を濃厚に持った洞真部の経典がほぼできあがるのが、六朝時代の梁の武帝、聖徳太子が最も尊敬したといわれ、聖徳太子は武帝の生まれ変わりだともいわれている六朝時代の梁の武帝の時です。ただし日本との関係を考えていく場合、江南道教で渦巻文の理論づけが行われたのは太湖の北側の句容を中心とする地域であり、経典は洞玄部の段階です。

第三の洞真部の段階で仏教が道教の経典の中に大きく取り入れられたので、道教の経典の中に『法華経』という名前の経典が堂々とまかりとおっても、中国人としては何もおかしく感じません。日本でいちばん多くの仏教信者を持つ浄土真宗の最高の経典である『仏説無量寿経』の中でも、阿弥陀さんの教えは四回も道教と呼ばれています。中国人にとっては老子を開祖とする道教も、阿弥陀さんの教えを道教と呼ぶその道教も、重ね合わせて理解されています。日本人も同じように重ね合わせて理解していましたが、幕末・明治以後、ヨーロッパの学問が入ってくると、それをセパレートして縦割りで議論するようになってきたので、理解の仕方に食い違いが出てくるようになりました。

いずれにしても、洞神→洞玄→洞真という三つの段階で道教の教理が整備されて、その間に次々に道教の信仰なり教理、実践的な修行方法が日本に持ち込まれてきますが、典型的なのが三国時代の呉の時代です。

呉の太伯と倭人

中国には前六世紀のころに古い呉の国がありました。室町時代の京都五山の建仁寺に住んでいた中《ちゅう》巌円月《がんえんげつ》というお坊さんが、日本の神武天皇は古い呉の国の太伯《たいはく》という王様の子孫だという論文を書いています。その論文の基礎になるのは三世紀ないし六世紀のころの中国の歴史書、たとえば『晋書』や『梁書』で、それには倭人が中国にやってくると、どの倭人も口をそろえて「私たちは貴国の太伯の子孫だ」と言うと書いてあります。中巌円月はそれをさらに引き伸ばして、神武天皇は呉の太伯の子孫だと述べました。江戸時代になると、徳川家康はそれが本当かどうかということについて、藤原惺窩《せいか》や林道春《どうしゅん》に意見書を書かせます。その結果、つくりごとだ、事実ではないと葬り去られますが、鎌倉・室町のころにはそういう考え方も非常に有力であったと見ていいわけです。

中国側にも倭人はもとをただせば呉の国の人間だと考える人がいました。「呉凶、其の支庶・海に入りて倭となる」(『通鑑前編』)——呉の国の中でも反体制の人間を呉凶と呼んでいますが、その呉凶の傍系末流)が海を渡って倭人になったというのです。要するにここで凶というのは、支配階級の言うことを聞かない人たちのことです。

騎馬民族と儒教と倭人

中国の儒教あるいは騎馬民族は左よりも右を尊びます。それに対して、老子や初期の道教では左が右より上位とされ、養老令の職員令でも左大臣が右大臣より上になっています。私は一九九二年の九月に天台山の国清寺《こくせいじ》を訪ねましたが、天台山のお坊さんたちも左襟を上にした着物の着方をしていました。

天皇は北極星を神格化したもので、北極星は騎馬民族の信仰対象ですから、現在の日本の天皇家でも右が上位とされています。ジャーナリズムで騒がれた小和田雅子さんと浩宮のカップルで撮られた写真をご覧になった方は多いと思いますが、浩宮が右側になっています。

私の郷里の宇佐八幡の三つの御殿も、一の御殿がいちばん右になっていますが、これは騎馬民族の文化で、海原の文化ではその反対の左が上位です。関西では伝統的にお雛様も女性が上位で左になっていました。関西とくに大阪は海原の文化、全面的に「船」の文化が基調です。ところが、関東は武士と将軍の文化ですから、騎馬民族の右上位となっています。

中国の文化は、西暦前二世紀の中ごろに書かれた『淮南子』という書物に南船北馬という考え方が見えていて、北のほうの民族を代表する胡人は馬に巧みだ、南のほうの民族を代表する越人は船に巧みだという文化類型を記述していますが、その南船と北馬の文化がつぎつぎに日本に入ってきます。私が最近いろいろな出版物で書いているように、古事記神話は全体として「船」の文化を基調としており、「お日さま」すなわち天照大御神は女性とされています。

それに対して、北のほうの騎馬民族にとっては、太陽が女性だというのはとんでもないことで、『易』の哲学では太陽ははっきりと男性ですから、儒教や騎馬民族でも「お日さま」は明確に男性です。同じ日本人でも江戸時代に幕藩体制の末端を担った庄屋や名主の子孫の人々の中には、儒教の影響で太陽は男性だと信じ込んでいる人が現在もいます。しかし『古事記』や『日本書紀』でははっきりと女性になっていますし、沖縄の『おもろそうし』の創世神話の中でも、お日さまはテダコオオヌシ（天道子大主）、つまり女性になっているわけです（「大主」は皇帝の姑《おば》）。

私は最近、中国の南の海岸地区をずっと学術調査してきましたが、福建省から浙江省の海岸地区、温州みかんの温州から寧波《ニンポ》のあたりに住む少数民族もそうでした。戦争中から終戦後もマカオから広東、汕頭《スワトウ》の海岸地区にいて、いわゆる蛋民《たんみん》と呼ばれる水上生活の少数民族と親しく付き合う体験を持ちましたが、彼らの中には、お日さまを女性と考え、左を右よりも上位だとし、七五三行事のように偶数よりも奇数を重んじる人々が確かに存在していました。

ところが、儒教の文化は対《つい》の文化です。騎馬民族国家では、二頭だての馬車、四頭だての馬車が基本です。騎馬民族の文化と結合した儒教の文化は右が上位ですから、右を上位とする支配階級の言うことを聞かない者は「あいつは左巻きだ」と言われます。儒教の立場からは左を邪悪としますが、南のほうの「船」の文化を代表する『老子』第三十一章の中では、「君子、居れば則ち左を貴《たっと》ぶ」、教養ある人間は日常生活の中で左上位の生活をすると、全く儒教と反対のことを言っています。

しかし、日本の関西とくに大阪を中心にした「船」の文化、海原の文化では、お日さまもお日さまの赤い色も女性です。NHKの紅白歌合戦も、紅と言えばはっきりと女性ですから、『古事記』の天照大御神と同じで、「船」の文化が根づいているわけです。日本は五世紀の応神天皇のころまでは圧倒的に海軍の強い国でした。神武東征も代表的な「船」の文化で、武装船団で瀬戸内海から熊野に上陸し、吉野を越えて橿原で即位したとされていますが、『古事記』の記述によるかぎり、神武天皇はまぎれもない西からのボートピープルです。

古事記神話全体の構成も、天つ神と国つ神と海《わだつみ》の神は、道教の天と地と水の「三官」の哲学原理をそのまま使っています。人類の生命の起源も死後に往く世界とされている「根の国」、「妣《はは》（母）の国」、「常世《とこよ》」もみな、『老子』の哲学ないし初期の道教の宗教哲学に基づいて説明されています。『春秋穀梁伝』（哀公十三年）という儒教古典の中では、呉の国は野蛮な夷狄の国だと書かれていますが、その呉の国の文化が朝鮮経由で、あるいはストレートに日本列島にやってきて日本文化の基層的な部分を構成していることは間違いありません。

それを最もよく証明するのが、九世紀の初めに書かれた『新撰姓氏録』という当時の渡来人たちの戸籍調べをした書物の諸蕃「漢」部（中国からやってきたと申告した渡来人たちの略歴を記した部分）

です。この『新撰姓氏録』によると、古くから外国とくに中国の呉越の地区から渡来した医師をはじめとする各種の技術者たちが持ってきた文化によって、日本文化の基層が構築されている面が非常に多いと見られます。

さて『道蔵』と呼ばれる道教の一切経の具体的な内容が、洞神部・洞玄部・洞真部という三つの大きな部立てになっていることは既に申し上げましたが、これを中国の思想史の中に組み込んで整理し直しますと、拙著『道教思想史研究』(岩波書店)で詳細に論証しましたように、まず鬼道の道教から神道の道教に展開します。しかし、神道の道教が成立しても古い鬼道の道教はなくなりません。新しいものが成立しても古いものは依然として残っていくというのが中国文化の特徴です。第三番目に真道の道教、最後に聖道《しょうどう》の道教となりますが、親鸞さんは仏教の聖道門に反発して自然法爾の浄土門を説かれました。

この鬼道→神道→真道→聖道を、先ほど述べた洞神→洞玄→洞真の三部に配当しますと、鬼道は大雑把にいって洞神部と考えていいと思います。その具体的な内容は、お祭とお祈りとおまじない、のりとお札と神がかりとお告げの宗教文化です。それに対して、第二番目は太湖の周辺で理論づけが行われた洞玄部の経典、あとの二つは洞真部の経典です。『荘子』の「真」の哲学と仏教の般若の哲学、涅槃の仏教学、華厳の仏教哲学などが道教の宗教哲学の中にたくさん持ち込まれて経典化され、仏教から教理内容を攻撃されても十分に対応できるように経典が整備されて、現在の五四八五巻の大量なものになるわけです。

以上、原初的な神僊信仰から道教の教理が形成される思想史の大きな流れについて、とくに日本との関係が密接となる三世紀から六世紀ごろまでを説明いたしました。これから本題の神僊信仰が楼閣や渦巻文とどう結びつくのかという問題に入りたいと思います。

二　神僊信仰と楼閣・渦巻文

前にも申しましたように、神僊を楼閣と結びつける現存最古の文献資料は、西暦前一世紀、司馬遷の書いた『史記』の封禅書の「神僊（僊人）は楼居――楼閣居住――を好む」です。この言葉は、漢代の「方士」と呼ばれる神僊の方術者――のちの道士（道教の僧侶）――が、漢の武帝の「どのようにすれば、神僊を招き寄せ、会うことができるのか」という諮問に答えたものですが、なぜ漢の武帝は、神僊を招き寄せ、会おうとしたのか、そのことが理解されるためには、漢の武帝が中国の文化史上、どのような特性もしくは位置づけを持つ皇帝――政治軍事の最高権力者――であったのかが検討される必要があります。

漢の武帝と四点セットの「馬」の文化

中国古来の文化は、初めにも述べたように、南方の「船」の文化の系列と北方の「馬」の文化の系列とに大きく二分されますが、このうち「馬」の文化は、さらに(1)騎馬戦法の導入による中国全土の軍事的統一、⑵儒教の採用による中国全土の政治的統治、⑶儒教学者による皇帝権力の宗教的神聖性の弁証、⑷皇帝としての不死登僊──封禅の祭祀と「天馬」昇天、⑸「馬」の文化を強化する源氏制度の創設、⑹同じく八幡信仰の確立、という六点セットとして内容的に整理されます。そして、六点セットのうち、⑸の源氏制度と⑹の八幡信仰は、北魏の太武帝および唐の太宗によって具体的に実現しますが、⑴の騎馬戦法の導入による軍事的統一者ないし⑷の封禅の祭祀と「天馬」昇天の宗教的実践者こそが、ほかならぬ漢の武帝であり、この武帝の昇天不死の神僊信仰と執念によって、樓閣が神僊と結合されるに至るのです。以下、そのことを今少し具体的に説明したいと思います。

⑴騎馬戦法の導入

漢の武帝は、もともと船の文化の地域である徐州文化圏＝江蘇省の沛県の出身で、この地は三張道教の開祖である張道陵の郷里でもありました。三張道教では、張道陵の九代の祖先が漢の高祖劉邦に仕えて勲功のあった張良であると系図を整理しているので（『続道蔵』所収『漢天師世家』）、漢の皇帝は最初からこの三張道教と密接な関係を持っていたことになります。

沛の地域は広くいうと徐州文化圏ですが、この徐州は秦の徐福の童男童女数千人を率いての渡海がよく知られているように、もともと船の文化の地域です。そういう地域の出身者ですから、戦争の仕方は戦車を囲んだ歩兵の戦闘が中心でした。項羽を倒すまでは、この歩兵戦闘中心で何とかやりましたが、長安に行くと、長安は騎馬戦法の中心地で、騎馬民族の重要拠点でもあったので、漢の高祖劉邦はたびたび匈奴と戦って敗れ、そのたびに娘を匈奴の単于《ぜんう》に嫁がせて、なんとか和睦を結ぶという醜態を演じていたことは、司馬遷の『史記』や班固の『漢書』に詳しく書かれているとおりです。

したがって、漢の武帝としては、どうしても騎馬戦法を導入して匈奴その他の騎馬民族をやっつけなければなりません。いろいろな苦心の末に霍去病《かくきょへい》という優秀な騎馬戦法の名将を手に入れたことも大きな原因となって、中国全土の軍事的統一に成功します。

(2)儒教独尊体制の確立

そしてさらに、軍事的に統一した中国全土をどのようにして統治するかということで孔子を開祖とする儒教を採用し、騎馬民族の生活文化と儒教の学術を折衷一体化するという作業を積極的に推し進め、孔子の儒学を皇帝の治国平天下のための統治の教学体系に改変していきました。その改変の典型的なものが漢代儒教のいわゆる「忠」の倫理道徳です。孔子が「忠」という言葉を使っているときには、たとえば『論語』の「忠信」「忠恕」の「忠」のように、自己の良心に対する誠実さ、まごころを意味しております。ところが漢の世界帝国が成立する頃になると、「忠」は個人的な自己の良心に対する誠実さというよりも、皇帝君主に対する誠実さ、ロイヤリティを意味するように変化し、家父長制の「孝」の倫理道徳と結合されます。つまり儒教が「忠孝の教」、君と父とのための倫理道徳の教に大きく性格を変えるわけです。日本には最初からこの性格が大きく変わった「忠孝の教」としての儒教がやってくるので、空海・弘法大師の著書『三教指帰』の中でも、儒教ははっきりと「忠孝の教」と呼び変えられています。

漢の武帝は、この忠孝の教としての儒教を治国平天下の政治的統治の手段として採用しました。「統治」という古典中国語を最初に使っているのも漢の武帝です(『漢書』董仲舒伝)。ちなみに、この統治という古典中国語は、古代の日本で「すべる」「すめる」などと訓読され、さらに統治者を

「すべろぎ」「すめろぎ」などと訓読するようになりますが、このうち、「すべろぎ」の訓読語を同じく古典中国語の「天皇」の意訳語に用いているのは、漢の武帝の熱烈な崇拝者・天武天皇の皇太子草壁皇子の挽歌（『万葉集』巻二）を作製した宮廷歌人の柿本人麻呂です。

古代中国の軍事的統一に成功した漢の武帝が、どのようにして治国平天下の政治的統治を推し進めてゆくべきかを儒教の学者たちに諮問すると、学者の代表として董仲舒《とうちゆうじよ》（前一七六―前一〇四）という人物がこのようにすべきだという答申案を提出します。三回出された彼の答申案は三回とも全文が、班固という学者の編纂した『漢書』董仲舒伝の中に載せられていますが、このとき董仲舒は漢の武帝に対し、国家の行政官僚はすべて儒教の学術を修得した者のみを任用すべきであるとの条件を付けました。これがすなわち、東洋史の教科書などで儒教一尊もしくは儒教独尊の体制と呼ばれているものです。

(3) 皇帝権力の宗教的絶対化

しかし、漢の武帝は優秀な政治家でもあったので、董仲舒らの儒教学者を相手にきちっと政治的取引をも行っています。漢王朝の官僚はすべて儒教の学術の修得者を採用する代わりに、漢の皇帝権力の宗教的絶対性を彼らに弁証させるという一種の政治的取引です。漢の皇帝の権力は政治軍事的に勝ち取ったものではなくて、特別に天の神から授かったものだということで、皇帝権力を宗教的に絶対化するという、言うなればアジア的王権神授理論を儒教の学者たちに義務づけました。董仲舒のいわゆる天人相関理論がその代表的成果であり、これによって、漢の武帝の皇帝権力は、「天」もしくは「聖」「神」の世界の宗教的権威とストレートに結びつけられ、武帝の「武」が「天武」もしくは

「聖武」「神武」として古代の東アジア社会に展開していきます。わが国の『古事記』『日本書紀』が記載する古代の天皇の称号「神武」「天武」「聖武」などが、これらの古典中国語の言葉と思想を忠実に継承するものであることは、改めて言うまでもありません。そして、董仲舒の天人合一理論で武装した漢王朝の皇帝のための王権神授理論も、それが海を渡って古代日本に持ち込まれ、現人神《あらひとがみ》・明神《あきつかみ》の信仰になるわけです。

同じく天皇を神とする思想信仰でも、現人神と明神には考え方の違いがあります。現人神というのは、もともと神であったものが人の姿をとって現れるという菩薩応現の思想を天皇信仰に導入したものですから仏教系の漢語です。これに対して「あきつかみ」＝明神の方は、自分で修行努力して神の境地に到達する、神のような人間になるという考え方ですから道教系の漢語です。いずれにしても、皇帝は神であるという、漢の武帝が儒教学者にその理論化を強制した王権神授説を、古代日本もまた天皇は神であるとしてそのまま受け入れました。ただし、漢の武帝から直接取り入れたのか、それとも漢の武帝の「馬」の文化を継承してその四点セットに、さらに源氏制度を加えて五点セットにした北魏の太武帝から取り入れたのかという疑問は残りますが、中国から持ってきたということは間違いないと思われます。

(4)皇帝としての不死登僊——封禅の祭祀と「天馬」昇天

漢の武帝が天帝から与えられた最高の権力の座に就いて、同じく天帝から委託された天下泰平（中国全土の軍事的統一と政治的統治）の実現に一応の成功を収めると、あとはこの成功を天帝に報告して、その褒賞としての不死登僊をひたすら祈願することになります。かくて『史記』封禅書や『漢書』礼楽志に詳細な記述が載せられているように、泰山の山頂と山麓で天帝に泰平の実現を報告する封禅の祭祀が厳粛に執行され、昇天の基地・崑崙の山頂に高く馳せのぼり、さらに「龍を媒《なかだち》として」（天馬と同類の天龍に乗り換え）、天帝の「玉台（華麗な楼台）に観《あそ》ぶ」ための「天馬」の獲得が慶祝されます。一方また、崑崙山上を住みかとする女性の僊人・西王母と彼女の持つ神僊不死の薬を入手するための一対の楼閣建設、その楼閣を祭場とする西王母と太一神の祭りが漢の武帝によって行われることになります（拙著『道教思想史研究』所収「封禅説の形成――封禅の祭祀と神僊思想」参照）。

上に述べた漢の武帝の西王母を祭るための一対の楼閣建設に関しては、『史記』封禅書に「神僊は楼居を好む」という斉の国の方士・公孫卿の言葉を聞いた武帝が、都長安の西北方、崑崙山の方角にある「甘泉の離宮に延寿と益寿の両観を作った」とあり、『漢武故事』という漢の武帝にまつわる故事逸話を集めた古代文献によると、その延寿観の高さは三十丈とあるので、かなりの高楼高閣であったことが知られます。

ところで、最初に述べましたように、この漢の武帝の甘泉離宮の延寿・益寿の両観をモデルにして、吉野の山中に住むという神僊を祭りによって招き寄せ、不死の薬を貰うことによって、天皇としての不老長生を計ったのが、『日本書紀』斉明天皇紀、二年九月の条に「田身嶺《たむのみね》に冠《こうむ》らしむるに周《めぐ》れる垣を以てし、復た嶺の上の両《ふた》つの槻の樹の辺《ほとり》に観を起《た》つ、号《なづ》けて両槻宮とす。亦た天宮と曰う」とある両槻宮《ふたつきのみや》であろうと推定されます。

漢の武帝と古代日本

漢の武帝と、斉明天皇や多武峰の両槻宮が思想信仰として関連を持っていると申しますと、何を言っているのだ、でたらめも休み休み言えとお思いになる方が多いと思います。現に今を去る七十年ほど前、『日本書紀』の「両《ふた》つの槻の樹の辺に起てた」という「観」(「天宮」)は、中国の道教の寺院を意味するのだという内容の論文(「我が上代に於ける道家思想及び道教について」『史林』第八巻第一号)を書いた東京帝国大学の日本史教授の黒板勝美さん(九州の長崎県出身)は、多くの人々の一斉攻撃を受けて自分の学説をペンディングするという事件がありました。ちなみに申しますと、その事件を溯ること三十二年、明治二十四年には、同じく九州の佐賀県出身の東京帝国大学教授の久米邦武さんが、わが国で神道といっているのは、中国の天を祭る非常に古い習俗が海を渡ってきて古代の日本国に定着したものだ、そのルーツは中国であるという意味の論文(「神道は祭天の古俗」『史学会雑誌』第二編第二三—二五号)を書きました。この時はまだ明治の中頃のことですから、すぐに東大教授をクビにされ、同じ佐賀県出身の早稲田大学の創立者・大隈重信さんが、久米さんを早稲田の史学の教授に迎えて一件落着ということになっています。ですから当然、皆さんの中にも私の発言に疑問を持たれる方が多いと思われますが、実はそうではありません。

天武天皇と「瀛真人《えいしんじん》」(おきのまひと)

漢の武帝が四点セットとして確立した「馬」の文化の影響が、皇帝の不死登僊の思想信仰をも含めて、いかに古代の日本、とくに九州の地域に強かったかと申しますと、上述の斉明天皇の皇子である天武天皇が先ずその例証として挙げられます。天武天皇は『日本書紀』によりますと、壬申の乱(六七二年）の挙兵の時、兵士たちに「赤色を以て衣の上に着けしめた」とありますが、これは『史記』封禅書に「漢、衣は赤を上ぶ《たっと》」とあるのに基づきます。また、同じく『日本書紀』によりますと、天武天皇のお名前は「天渟中原瀛真人《あまのぬなはらおきのまひと》」となっていますが、上記「瀛真人《えいしんじん》」の「瀛」というのは、同じく『史記』封禅書に載せる「勃海」の中の「僊人」が住むという蓬萊・方丈・瀛洲の三神山の一つ「瀛洲」の「瀛」に基づき、「真人」というのは、僊人の中の高級者。そして、漢の武帝も親しく勃海の沿岸地域を訪ねたり、方士をたびたび派遣したりして僊人ないし真人と彼らの持つ不死の薬を求めさせています。

鞠智《くくち》遺跡の一対の八角形建物礎石

この天武天皇は、上記両槻宮を建てられた斉明天皇の皇子で、同じく斉明天皇の皇子である天智天皇の弟とされていますが（『日本書紀』）、その天智天皇の二年（六六三）秋八月、朝鮮半島の白村江で唐と新羅の連合軍に日本の派遣軍が大敗し、連合軍の日本侵冠を防ぐために、その二年後の四年（六六五）秋八月に、太宰府の周辺に大野城および基肄《きい》城を築かせます。その大野および基肄の二城とほぼ同じ頃に築かれて、『続日本紀』文武天皇二年（六九八）に「太宰府をして大野・基肄・鞠智《くくち》（菊池）の三城を繕治せしむ」と記載の見える鞠智城の遺跡（菊池川上流域の熊本県菊鹿町）から発掘されました一対の八角形建物礎石もまた、斉明天皇の崩御された筑後川中流域の朝倉宮の東南方（道教にいわゆる「地戸」の方角）に位置する点から見て、漢の武帝の甘泉離宮の延寿・益寿両観の神僊思想との関連が推測されます。

岩戸山古墳の「石人」「石馬」

というのは、上記朝倉宮と鞠智遺跡とのほぼ中間を流れる矢部川の下流域にある岩戸山古墳は、『筑後国風土記』(逸文)によれば、継体天皇の二十二年(五二八)、大和朝廷によって討滅された筑紫君磐井《いわい》の墓といわれ、墓には「石人」「石盾」おのおの六十枚(合計百二十枚)、また「石馬」三匹が立てられていたという。そして、中国晋代の道教学者・葛洪(二八三—三四三)の主著『抱朴子』微旨篇に「(神仙の並び遊ぶ)太元の山には百二十官、曹府相由《あい》る」とあるのに依れば、「石人」「石盾」の百二十という数は、『抱朴子』にいわゆる「百二十官」の「百二十」と一致し、この数が中国古代の死者供養(昇天仙化)の思想信仰と関連を持つであろうことが想定されます。

そしてまた、磐井の墓域に「石人」「石馬」を置くことも、漢の武帝を埋葬する中国西安の北郊・茂陵の陪塚である霍去病の墓域で確認されます。ただ、岩戸山古墳の石馬の尻繋《しりかい》の革具の形式は、中国の北魏の正光六年(五二五)有銘の石刻供養行列図にあるものと同類であり(森貞次郎『装飾古墳』一九二頁、「岩戸山古墳の石馬」による)、北魏の騎馬民族文化との密接な関連性を示唆しますが、既に述べましたように、北魏の「馬」の文化も漢の武帝の「馬」の文化の延長線上に位置づけられますので、この場合もまた漢の武帝との影響関係が一応考慮されます。

なお、上に引いた『筑後国風土記』(逸文)には、官軍と戦った筑紫君磐井が、「勢の勝つまじきを知りて、独自《ひとり》、豊前の国上膳《かみつみけ》の県《あがた》に遁れて、南の山の峻しき嶺(求菩提山《くぼてさん》)の曲《くま》に終《みう》せき」とありますが、この求菩提山の東北方海岸地区にある石並古墳(行橋市稲童。推定五世紀後半)には、漢の武帝の茂陵の群小陪塚を彷彿させる小型陪塚が、現在も湿田の中に古い姿をそのまま残しています。

古代西北部九州と「馬」の文化

漢の武帝の四点セットの「馬」の文化を忠実に継承して、それに皇帝の子孫を臣籍降下させ、親衛隊を作るという源氏制度を加えて五点セットとした北魏の太武帝は、その治世の太平真君元年（四四〇）、それまで中国の西北辺境に割拠していた五胡の諸国を平定統一して強大な騎馬民族国家を確立しました。しかし、この前後に北魏との戦闘に敗北し、もしくは北魏の支配に屈することを潔しとしない他の騎馬民族は、その一部が東方に移動して古くから旧満州の地にいた扶余族と結合して、さらに南下の大移動を始めます。その大移動の朝鮮半島における最終的な拠点が、現在わが国のジャーナリズムでもその発掘成果が賑やかに報道されている、韓国の伽耶遺跡と見ることができましょう。

（付記）一九九二年の夏から秋にかけて日本の各地で催された伽耶遺跡展をご覧になった方は、すでに確認されたと思いますが、展示されていた甲冑には渦巻文が施されていました（次頁の右図参照）。なぜ甲冑に渦巻文が施されるのかというと、先ほど申しました道教の洞玄霊宝の経典の主要な製作地である太湖の西北方の句容《くよう》の町、この町の出身者である葛洪《かっこう》という道教の神学者が、渦巻の文様は危害や災禍を避けることができるとして、渦巻文様を鬼道の禁呪・護符の信仰と結合したからです。同じく左図のように上部に渦巻文があって、その下部にお札（護符）の文字が書かれていますが、この渦巻の呪符を着けておくと災禍を避けることができる、戦場でも戦

鋲留短甲の渦巻文（伽耶遺跡展図録）

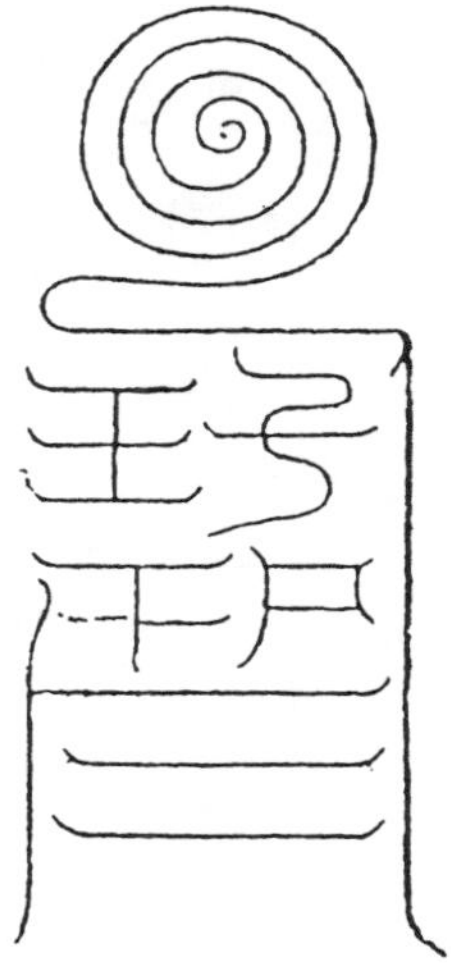

道教の護符（「抱朴子」登渉篇）

死や負傷を免れるというのが『抱朴子』登渉篇に載せる渦巻文信仰です。

この『抱朴子』の渦巻文の呪術信仰が、北上して「馬」の文化の騎馬軍団の中に取り入れられたと見ることができますが、伽耶遺跡出土の甲冑で渦巻文が一対になっているのは、既に述べましたように、中国における北方の「馬」の文化（北朝系の騎馬軍団）が偶数もしくはペア（対）を重んずるからです。

一方また、この『抱朴子』の渦巻文信仰を逆に古く溯っていきますと、下述するように、『老子』や『荘子』の「道」を渦巻と見なす思想信仰にたどりつきます。

そして、この伽耶遺跡の地域からさらに海を渡って移動し上陸したのが北部九州の海岸地区、なかでも「伽耶《かや》」と同音の「可也《かや》」を山名とする糸島半島の可也山麓の地域、もしくはその東方の遠賀川の河口地域、すなわち『古事記』の神武記に天皇が東征の途中、関門海峡を外に出て「筑紫の岡田宮に一年坐《まし》しき」と記述されている岡田宮の所在地（福岡県遠賀郡芦屋町）周辺であろうと推測されます。

糸島半島に上陸した渡海者たちの一部もしくは大部は、さらに南下して筑後川流域に定住し、そのまた一部ないし大部は、さらに南下して菊池川流域へと移動していったと考えられます。菊池川下流域の江田船山古墳から出土した馬具や武具類、とくに鋲留《びょうどめ》短甲などが、伽耶遺跡出土のそれと系列を同じくしていることがそのことを有力に裏付けるように思われます。また遠賀川中流域の竹原古墳の奥室彩色壁画の、軍帽をかぶり、乗馬ズボンに靴を履いた姿の馬を曳く騎馬兵は、五胡十六国ないし北魏・北周の騎馬軍団の兵士を彷彿させ、同じく冥界を象徴する一対の翣《そう》（刺羽《さしば》）の上部に描かれた天馬は、上述した漢の武帝の「天馬」の歌（『漢書』礼楽志「郊祀歌」十九首の第十首）、

「天馬来《きた》り、遠門を開く。予《わ》が身を竦《そばだ》て、昆侖《こんろん》（崑崙）に逝《ゆ》かむ」

「天馬来れり、龍の媒《なかだち》。閶闔《しょうこう》（天帝の宮殿の門）に游《あそ》び、玉台に観《あそ》ばむ」

を容易に想起させます。そして、このような北魏・北周の騎馬軍団との関連性ないし漢の武帝の四点セットの「馬」の文化との影響関係は、さらに古く溯って、西暦前一世紀頃、弥生中期の造営と推定されている吉野ケ里遺跡にもその痕跡が顕著に指摘されるように思われます。

吉野ケ里遺跡と漢の武帝

すなわち吉野ケ里遺跡では、墳丘墓が環濠聚落の東北の方角に造られており、したがって、環濠聚

落の人々がこの墳丘墓で祭祀を行う場合、その西南の方角から祭場に入ることになります。そして、このことは『史記』封禅書や『漢書』武帝紀に記述する漢の武帝が元封二年（前一〇九）秋、泰山岳麓・汶水の流域で行った、天帝を祀って不死登僊を祈願する崑崙楼閣の祭祀において、祭場に「西南より入った」とあるのと一致します。

また、この吉野ケ里の墳丘墓の真南の丘壇の下で燎祭の痕跡と見られる焼土の塊が発見されているのも、上記崑崙楼閣の天帝を祀って不死登僊を祈願する漢の武帝の祭祀において、「堂下に燎《たきびまつり》す」とあるのと一致します。前一世紀、弥生中期における吉野ケ里遺跡の墳丘墓においても、漢の武帝の四点セットの「馬」の文化の第四点「皇帝としての不死登僊――封禅の祭祀と天馬昇天（不死登僊を祈願する崑崙楼閣の祭祀）」の影響がここに顕著に指摘されると判定して大過ないでありましょう。

「道」の哲学と渦巻

最後に楼閣と渦巻文の関係すなわち楼閣と結び付いた神僊信仰は、なぜ渦巻文を必要とするのかの問題に入りたいと思います。

この問題を考える資料として、『老子』第四章「道は淵《えん》として万物の宗に似たり」が挙げられます。『老子』の哲学は言うまでもなく「道《タオ》」がその根本です。ここで古典中国語の「淵」という字はどういう意味を持つかといいますと、許慎（三〇―一二四）の『説文解字』という後漢の時代に書かれた中国の辞書に「淵は回水（回《うずま》く水）である」と記述されています。根源的な真理である「道《タオ》」は、あたかも水の渦巻文様のように森羅万象の中核根源に位置しているという意味ですが、この「道」はまたいわゆる道教の「道」でもあります。ここで刮目されるのは、哲学的な概念としての「道」が渦巻と結びつけられている、それも水の渦巻であるという点です。

中国で水の文学、海原の文芸を最初に開拓したのは、道教の経典『南華真経』――一般には『荘子』と呼ばれている書物――です。儒教の文献では、たとえば『論語』の中で世界の四方に海があるということで「四海」という言葉は使っていますが、海原を讃美したり、海を哲学的に解釈する文章は、本来の儒教文献には全く見られません。水や海原を讃美したり、その哲学的な意義づけをしたりするのは、『老子』や『荘子』であって、たとえば『老子』の中には「上善は水のごとし。水は善く万物を利して争わず……故に道に幾《ちか》し」など、また『荘子』には「之に海を告げて曰く、千里の遠きも以て其の大を挙ぐるに足らず、千仭の高きも以て其の深さを極むるに足らず」、「井蛙《せいあ》は以て海を語るべからざる者は、墟に拘《とらわ》るればなり。曲士は以て道を語るべからざる者は、教に束《しば》らるればなり」などとあります。いずれも水や海を「道にちかし」とか「道」とセットにして論じているのが注目されます。

このように水や海に譬えられる老荘の「道」の哲学の「道」を、さらに水との関連で渦巻と結びつけることは、既に述べましたように、『老子』の「道は淵として万物の宗に似たり」の「淵」、すなわち「回《うずま》く水」に指摘されますが、このほか『荘子』達生篇の「斉《せい》と倶《とも》に入り、汨《こつ》と偕《とも》に出で、水の道に従いて私を為さず」の「斉」においても確認されます。ここで「斉と倶に入り云々」というのは、ある泳ぎの名人が、きみはどうして泳ぎの名人になれたのかという他人の質問に答えた言葉ですが、この場合の「斉」というのは、水の渦巻く中心という意味です。水の渦巻く中心と共に水中に没し、湧きあがる水の勢と共に浮上してくる。水のもつ自然の理法にそのまま従って己れのさかしら心を加えることがない。これがわたしの、激流をうまく泳げる理由なのですと説明しているわけです。

ここで「水の道に従いて私を為さず」というところに「道」という字が使われていますが、渦巻く水の流れにそのままおのれを無心に従わせていくから泳ぎの名人になれたのだと述べて、ここでもまた「道」が渦巻く水で説明されています。

斉という漢字は、今の日本では「ひとしい」と訓んでいて、「うずまき」という訓は残っていませんが、この「斉」という漢字が渦巻と関連する意味を持つことを有力に示唆しているのは、「にくづき」を付けた臍《へそ》という漢字です。この場合、臍は命の渦を巻いているところ、生命の中枢部であるというのが、古代中国人の一般的な認識です。「斉」という漢字はまた、『荘子』の「道」の哲学における「万物斉同」の「斉」でもありますが、その「斉」という漢字を『荘子』の達生篇は渦巻の中心の意味に用いているところから、『荘子』の哲学の「道」が渦巻文様と結びつくわけです。

道教と神仙と渦巻文

二世紀の中頃になりますと、それまでは基調が哲学であった老荘の学術が、インドから来た仏教の影響で神秘化され宗教化されて、道教＝「道」の宗教となっていきます。したがって無為自然の「道」の哲学者・老子も神格化されて老君という神様になって、天上世界に住んでいるということになりました。老子を太上老君とも呼びますが、老君の「君」というのは神様という意味で、徳川家康を神君と呼ぶときの「君」と同じ意味です（「神君」の語は古く『史記』封禅書に見える）。また「太

永楽宮（西部南壁）**白虎星君**（手部特写）**と渦巻文**

上」というのは、『老子』第十七章などに用語例が見え、最高の神という意味です。そしてさらに四世紀の中頃、東晋時代になりますと、『老子』の説いた「道」の哲学の「道」――宇宙と人生の根源的な真理――そのものがまた神秘化され神格化されて、道君、さらには太上道君となっていきます。

かくてインドの仏教では菩薩はその手に何事も意の如くなる如意珠を持つといわれるのに対して、道教のほうでも道教の「道」を体得した神仙は、その手に渦巻の文様のある宝珠を持つとされて、ここでも神仙の道術を渦巻文で象徴的に表現することになります。

右に掲げた絵図は、中国山西省の黄河の曲がり角のところにある永楽宮という、元の時代の道教寺院の壁画の中に画かれているものです。十三世紀、元の時代のものですが、南北朝ないし隋唐時代の宗教絵画の伝統的な技術や図柄を忠実に受け継いでいるので、遅くとも隋唐の時代には道教の「道」もしくは神仙の道術を渦巻文で象徴的に表現することが成立していたと見られます。

道教寺院と渦巻文

なお、このこと（道教と神仙と渦巻文）と関連して、道教寺院（楼観もしくは道観）の入口や参道などに渦巻文を彫刻した岩石を聖域のシンボルとして立てることも、隋唐の時代以後には一般に行われております。中国の福建省、泉州の街の北郊にある「老君巌」と呼ばれる北宋時代の道教寺院の参道の両側に一対立てられています。

この老君巌の道教寺院には、渦巻文を刻んだ一対の岩石と対応して楼閣造りの山門建築物が建てられていますが（上の写真）、この道教寺院における山門建築物としての楼閣と、一対の岩石に刻まれた渦巻文との組み合わせは、以下に述べる中国の舟山群島で私が実見した軒先から渦巻文の蔓が出ている道教の宝蔵（死者供養のための紙銭を焚く窯《かまど》）の楼閣型建造物（次頁の右の写真）を容易に想起させ、さらにまた、この渦巻文の蔓を持つ宝蔵の楼閣型建造物は、わが国の唐古・鍵遺跡出土の土器に画かれた楼閣渦巻文（次頁の見取図）との宗教思想的関連性を強く感じさせます。

老君巌楼閣門

舟山群島で見た楼閣渦巻文

私は一九九二年の九月に中国の舟山群島の学術調査旅行に出かけました。むかし私たちは学校で舟山列島と習いましたが、いまの中国では舟山群島と呼んでいます。そして

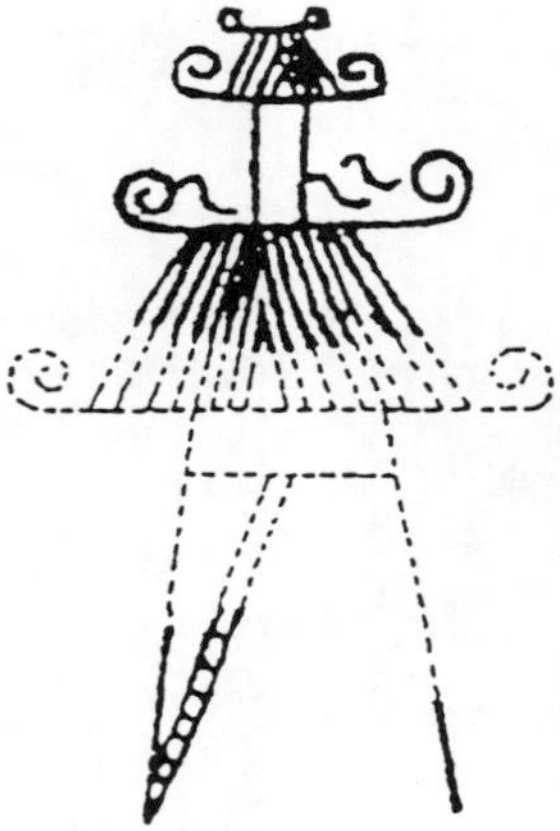

唐古・鍵遺跡出土の土器に
描かれた渦巻文

舟山群島，普陀山島にて

この舟山群島は現地での説明によりますと、一三三九の島から成っているとのことでした。その群島の中で日本の宗教文化と非常に密接な関係を持っているのが普陀山島と落迦山島です。普陀山島からフェリーで一時間二〇分ほど東南の方向に下がったところに落迦山島があって、『華厳経』入法界品などに観音菩薩の住所とされている普陀落迦（potalaka＝海島）を二つの山島に分けていますが、このうち普陀山島のほうに普済寺という大きく立派な禅寺があります。中国の仏教寺院は、そのほとんどが何らかの形で道教と習合していますが、舟山群島の仏教寺院は習合が特に顕著で、普済寺も例外ではありませんでした。この普済寺の境内の片隅に上掲の写真に見られるような楼閣を象《かたど》った二階建ての小さな建物があって、二層になった屋根の軒先から合計十二箇の蔓状の枝が出ていて、それぞれの枝の尖端の円形部分に渦巻文が刻み込まれていました。私のカメラでは、その渦巻文がはっきりと撮れていませんが、図柄は先に掲げた永楽宮の壁画の神仙（白虎星君）が手に持つ宝珠の渦巻文と全く同類です。

この軒先の突出部に渦巻文様の刻まれた小さな樓閣型の建造物は、よく見るとその台座のところに「宝蔵」という二字が刻まれていました。道教では葬式のときに死者に「紙銭」という一種の紙幣を持たせてやります（死者の世界でお金に不自由をしないようにとの生者の配慮から）。具体的には葬式のときに遺族の人々が集まって紙銭を焚く、その焚く煙に乗って死者の霊魂が天上世界、神仙世界に行くという信仰があり、その紙銭を焚く儀式を行う場所が宝蔵です。

このように道教では、死者を天上の神仙世界に送るときに紙銭を宝蔵で焚きますが、「神僊は樓居を好む」（『史記』封禅書）ということにあやかって、宝蔵を樓閣型の建造物にするわけです。しかも死者の昇天が確実であることを祈願するために、樓閣の建造物の軒先に「道《タオ》」のシンボルである渦巻文を刻んだ道教の如意の宝珠の模型を付ける、要するに死者供養の紙銭を焚く宝蔵を「神僊は樓閣居住を好む」という「樓閣」の形にしたのと同様に、建物の軒先に道教の「道」のシンボルである渦巻文を死者の昇天のために付けるというわけです。建物を樓閣の形にし、軒先に渦巻文様を飾った死者供養のための宝蔵のデザインが、道教の神仙昇天の思想信仰をその根底基盤におくものであることは疑問の余地がありません。

（本論考は、一九九三年一月二十三日に行われた「東アジアの古代文化を考える大阪の会」主催の講演に加筆したものである）。

古代中国の「宇宙」最高神と日本

一　「震旦国の霊神」八幡大神

『宇佐託宣集』から

西暦十三世紀、わが国の伏見天皇の正応三年（一二九〇）二月十日の「序」をもつ、八幡宇佐宮弥《み》勒《ろく》寺《じ》の社僧神吽《じんうん》の編纂した『八幡宇佐宮御託宣《ごたくせん》集』（略称『宇佐託宣集』）巻六によれば、豊前《ぶぜん》国の宇佐宮に鎮座する八幡大神《はちまんたいしん》は、聖武天皇の天平二十年（七四八）九月一日、みずから託宣して「古《イニシ》ヘ吾レハ震旦《シンタン》国ノ霊神、今ハ日域（日本国）鎮守ノ大神ナルゾ」と告げられたという。

ここでいわゆる「震旦国」とは、七世紀、唐の姚思廉《ようしれん》（五五七―六三七）らによって書かれた中国の正史『梁書《りようしよ》』の諸夷伝「盤盤《ばんばん》国」の条に、梁の武帝の大通元年（五二七）、西域の盤盤国王が武帝に奉った上表文を載せ、その文中で武帝を「揚州閻浮提《あんぶだい》震旦の天子」と呼んでいることからも知られるように、古代のインドや西域の人々が東方の中国を呼ぶ言葉であった。

玉帝と同一の神格

したがって、八幡大神が託宣のなかで告げたいわゆる〝震旦国の霊神〟とは、中国古代の霊妙な威力を持つ宇宙の最高神、すなわち中国土着の民族的な宗教「道教」における最高神「玉帝」（玉皇、太一神、元始天尊）を指すとも解することができよう。

ちなみに「宇宙」という中国語は、前四世紀、ギリシャのアリストテレスとほぼ同じ時代を東アジアの中国古代社会で生きた道教の哲人、荘周の学説を記録した『荘子』という書物の知北遊篇に、「外は宇宙を観《み》ず、内は太初を知らざる者は、太虚《みち》（道）に遊ばざるなり」と見える。前二世紀、西漢の初期に漢王朝の皇族劉安《りゅうあん》が多くの学者を集めて編纂した一種の思想百科全書『淮南子』の斉俗《せいぞく》篇には、この「宇宙」の語を解説して、「往古来今（無限の時間）を宙と謂《い》い、四方上下（無窮の空間）を宇と謂う」とある。

そしてまた、上に引いた『荘子』の則陽《そくよう》篇には、宇宙と人生を貫く道教の根源的な真理〝道《タオ》〟を体得した至高の人格すなわち「至人」は、「心を無窮（窮まり無き世界）に遊ばせる」とある。上記の八幡大神の託宣にいわゆる〝震旦国の霊神〟というのも、同じく『荘子』に説く「雲気《くもきり》に乗り、飛龍を御《あやつ》りて四海の外に遊び、物をして疵《そこな》い癘《や》ましめず、年の穀《みのり》を熟《ゆたか》ならしむる藐姑射《はこや》の山の神人」（逍遙遊篇）、もしくは「上は青天を闚《うかが》い、下は黄泉《ちのそこ》に潜《ひそ》み、八極（世界の八方の極すなわち全宇宙空間）に揮斥《きせき》して（自由自在に駆けめぐって）神気変《へん》ぜざる（顔色ひとつ変えない）至人＝『荘子』的超越者」（則陽篇）の、宗教的に神霊化され絶対化された中国の民族宗教「道教」の宇宙の最高神「玉帝」

（玉皇、太一神、元始天尊）と同一の神格と見なすことができよう。

なお「鎮守」という中国語も、五世紀、劉宋《りゅうそう》の范曄《はんよう》（三九八―四四五）によって書かれた正史『後漢書』の伏湛《ふくたん》伝に、「常に留まりて鎮守し、群司（多数の官僚）を総《す》べ摂《おさ》める」などと見えている。

「八幡大菩薩」

奈良朝の昔、聖武天皇の天平二十年に「古ヘ吾レハ震旦国ノ霊神」であったが、「今ハ日域鎮守ノ大神ナルゾ」と神託されたという八幡大神は、この神託を記録する神吽の『宇佐託宣集』のなかでは多くの場合、「八幡大菩薩」と呼ばれている。しかし、「大菩薩」という仏教語を「八幡」と結合させるのは、神仏の習合が顕著となる平安時代以後のことであり、中野幡能《はたよし》氏（『八幡信仰史の研究』上、吉川弘文館）も詳細に考証しているように、それ以前の奈良時代にはすべて「八幡大神」もしくは「八幡神」と呼ばれている（ただし『正倉院文書』は八幡大神を八幡太神と書いているが、「太」は「大」と通用）。

「八幡」の原義

ところで「八幡大神」という神名は、これを形成する「八幡」の語も「大神」の語も、ともにもともとはいわゆる「震旦国」すなわち古代中国の宗教哲学用語であった。

「八幡大神」の「八幡」という中国語は、四世紀、東晋時代の学者孫綽《そんしゃく》（三二〇―三七七）が道教と仏教との霊岳「天台山」（浙江省）を歌った文学作品「天台山に遊ぶの賦《うた》」（『文選』巻十一）のなかで、

泯色空以合跡　色《しき》と空《くう》とを泯《つ》くして以て跡を合《ひとつ》にし、
忽即有而得玄　忽《たちま》ち有《ゆう》に即《そく》して玄《みち》を得《さと》る。
釈二名之同出　二名（有と無）の同じく出《い》ずるを釈《す》て、
消一無於三幡　一無を三幡（色と空と観、有と無と玄）に消《ひと》しくす。

と述べている「三幡」――三つの幡《はた》によって象徴される三個の哲学原理＝「色」と「空」と「観」、もしくは「有」と「無」と「玄」――と同類の言葉で、八つの幡によって象徴される『易経』の「八《はっ》卦《か》」（(1)乾《けん》(2)兌《だ》(3)離《り》(4)震《しん》(5)巽《そん》(6)坎《かん》(7)艮《ごん》(8)坤《こん》の八種の哲学原理）、もしくは『荘子』の「八極」（上引。東西南北の「四維」と東北、東南、西南、西北の「四維」との「八方」＝八紘《はっこう》）を意味する（後述する豊前国田川郡香春《かわら》の採銅所の清祀殿《せいしでん》の八極に八幡大神を象徴する「八本の幣帛」が立てられるのを参照）。

唐代の道教経典（錬金術理論書）『真元妙道修丹歴験抄《しゅうたんれきけんしょう》』に、「八卦大神、営衛《とりまきまも》って聖道を扶持、悪を制し善を興す……」とあり、わが国の『延喜式』巻八に載せる道教的色調のきわめて濃厚な『東文《やまと》の忌寸部《いむきべ》の横刀を献《たてまつ》る時の呪《じゅ》』に「謹みて皇天上帝、三極大君、日月星辰、八方の諸神、司命と司籍、左は東王父、右は西王母、五方の五帝、四時の四気を請い、捧ぐるに銀人を以てし、禍災を除かんことを請う……」と、「皇天上帝」（『書経』の語）、「三極大君」（「三極」は『易経』の語）についで「八方の諸神」が挙げられているのなどが、そのことを有力に裏づけるであろう。

ちなみに、神吽の『宇佐託宣集』では、「八幡」を「八流の幡」と解説し（巻三「日本国御遊化部」）、

『法華経』序品の(1)有意、(2)善意、(3)無量意、(4)宝意、(5)増意、(6)除疑意、(7)響意、(8)法意の「八王子」を「八幡」に当て、さらに仏教の(1)正見《しょうけん》、(2)正思惟《しょうしゆい》、(3)正語、(4)正業《しょうごう》、(5)正命《しょうみょう》、(6)正 精進《しょうしょうじん》、(7)正念、(8)正定《しょうじょう》の「八正道」に当てている（巻四「三所宝殿以下事」）。しかし、これは「八幡大神」を「八幡大菩薩」と改め呼ぶのと同じく、神仏習合の平安時代以後の仏教的な新しい解釈であり、『続日本紀』の天平九年（七三七）夏四月以後に正史の記載が見えはじめる神仏習合以前の「八幡」の語の原義とは見なしがたい（ただし「八幡」を「八流の幡」とするのは正解。なお、「八幡」という中国語の使用例については、本書二〇七頁に掲げる『唐太宗李衛公問対』（巻中）の記述を参照）。

「大神」の語義

つぎに「八幡大神」の語の「大神」もまた、いわゆる「震旦国」すなわち古代中国の宗教思想用語であった。「八幡大神」の「大神」という中国語は、西暦四一五年、北魏の明元帝の神瑞二年、道教の霊神となった哲人の「老子」すなわち「太上老君」が、洛陽（河南省）の東南の遠郊に聳える嵩山《すうざん》の上に天降って、道士（道教の僧侶）の寇謙之に対し、「汝に天師の位を授け、汝に『雲中音誦《うんちゆうおんしょう》新科の誡《かい》』二十巻を賜う……汝は吾が新科を宣《の》べ、道教を清め整えよ。……専《もっぱ》ら礼度（礼儀節度）を以て首《はじめ》と為し、而して之に加うるに服食閉練《ふくしょくへいれん》（道教の正しい薬餌《やくじ》法と呼吸調整の道術）を以てせよ」という託宣を行うが、その時の道教の霊神である太上老君が「大神」と呼ばれている。

明元帝（托跋嗣《たくばつし》）が第二代の皇帝として即位する北魏の王朝の文化は、古代の日本、とくに八幡大神が正史（『続日本紀』）に記載されはじめる聖武天皇の奈良朝時代の古代日本文化ときわめて密接な関係を持ち、奈良の都を「平城」と呼ぶのも、天皇の宮殿を「紫宮」と呼ぶのも、聖武天皇の最初の元号が「神亀」であるのも、みな北魏の模倣であった。そして平安時代に仏教と習合して八幡大菩薩と呼ばれるようになった八幡大神の信仰を熱烈に推進し護持した武門の「源氏」――その代表的人物は八幡太郎源義家――もまた、北魏の皇帝が臣籍降下の皇族に与えた「源氏」の氏姓を日本の皇族がそのまま採り入れたものであった（詳細は『魏書』源賀伝を参照）。

正史の記録としては、八世紀、『続日本紀』の聖武天皇、天平二十年の記述に初見する「八幡大神」は、その天上世界からの降臨と託宣の宗教的な営為、また託宣の受領者である大神比義《おおがなみよし》が、あるいは「仙翁」と呼ばれ、あるいは「首に霊帽《こうべ》を戴く」と記され、さらには「穀を絶つこと三年」「自然長生の道より来り」「大いに玄冥《げんめい》の神を含む」などの道教的な人物と解説されている（『宇佐託宣集』巻五「菱形池辺部」）ことから、中国の正史『魏書』釈老志の記録する北魏の時代に、霊岳「嵩山」の道士寇謙之に降臨して託宣した道教の「大神」（太上老君）を強く意識した神名と見て大過ないであろう。

二　「日域鎮守」の八幡大神

『続日本紀』と八幡大神

それならば、「古へ吾レハ震旦国ノ霊神」（古代中国の霊妙な道教の最高神）であったと自称する八幡大神が、「今ハ日域（日本国）鎮守ノ大神ナルゾ」と託宣しているその「日域鎮守」とは、具体的にどのような事実もしくは営為を指すのであろうか。八幡大神に関する信頼すべき記述が初見するわが国古代の正史『続日本紀』によれば、八幡大神の日本国鎮守に関してとくに注目されるのは、以下の三件の記録である。

すなわちその第一は、聖武天皇の天平十二年（七四〇）九月、太宰少弐《だざいのしょうに》・藤原広嗣の挙兵叛乱に際して、その征討大将軍・大野東人《おおののあずまひと》に対し、天皇が豊前国宇佐郡に神宮のある八幡大神に戦勝の祈請を命ぜられ、同じ九月に豊前国下毛《しもつみけ》郡の擬少領・無位・勇《いさ》（諫）山伎《やまのき》美麻呂《みまろ》が、豊前国の他の四郡——上毛《かみつみけ》郡・築城《ついき》郡・仲津《なかつ》郡・京都《みやこ》郡——の土着豪族たちと官軍に来り帰属していること。

その第二は、それより九年後、孝謙天皇の天平勝宝元年（七四九）十二月、豊前国から入京した八幡大神に対して、東大寺の大仏鋳造に貢献した功績により「一品」の位が賜授され、左大臣の橘諸兄《たちばなのもろえ》がその詔勅を神前で奉読していること。

その第三は、それよりさらに二〇年後、称徳天皇の神護景雲三年（七六九）九月、輔治能《ふじのの》（藤野）真人清麻呂《まひときよまろ》（後の和気清麻呂）が勅命を受けて豊前国の宇佐神宮に赴き、八幡大神の「天《アマ》ツ日嗣《ヒツギ》ハ必ズ皇緒ヲ立テヨ。無道ノ人ハ宜《ヨロ》シク早ク掃除スベシ」との託宣を聴き、都に帰ってそのままを奏上し、弓削道鏡の簒奪の野望を挫いていることである。

宇佐八幡宮と豊前国

ところで第一の、聖武天皇が八幡大神への戦勝の祈請を命じ、八幡大神の神宮に近接する下毛郡および上毛、築城など四郡の土着豪族が官軍に帰属したという『続日本紀』天平十二年の記述は、上記豊前国の下毛郡および他の四郡が宇佐の八幡大神と何らかの密接な関連を持つことを推測させるが、その推測を有力に裏づけるものとして、次のような文献資料の記載がとくに注目される。

すなわち『三代実録』の陽成《ようぜい》天皇元慶二年（八七八）三月五日辛丑の詔によれば、「豊前国規矩《きく》（企救）郡——現在の福岡県田川郡香春《かわら》町採銅所——で採掘した銅を潔清斎戒して八幡大菩薩宮に申奏する」とある。また『応永二十七年（一四二〇）宇佐宮造営日記』「放生会《ほうじょうえ》」の条には、豊前国香春の採銅所から宇佐八幡宮に宝鏡が献納されることを載せる。さらにまた、江戸末期の渡辺重春撰『豊前志』仲津郡「豊日別国魂《とよひわけくにたまの》宮《みや》」の条に引く『長光《ながみつ》家文書』には、その宝鏡が香春の採銅所から仲津郡草場村の豊日別宮に移され、さらに京都郡の総社《そうじゃ》八幡宮→築城郡の湊《みなと》八幡宮→上毛郡山田邑の宗像《むなかた》宮→下毛郡高瀬村の矢幡《やはた》（八綿）八幡宮を経て宇佐八幡の本宮に到着する日程と経路とが詳細に記録されている。

八幡大神を祀る宇佐神宮

香春岳との関係

ちなみに『豊前志』に引用する『長光家文書』というのは、香春採銅所の古宮《こみや》八幡社（祭神は豊比咩命《とよひめのみこと》で香春社の祖宮《もとみや》にあたるので古宮と呼ぶ）の「宮柱《みやばしら》」（社務執行の責任者）である長光家に古くから伝えられる文書をいう。

そして「宮柱」長光家というのは、香春社（新宮）の辛《から》国大比売命《くにおおひめのみこと》を祭祀する氏族の赤染《あかそめ》氏と同族か、もしくは赤染氏そのものであろうと推定されており（『八幡信仰史の研究』上「八幡信仰の生成」）、その赤染氏は『続日本紀』天平十九年（七四七）八月の条に、「赤染造《みやつこ》広足《ひろたり》、赤染高麻呂《たかまろ》らに常世《とこよ》の連《むらじ》の姓《かばね》を賜う」とある。

香春採銅所の古宮八幡社

その「常世」はさらに古く『日本書紀』垂仁紀百年の条には、「常世の国は則ち神仙の秘区にして、俗（人）の臻《いた》らん所に非ず」とある。そしてまた、この赤染氏が奉仕する香春社には、桓武天皇の延暦二十三年（八〇四）、遣唐請益僧《しょうやくそう》の最澄が訪れて、「平らかに海を渡るを得ん」ことを祈願しており（『続日本後紀』仁明天皇承和四年（八三七）十二月の条）、『宇佐託宣集』（巻十一「小椋《おぐら》山社部」上）によれば、このとき最澄が香春社に詣《もう》でたのは、「延暦二十三年、入唐の事を祈り申す為めに宇佐宮に参じた」最澄が、八幡大神の託宣「此れより乾《いぬい》（西北）の方、香春と云う所に霊験神坐《いま》します。新羅国の神なり。吾が国に来り住みて、新羅、大唐、百済の事、能く鑑知せらる。其の教を信ずべし」を受けたからであるという。

なお、『宇佐託宣集』は、この記事のあとに「『豊前国風土記』に曰く」として「田河郡鹿春郷《かはる》……昔は新羅国の神自ら度《わた》り到って来、此の河原に住む。便《すなわ》ち即ち名づけて鹿春神と曰う。また郷の北に峯あり……、その第二の峯には銅並びに黄楊《つげ》・龍骨等有り……」を載せており（「龍骨」は道教の仙薬。『神農本草経』などに見える）、宇佐八幡と香春社もしくは香春の銅（銅鏡）が奈良・平安の昔から強く結びつけられていることを知る。『長光家文書』の宇佐八幡への銅鏡奉納のことも同様に、その来歴の古さを肯定してよいであろう。

三　八幡大神と「薦」と「銅」

薦《こも》と道教

以上は宇佐の八幡大神と豊前国の香春とが銅もしくは銅鏡を媒体物として結ばれ、豊前国の下毛郡、および同じく上毛、築城、仲津、京都の四郡が銅鏡奉納の〃聖なる路線〃として宇佐の八幡大神と密接な関連を持つことを見てきたのであるが、この地域が宇佐の八幡大神と密接な関連を持つことを実証するいまひとつの重要な媒体物は、好んで水沢《すいたく》・池畔《ちはん》に密生するという植物の薦《こも》（真菰）＝真薦《まこも》（真菰）である。

「薦」は「菰」とも書き、沼沢などの浅い水の中に自生し、葉は細長く茅《ちがや》に似て、古代の中国（とくに江南地域）では晋の周処の『風土記』（『芸文類聚』歳時「五月五日」の条に引く）に「菰《こも》の葉を以て黏米《もちごめ》を裹《つつ》み、之を角黍《ちまき》と謂う」、梁の宗懍《そうりん》の『荆楚歳時記《けいそ》』（「五月」の条）に、「夏至の節日には粽《ちまき》を食す。周処の『風土記』は（これを）謂いて角黍《かくしょ》（ちまき）と為す」などとあるように、邪気病魔の祓除《ふつじょ》、不老長寿の祈願をこめて、水沢の菰（薦）の葉を用い粽《ちまき》（茅《ち》巻き）を作る習俗があったので「ちまき草」とも呼ばれる。

わが国では、中国江南の古代宗教文化と密接な関係をもつ島根県の出雲大社で、現在もなお六月一日に〝真菰《まこも》の神事〟が行われている（千家尊統《たかむね》『出雲大社』を参照）。出雲大神の出御を象徴する「真菰」を神殿から「御手洗井《みたらし》」に至るまでの道筋に敷きつらねるこの神事は、「瘴癘《しょうれい》の夏を無事息災《ち》にすごせるように」（同書）との祈願をこめた、きわめて道教的色調の豊かな宗教行事である。

御神体の出所

そして『宇佐託宣集』（巻五「菱形池辺部」）の記述によれば、「養老四年（七二〇）、大隅・日向両国の隼人《はやと》ら襲来して、日本国を打ち傾けんと擬する間《あいだ》」、「豊前国下毛郡野仲の勝境、林間の宝池に琭《みどりのたま》を挺《ひ》（挻）きのべて生じた真薦草《まこもぐさ》を苅り取り、八幡大神の御験《みしるし》として神輿《しんよ》に乗せ奉り、百王守護の誓いを発して隼人の征討に向った」という。その「林間の宝池」の「真薦草」も、出雲大神の出御を象徴する「真菰」と同じく、隼人征討に出御される八幡大神の「御験」すなわち御神体とされているのである。

元正天皇の養老四年といえば、舎人《とねり》親王が勅を奉じて撰修した『日本書紀』の成った年であるが、隼人の叛乱とその征討大将軍に大伴旅人が任命されたことなども正史の『続日本紀』に記載が見え、この隼人征討に八幡大神とともに従軍したと『宇佐託宣集』(巻五)が記す沙門(仏教の僧侶)の法蓮は、『続日本紀』養老五年六月に、「尤《もっと》も毉術に精《くわ》しく民の苦しみを済《すく》い治めた功績によって褒賞を受け、宇佐君の姓を賜った」と記されている。この褒賞と賜姓とは前年の隼人征討に対する論功行賞の意味を含むと思われるので、八幡大神がこの年に隼人征討のために大隅・日向に進発され、その征討の神輿に下毛郡野仲の宝池の真薦草を「御験」として載せたことも、一応史実として肯定されてよいであろう。

大貞薦八幡神社の三角池

　八幡大神の「御験」とされた真薦草の生産地である豊前国下毛郡野仲郷の林間の宝池は、同じく『宇佐託宣集』(巻五)の記述によれば、「卯酉《ぼうゆう》すなわち東西に三四余町、子午《しご》すなわち南北に七八有(余)町」の巨大な容積を持ち、その「林間」は「霊木森然《しんぜん》として首《こうべ》を入るる能わず、薬草幽深にして歩を運ぶべからず」であったという。「湛満《なみなみとたた》えて自然に清浄」である池の水は、八幡大神が「御修行の昔に涌《わ》(湧)き出でさせた水」であるといい、池は「大貞《おおさだ》の三角《みすみ》の池」と呼ばれている(「大貞」の意味については後述。「三角」は池の南部が三本の角《つの》の形になっていることからの命名)。

薦と水田稲作農耕

この「豊前国下毛郡野仲の勝境」にある「大貞の三角の池」は、最近の発掘調査によると、西北隅に潅漑用の取水口があり、池の土堤は中国古代の土木技術「版築法《ばんちくほう》」を使用しているといわれる。池の西北方は『和名抄』にいわゆる「下毛郡小楠《おぐす》郷・大家《おおえ》郷」にあたり、この小楠郷・大家郷と池のある野仲郷とには、沖台平野と呼ばれる広大な水田稲作農耕地帯がひろがり、三角の池の西北隅から放出された水は、この沖台平野の水田稲作農耕の貴重な潅漑用水となる。

つまり、大貞の「三角の池」というのは、豊前国の東南部に広がる沖台平野の水田稲作農耕の潅漑用水池なのであり、この「三角の池」の水を湧き出でさせたのは震旦国の八幡大神、池の水に生じている真薦草はその八幡大神の「御験《みしるし》」であるとともに、この地域一帯の水田稲作農耕の豊かな秋の稔りを保証する何よりも確かな「御験」なのである。

換言すれば、震旦国の八幡大神とは、ここにおいては水田稲作農耕の霊妙な守護神なのであり、八幡大神が「日域」すなわち日本国を鎮守するというのは、具体的には豊葦原《とよあしはら》の瑞穂《みずほ》の国としての日本国を「霊神」として鎮め守ることであったのである。

そして、瑞穂の国を鎮守する宇佐の八幡大神の「御験」である真薦草が、この下毛郡野仲の勝境の三角の池だけでなく、同じく豊前国の中央部、仲津郡を貫流する祓川《はらいがわ》の河口地帯の禊《みそぎ》の聖地にも「真菰」集落と呼ばれて現存している事実が、豊前国下毛郡および仲津・京都等の四郡と真薦草を「御験」とする八幡大神との密接な関連を何よりも雄弁に語っているといえるであろう。

金属器文化の神として

豊前国の香春岳の第二峰から古く「銅」が採掘され、その銅で鋳た鏡が香春の採銅所から宇佐の八幡宮に奉納されることはすでに述べた。その香春の採銅所では鏡の鋳造のために清祀殿を建て、殿の「八極」すなわち四方と四隅の「八方」には「八幡」に対応する「八本の幣帛」（布《ぬ》帛で作られた御《ご》幣《へい》）が立てられるというのは、香春の古宮《こみや》八幡の「宮柱」長光家に伝わる古文書（いわゆる『長光家文書』）の記述である。そこで、記述の中の「清祀」というのは、中国最古の辞書『爾雅《じが》』釈天篇や陳の徐陵の「祀饌《しせん》を賜わるを謝するの啓」などに見える「震旦国」（古代中国）の宗教哲学用語であり、銅鏡の鋳造に宗教的な祭祀儀礼を併せ用いるのも、晋の傅咸《ふかん》の『鏡の賦《うた》』に「祝融（火神）を醮《まつ》りて以て虔《つつし》みを致し」などと見え、同じく震旦国すなわち古代中国の習俗である。「いにしえ吾れは震旦国の霊神であった」と自称する宇佐の八幡大神が、銅を採掘し銅鏡を鋳造する技術をも含めて、震旦国の冶金鋳造の技術に精通し、この金属器文化を守護する震旦国の霊神であったことは、改めて言うまでもないであろう。

そのむかし、豊前国宇佐郡の菱形池の辺《ほとり》、小倉山の山麓に初めて出現した八幡大神が「奇異の瑞を帯びる鍛冶の翁」の姿をしていたと伝えられ（『宇佐託宣集』巻五「菱形池辺部」）、香春の採銅所から宇佐の八幡宮に至る豊前国仲津・京都などの四郡および下毛・宇佐の二郡の地域の各所に「鍛冶」

「梶屋」「梶野」「金手《かなて》」「金屋」などの地名が目立つのも、そのことを有力に裏づけるであろう。

大仏鋳造に関わって

そして、八幡大神がこのような銅鉄の金属器文化を守護する「震旦国の霊神」であったことを決定的に実証する圧巻の資料は、前にも言及した『続日本紀』孝謙天皇の天平勝宝元年（七四九）、豊前国から入京した八幡大神に対して賜授された「一品」の位と、その位に価する八幡大神の大仏鋳造に関する勲功を賞讃した天皇の詔勅である。

去《イ》ニシ辰《タツ》ノ年、河内国大県郡《オホアガタノコホリ》ノ智識寺ニ坐《マ》ス盧舎那仏ヲ礼奉《ヲロガミマツ》リテ則チ朕《アレ》モ造リ奉ラムト思ヘドモ得《エ》為サザリシ間ニ、豊前国《トヨクニノミチノクニ》宇佐郡ニ坐《マ》ス広幡ノ八幡大神、申シ賜ヘ勅《ノ》リタマハク、神我レ天神地祇《アマツカミクニツカミ》ヲ率ヰイザナヒテ必ズ成シ奉《タテマツ》ラム。事立ツニ有ラズ、銅湯《アカガネノユ》ヲ水ト成シ、我ガ身ヲ草木土《クサキツチ》ニ交《マジ》ヘテ障《サハ》ル事無ク為サムト勅《ノ》り賜ヒナガラ成リヌレバ、歓《ウレ》シミ貴ミナモ念食《オモホシ》メス……。

右の詔勅でとくに我々の注目を引くのは、八幡大神が天皇に対し、「神我レ天神地祇ヲ率ヰイザナヒテ必ズ成シ奉ラム」と誓っておられることである。

「天神地祇ヲ率ヰイザナヒテ」というのは、四世紀に成立した道教の教義書『抱朴子』金丹篇に「（道教の経典である）『三皇文《さんこうぶん》』に天神地祇を召す法あり」といい、六世紀に成立した道教経典『大《だい》洞真経《どうしんけい》三十九章』に「（道教の最高神である）玉帝に玄上の幡《はた》有り……九天の階級を制命し、四海五岳の神王を徴召す」といっているように、道教における宇宙の最高神「玉帝」（玉皇、太一神、元始天尊）にのみ可能な営為であり、この玉帝（玉皇、太一神、元始天尊）は、すでに述べたように八幡大神が「古《イニシ》ヘ吾レハ震旦国ノ霊神ナリ」と託宣されている、その震旦国の霊神に相当する道教の「宇宙」の最高神にほかならない。

四　八幡大神の「託宣」と「大貞」

弥生式文化の守護神

わが国で弥生式文化と呼ばれている古代中国（震旦国）の文化の特質が、水田稲作農耕と冶金鋳造の金属器文化とによって代表されることは、改めて言うまでもないが、これまで見てきたように、「今ハ日域鎮守ノ大神ナリ」と託宣する八幡大神の日本国を鎮め守ることの具体的内容が、「薦《こも》」によって象徴される水田稲作農耕と「銅」によって象徴される冶金鋳造の金属器文化を守護することであるとするとき、八幡大神とは本来的にはわが国における弥生式文化の守護神であったということになる。

そして弥生式文化がもともと中国から朝鮮を経由して日本国に伝わった震旦国の先進の文化であったように、八幡大神もまた「古ヘ吾レハ」中国から朝鮮を経由して日本国に渡来した震旦国の「宇宙」の最高神であったということになる。

この場合、本来的には震旦国の「宇宙」の最高神であった八幡大神が、朝鮮を経由して日本国に上陸したのは北九州の沿海地区であり、最初の拠点は豊前国香春岳の岳麓の採銅所の附近であった。ついでそこから、採銅所で鋳造した銅鏡が宇佐八幡に奉納される時の上記の〝聖なる路線〟を通って、下毛郡野仲の勝境の「三角《みすみ》の池」の地域に稲作農耕の一大拠点を確立し、さらに水田農耕の近郷近在への地域拡張に努めながら、その東南方向に安住の地を求めて彷徨し、宇佐郡の菱形池・小倉《おぐら》（小椋）山の場所に最終的な鎮座の聖地を確定したとみてよいであろう。

「占卜」との結びつき

ところで古代の中国すなわち震旦国においては、日本で弥生式文化と呼ばれている水田稲作農耕と冶金鋳造の金属器文化は、いずれも呪術宗教もしくは祭祀儀礼と密接に結びつくとともに、蓍策《しさく》（めどはぎ）や亀甲《きこう》獣骨を用いる殷周古来の「占卜」ないしは「占卜」と密接な関連を持つ「毉術」（孔子『論語』子路篇）のいわゆる「巫医」、すなわち医術と巫術の一体化されたもの）と結びついていた。

水田農耕と震旦国の呪術宗教との結合は、豊前国の各地域で古くから行われている雨乞い、星祭り、宮籠《ごも》り（庚申《こうしん》さん）、堤防工事における人身供御などによって確認され、冶金鋳造の金属器文化と震旦国の祭祀儀礼との結合は、上述の香春採銅所の「清祀殿」がそのことを典型的に象徴する。

八幡大神が大唐から日本国に渡って国土を鎮守することになったとき、まず住むべき「浄池を占った」といい（『宇佐託宣集』巻二）、中国唐代の『開元占経』を模倣した『天文占』なる占卜の文献を引用して、「『天文占』に云う、唐土より日本国に帰り向うは、鎮西大神の心なり」（同、巻二）などといっていること、また正史の『続日本紀』の「宝亀三年（七七二）四月」の条に、「西大寺の西塔が震（動）した」ので、「之をト《ぼく》した」ところ、「近江国滋賀郡の小野社の木を採って西塔を構築したことの祟《たた》りであった……」とあり、同じく八月の条に、「異常の風雨ありて、樹を抜き屋を発《あば》いた」ので、「之をトするに」、「伊勢の月読神が祟りを為していたのであった」などとあることが、そのような震旦国の「占ト」との結合をもっとも有力に裏づけるであろう。

そしてまた、同じく『続日本紀』に記載する元正天皇の養老五年（七二一）の詔勅によって、「宇佐君の姓」を賜わった沙門の法蓮が「尤も毉術に精しく」、この法蓮の先輩とも見るべき豊国法師（「豊国」は「トヨノクニ」。豊前豊後に分かれる前の北九州の東北地域）がまた用明天皇の二年（五八七）に天皇の治病のために宮中に召されていること（『日本書紀』用明紀）、さらにはまた、「豊国奇巫」が雄略天皇の治病のために同じく宮中に召されていること（『新撰姓氏録』巻十七「和泉国神別」）などが、そのような震旦国の「毉術」との結合をもっとも良く例証するであろう。

和気清麻呂への託宣

称徳天皇の神護景雲三年（七六九）九月、八幡大神の神勅を受領するために、天皇の勅命を受けて、西海道は豊前国、宇佐の八幡宮に和気清麻呂が詣で、八幡大神の託宣「我ガ国家ハ開闢以来、君臣定マリヌ。臣ヲ以テ君ト為スハ、未ダコレ有ラザルナリ。天《アマ》ツ日嗣《ヒツギ》ハ必ズ皇緒ヲ立テヨ。無道ノ人ハ宜シク早ク掃除スベシ」を聴き、都に帰ってそのままを天皇に報告して、弓削道鏡の野望を砕いたこと（上述）は、日本の宗教思想史上、あまりにも有名な事件である。ここで八幡大神の「託宣」というのも、震旦国は北魏の明元帝の神瑞二年（四一五）、道士の寇謙之に対する道教の「大神」（太上老君）の託宣（上述）にその原型を指摘することができるであろう。

なお『宇佐託宣集』の著作としての全体の体裁や個別部分の記述の仕方などにも、北魏の大神の寇謙之に対する託宣に後れること約一〇〇年、南朝・梁の武帝時代、武帝の政治顧問として〝山中の宰相〟の異名をとった道教の天師（教団の最高指導者）陶弘景《とうこうけい》（四五六―五三六）の編著に成る道教教理の奥義書『真誥《しんこう》』七篇二〇巻と共通するものが多く見られる。「真誥《しんこう》」とは神のお告げの言葉という意味であり、託宣とほぼ同義であるが、神のお告げとお告げを〝お筆書き〟して、それが文書化され経典化されるプロセスも、『真誥』のなかに詳細に記述されている。

八幡大神が和気清麻呂に託宣するという事実もすでに述べたごとく、「八幡」が震旦国における「占卜」の根本経典『易経』の「八卦」――「八幡」すなわち八つの幡に象徴される乾、兌、離、震、巽、坎、艮、坤の八つの哲学原理――と同類の概念であり、「八幡大神」が同じく震旦国の唐代道教の錬金術理論書『真元妙道修丹歴験抄』などに見える「八卦大神」と同類の神格であることからも知られるように、震旦国の八卦大神が地上の世界の帝王の王位継承・諸侯の任免に関して蓍策や亀甲獣骨の「占卜」により大神の意志を神勅として託宣するのとまったく共通する。

大いなる占卜「大貞」

震旦国の王位継承と諸侯の任免に際しての「占卜」の事を記述した儒教の礼典『周礼《しゅらい》』春官「小宗伯《しょうそうはく》」職の「国の大貞には則ち玉帛《ぎょくはく》を奉じて以て（神の）号《よびな》を詔《つ》ぐ」の「大貞」に対して、後漢の儒学者・鄭司農《ていしのう》（鄭衆）が、「大貞とは君を立つるを卜し、大封を卜するを謂う」とあるのがそれである（同じく春官「太卜《たいぼく》」職に「凡そ国の大貞には君を立つるを卜し、大封を卜す……」とあるのに基づく）。ちなみに、この「大貞」の語は古代日本においても早くから使用例が見られ、『新撰姓氏録』巻八「左京神別上」の部にも「大貞の連《むらじ》、饒速日命《にぎはやびのみこと》十五世の孫、弥加利《みかり》の大連の後なり」などとある。

そして豊前国野仲の勝境にある巨大な潅漑用水池「三角《みすみ》の池」に生ずる〝真薦草〟を水田稲作農耕の守護神としての宇佐八幡大神の「御験《みしるし》」として、宇佐八幡の〝祖宮《もとみや》〟とも呼ばれる大貞薦八幡神社の「大貞」こそ、震旦国の儒教の礼典『周礼』にいわゆる「大貞」――「君を立つるを卜し大封を卜するを（大貞と）謂う」――をその典拠とするものではなかろうか。

豊前国野仲郷の薦八幡神社を「大貞」と呼ぶことは、すでに早く養老四年（七二〇）の八幡大神の神託（『宇佐託宣集』巻五「菱形池辺部」）に見えているが、この大貞薦八幡の「大貞」とは、わが国で弥生式文化と呼ばれている古代中国（震旦国）の文化――具体的には、水田稲作農耕と銅鉄の冶金鋳造の金属器文化――と密接に結びつく震旦国の「占卜」の宗教文化を、皇位継承者の〝大いなる占卜〟においてもっとも直截的に象徴する言葉であった。「和気」という道教の宗教哲学用語――初めに引用した東晋の孫綽の「天台山に遊ぶの賦」のなかの「三幡」は、仏教的な解釈では「色」と「空」と「観」であるが、道教的な解釈では「有」と「無」と「玄」、もしくは「陰気」と「陽気」と「和気」とされる――を姓氏とする和気清麻呂が、日本国（日域）の天皇の皇位継承に関する重大決定の神勅を受領するために、震旦国（古代中国）の宗教「道教」の「宇宙」の最高神「玉帝」（玉皇、太一神、元始天尊）と共通する神格を持つ「日域鎮守の大神」八幡大神の神宮をはるばる訪れ、その神前にふかぶかと額《ぬか》ずいたのも、「大貞」――大いなる貞《うらな》い――が八幡大神の震旦国における本来的な職能であったことを知れば、まことに理由のあることであった。

付・道教と八幡大神

一

私が関西・関東地区での約半世紀にわたる長い流転放浪――道教の経典『南華真経《なんかしんぎよう》』（斉物論篇）にいわゆる「弱喪《じやくそう》」――の旅を終わって、生まれ故郷である九州は大分県中津市（旧称は豊前国下毛郡＝しもげごおり＝高瀬村）に退休帰隠したのは、一九八六（昭和六十一）年春三月のことであった。この私の生まれ故郷には大貞薦《おおさだこも》八幡と呼ばれる古い神社があり、その広い神域には三角《みすみ》池と呼ばれる大きな潅漑用の池があって、池の西南隅の岸辺には薦（こも＝真薦）が密生していた。

そして私の少年時代の村の古老の話によると、むかし、この池の薦で作られた枕は、ここから十数キロ離れた宇佐神宮に祭られている八幡大神（仏教と習合してからは「八幡大菩薩」）の御神体とされていたとのことであった（後に判明したことであるが、「薦枕」云々のことは、鎌倉時代に八幡宇佐宮弥勒寺の社僧神吽《じんうん》の編纂した『八幡宇佐宮御託宣集』巻五「元正天皇養老四年〔七二〇〕神託」の条に詳しく記述されている）。

矢幡八幡宮。この八幡宮は、香春で鋳造され、宇佐八幡宮へ献納される宝鏡の“聖なる路線”上の最終的な経由地であった。

植物の薦がなぜ八幡大神の御神体とされるのか、しかも宇佐の町から十数キロも離れたこの大貞の地の池の薦が、どうしてわざわざ遠く宇佐にまで運ばれてゆかなければならないのかなど、子供心にも不思議に思った。

九州の郷里で過ごした私の少年時代に、宇佐の八幡大神に関して不思議に思ったことは、このほかにも幾つかあった。たとえば、

(1)　上に述べた大貞薦八幡神社が宇佐八幡宮の祖宮《もとみや》と呼ばれていたこと。

(2)　また大貞薦八幡神社の西方約四キロ、私の生家のすぐ傍に鳥居の立っている高瀬村の八綿（やわた＝矢幡とも書く）八幡宮に、宇佐八幡へ奉納する御神体の銅鏡を持った勅使の一行が宿泊

して、翌朝、宇佐に向かって出発していたということ。後に調べて判明したことであるが、都から派遣された勅使が香春《かわら》（福岡県田川郡香春町）の採銅所で造られた銅鏡を遠く宇佐八幡に奉納することは、『三代実録』陽成天皇元慶二年（八七八）の条などに見え、この宇佐八幡の御神体としての銅鏡が香春の採銅所から宇佐に向かう道筋は、現存する郷土資料『豊前志』巻上や『下毛郡誌』第七章などに詳細が載せられており、高瀬村の八綿（矢幡）八幡宮での宿泊の際には、玄海の海神を祭る「細男の楽（くわしおのがく）」が奏せられたともいう。

(3)　さらにまた、私の郷里高瀬村から西北へ約五キロ、瀬戸内海の周防灘に臨んだ漁港の町（福岡県築上郡吉富町）にある八幡古表《こひょう》神社で、古い伝統を持つ神舞・神相撲が、宇佐八幡の仲秋祭（放生会）に海上——吉富港から、宇佐の和間《わま》の浜に至る——を渡御して奉納されていたということ。

それを少年の日に古表神社で実際に観た私の記憶の中には、ただグロテスクでエキゾチックであったという印象しか残っていないが、最近、吉富町の保存協賛会が作成した小冊子『(古表神社の)神舞・神相撲』によると、神舞は「細男の舞」と名づけられて、前後二部——「御鉾の舞」と「八乙女の舞」——から成り、御鉾の舞は左手に白い御幣、右手に鉾を持った緑・白・赤・水色の衣裳の四神によって舞われ、八乙女の舞は左右の手に赤い御幣を持った若い八人の女性神によって舞われるとある。

(4)　そして最後には、当時、旧制の中学生として日本古代史を学びながら、最も不可解に思ったこと、すなわち称徳女帝の神護景雲三年（七六九）、弓削道鏡の皇位簒奪事件で、和気清麻呂がはるばる都から九州の辺鄙な宇佐の地に八幡大神の神託を受けに派遣されていること、などであった。

二

右に述べた少年時代の私の宇佐の八幡大神にまつわる幾つかの疑問は、冒頭に述べた私の約半世紀にわたる「弱喪」の旅の期間には、全く忘れ去られた形で、私はもっぱら大学で自己の専攻する中国の思想哲学の歴史の研究に埋没していた。しかし、その大学を遂に退職して、満五十年ぶりに九州の郷里に退休帰隠してみると、昔ながらの田園山野の風光と共に少年の日の八幡大神にまつわる疑問の数々もまた漸く脳裏に蘇ってきた。

かくて私はそのかみの幾つかの疑問を改めて整理しなおしつつ、次のような新たな着想に辿り着いた。すなわち宇佐の八幡大神の御神体が、わが国における弥生式文化の徴表とされる水田稲作農耕と金属器文化のそれぞれと密接な関連を持つ薦《こも》（薦枕）と銅（銅鏡）であること、そのことからまた八幡大神の出自は、古代の中国もしくは中国の宗教思想文化と深いかかわりを持つのではないかということ、そのためにはまた、「八幡」といい「大神」という言葉と思想信仰が古代の中国にルーツを持つことを検証してみる必要があるのではないかということなどである。

宇佐の八幡大神の御神体とされている薦《こも》（薦枕）と銅（銅鏡）とは、いずれも中国古代の呪術宗教文化と密接な関連を持つ。すなわち薦（菰とも書く）に関しては、晋の周処の『風土記』に「菰の葉を以て黏米《もちごめ》を裹《つつ》み、之を角黍《ちまき》と謂う」とあり、梁の宗懍の『荊楚歳時記』には「夏至の節日には粽《ちまき》を食す。周処の風土記は謂いて角黍と為す」などとある。

また中国の古代で、銅の採掘もしくは銅鏡の鋳造に際して、斎戒祭祀が行われることは、二世紀、後漢の時代に書かれた『呉越春秋』『越絶書』などに具体的な記述が見えているが、宇佐八幡の御神体の銅鏡を鋳造する香春の採銅所においても、中国に倣って清祀殿が建てられ、斎戒祭祀が厳粛に執り行われている（詳細は『豊前志』巻上に引く『長光家文書』を参照）。八幡大神が薦（菰）と銅とを御神体とすること自体、その思想信仰のルーツを中国に持つと見てよいであろう。

宇佐の八幡大神が、その出自を古代の中国に持つのではないかという上記の私の着想は、既に引用した神吽の『八幡宇佐宮御託宣集』に載せる八幡大神の御託宣（神託とも言う）のすべてを子細に検討することによって、確実に裏づけることができた。すなわち『八幡宇佐宮御託宣集』巻二と巻六の再度にわたって、聖武天皇の天平二十年（七四八）九月一日の御託宣として、「古ヘ吾レハ震旦《シンタン》国ノ霊神、今ハ日域（日本国）鎮守ノ大神ナルゾ」を載せているのがそれである（ここでいわゆる「震旦国」とは、古代のインドや西域の人々が東方の中国を呼ぶ言葉。中国六朝時代の正史『梁書』諸夷伝「盤盤国」の条などに用例が見え、同じく「鎮守」の語も『後漢書』伏湛《ふくたん》伝に「常に留まりて鎮守す」などとある）。この天平二十年の御託宣は、八幡大神みずからが自己の出自を海の彼方の中国と述懐されているのであり、宇佐の八幡大神が本来的には中国からの渡来神であることが明確な言葉として宣告されている。

三

ところで、上述のごとく「いにしえ、吾れは震旦国の霊神であった」と託宣される八幡大神の「震旦国の霊神」とは、一体、中国の宗教思想史におけるどのような神格であるのか、そのことを次に中国語としての「八幡」と「大神」に即して少しく検討考察を加えてみよう。

「八幡」の語が、中国の思想文献で古く確認されるのは、唐の太宗とその名将李靖（衛国公、また略して衛公）の兵法戦術に関する問答を記録する『唐太宗李衛公問対』（巻中）においてである。

臣《われ》窃かに陛下製《つく》る所の破陣楽舞《はじんがくぶ》を観るに、前に四表（四つの表《しるし》＝鉾）を出し、後に八播（はちはん＝八つの幡《はた》。「播」は幡と同じ。ただし現在も熊本の藤崎八播宮は「播」の字を用いている）を綴《つら》ね、左右に折旋《おれまが》り、趨歩《すりあし》でうごき、金鼓に各おの其の節《リズム》を有《あわ》す。此れ即ち（いにしえの諸葛孔明の）八陣図の（戦闘隊形の）四頭八尾の制なり。人間《よのひとびと》、但《た》だ楽舞の盛《いみじ》きを見る、豈に軍容の斯くの如きを知るもの有らんや。

右に掲げた文章の中の破陣楽舞の八播（幡）が、宇佐八幡の「八幡」と同類であることは、わが国における八幡信仰の強力な推進者が武門を誇る源氏であり（源氏の八幡太郎義家の「八幡」がそのことを典型的に代表する。ちなみに「源氏」というのも本来は中国語であり、中国の正史『魏書』の源賀伝に、北魏の太武帝が源賀を諭す言葉「卿＝そなた＝は朕と源同じきなり。事に因りて姓を分つ、今、源氏と為すべし」を載せる）、源平の対立抗争以後、八幡大神が専ら戦勝もしくは武運長久を祈願する軍神とされているのに対し、破陣楽舞の八播（幡）もまた『八陣図』の「八陣」と重ね合わされ、「破陣」の語が端的に示すように、本来は軍事用語であったことからも明白である。

なお、宇佐八幡の「八幡」の語のルーツが、破陣楽舞の八播（幡）であることは、上述の宇佐八幡に奉納される古表神社の「細男の舞」の「四神」と「八乙女」の舞楽構成、さらには『豊前志』巻上に載せる『長光家文書』の記述する宇佐八幡の御神体としての銅鏡鋳造の際の祭祀儀礼「先ず清祀殿の四方に四本の鉾を立てる。また清祀殿の四方四隅に幣帛八本を立て、四方に御注連《しめなわ》を引き奉り、綾錦を以て清祀殿の外部を囲み奉る云々」の「四鉾」と「八幣帛」からも傍証される。

次に八幡大神の「大神」の語のルーツであるが、上述の「源氏」の語のルーツを載せる『魏書』の中の釈老志（その内容は北魏における仏教と道教の歴史の概説）に「（北魏の道士＝道教の僧侶＝の）寇謙之は……神瑞二年（西暦四一五年）十月乙卯を以て、忽ち大神の雲に乗り龍に駕し、百霊を導従し、仙人玉女、左右に侍衛し、嵩山《すうざん》の山頂に集止して太上老君と称するに遇えり……」とある「大神」の語が最もそれに近い。嵩山の山頂に降臨した大神の太上老君も、このあと道士の寇謙之に対し、「汝、吾が新科（新しい道教の律法）を宣べて、（古き）道教を清め整えよ。……之に加うるに服食閉練《ふくしょくへいれん》（さまざまな道教の養生術）を以てせよ」などの託宣を行っていて、『八幡宇佐宮御託宣集』に見られるように、頻繁な託宣を行う宇佐八幡と全く類似し、また、宇佐の地に降臨した八幡大神の最初の発見者とされる大神比義《おおが》が、「大神」を姓とし、「穀を絶つこと三年」「自然長生の道より来て」「其の形は仙翁に似る」（以上、いずれも『八幡宇佐宮託宣集』巻五）などと記されているのも、北魏の道士寇謙之と道教の修行者として類似する。

なお、宇佐の八幡大神が「古へ吾レハ震旦国ノ霊神」と託宣されたのは、上述のように聖武天皇の天平二十年（七四八）のこととされているが、この「天平」というのも北魏を継ぐ東魏の年号であり、本来は天文現象の異変なき平穏を意味する道教の神学用語であった。また聖武天皇の即位後最初の年号である「神亀」も、光明皇后が皇太后となられて後、そこで政務を執られた「紫微中台《しびちゅうだい》」も、共に道教の神学用語であり、一方また奈良の都を平城京と呼ぶことも、皇居を紫宮と呼ぶこともみな北魏の模倣であることを思えば、宇佐の八幡大神の出自が中国大陸（震旦国）であることもまた充分に理由のあることといえよう。

四

それならば、聖武天皇の天平二十年（七四八）九月一日、八幡大神がみずから「古へ吾レハ震旦国ノ霊神」と託宣されている「震旦国ノ霊神」とは、具体的には果たして古代中国のどのように霊妙な大神なのか。この問題を考える上に重要なヒントを与えてくれるのは、次の四種の文献資料、すなわちその第一は『続日本紀』、孝謙天皇の天平勝宝元年（七四九）、宇佐の八幡大神の大仏鋳造に関する勲功を賞讃して一品の位が朝廷から賜授された時の詔勅。その第二は、古代日本の宗教思想文化に大きな影響を与えている中国六朝時代の道教の教義理論書『抱朴子』内篇。その第三は、六世紀、中国南北朝時代に成立した道教の神学教義書『大洞真経三十九章』、その第四は、同じく唐代の道教の錬金術理論書『真元妙道修丹歴験抄《しゅうたんれきけんしょう》』（『雲笈七籤』巻七十二所収）である。

第一の『続日本紀』天平勝宝元年の詔勅で注目されるのは、「豊前国宇佐郡ニ坐ス広幡ノ八幡大神、申シ賜ヘ勅《ノ》リタマハク、神我レハ天神地祇ヲ率ヰイザナヒテ（大仏鋳造ヲ）必ズ成シ奉ラム云々」であり、ここでは宇佐の八幡大神は天神地祇を統率する宇宙の最高神として特質づけられている。

ところで、八幡大神が天神地祇を統率する宇宙の最高神と言われる場合、「天神地祇」とは、いうまでもなく天地八百万の神々を総称する中国古典語であるが、この天神地祇——天地八百万の神々——を統率し支配するという呪術宗教的な思想信仰もまた、三—四世紀、中国の魏晋時代に成立した多くの道教神学書の説くところであった。たとえば、第二の文献資料として掲げた『抱朴子』内篇の金丹篇に「（道教神学書である）『三皇文』の天神地祇を召す法（呼び寄せて使役する呪術）」とあるのがそれであり、この『抱朴子』を承けて、六世紀、中国の南北朝時代に成立した道教の神学教義書（上掲の第三の文献資料）『大洞真経三十九章』に、「（道教における宇宙の最高神である）玉帝に玄上（玄妙至上）の幡有り……九天の階級（すべての階級の天神たち）を制命（統率支配）し、四海五岳の神王（海や山のすべての地祇たち）を徴召す（呼び寄せて使役する）」とあるのがそれである。この「九天の階級（天神）」を制命し、四海五岳の神王（地祇）を徴召する道教の最高神「玉帝」に関して特に注目されるのは、この最高神が天神を制命し、地祇を徴召するのに「幡」（「玄上の幡」）を用いていることであり、この玉帝の手に持つ「幡」は、いうまでもなく八幡の「幡」であり、八幡大神すなわち八つの幡を手に持つ大いなる神（宇宙の最高神）とは、道教において「天神地祇を制命し徴召する玄上の幡」を持つ宇宙の最高神「玉帝」と全く同格の「霊神」と見なされる。

それならば、玉帝の「幡」と八幡大神の「幡」とは、さらに具体的にはどのような関係を持つのか。この問題に有力なヒントを与えるのは、上掲の第四の文献資料、『真元妙道修丹歴験抄』の「（紫微宮には）八卦大神の営衛《とりまきまも》ること有り、聖道を扶持して悪を制し善を興す云々」の記述である。すなわち、「紫微宮を営衛する」というのは、上掲の『続日本紀』天平勝宝元年の詔勅の「神我レハ天神地祇ヲ率キイザナヒテ云々」に相当し、「聖道を扶持して悪を制し善を興す」は、「（盧舎那仏ヲ造リ奉ルヲ）必ズ成シ奉ラム……障ル事無ク為サム」に相当する（盧舎那仏の鋳造を必ず成すことが「聖道を扶持する」ことに相当すると解したのは、同じく天平勝宝元年閏五月の孝謙天皇の「御願」に「天下太平に、兆民は快楽して、法界の有情（うじょう・衆生）、共に仏道を成ぜんことを」とあるのに拠る）。したがって「紫微宮を営衛し、聖道を扶持する」の主語である「八卦大神」と「天神地祇を率ゐいざなひて（大仏鋳造を）必ず成し奉る」の主語の「八幡大神」とは同格となり、「八卦」と「八幡」もまた緊密な意味的関連を持つことになる。

この場合、八幡大神の「八幡」という言葉が、既に見てきたように諸葛孔明の八陣図の「八陣」と密接な意味的関連を持ち、その「八陣」がまた『易経』の八卦の哲理に基づくこと（『諸葛孔明全集』巻十「八陣」の章に「八陣を推演するに、隊伍に始まりて営陣を成す……陣は八卦の象なり」とあるのを参照）を考慮すれば、「八幡」——八つの幡——とは、『易経』の八卦の「卦」の哲理を「幡」によって具象化したものにほかならず、八卦大神は即ち八幡大神の原理的・抽象的な表現、したがって「玄上の幡」を手に持って、天神地祇を統率使役する道教の最高神「玉帝」と、同じく天神地祇を指揮誘導して、大仏鋳造の必成を期する八幡大神とは、全く同格の二神となり、かくて八幡大神のルーツは道教の最高神「玉帝」であると断定して大過ないであろう。

聖武天皇の天平二十年（七四八）九月一日の八幡大神の御託宣「古へ吾レハ震旦国ノ霊神、今ハ日域鎮守ノ大神ナルゾ」の具体的意味内容を、我々はこのように解することができるであろう。

『西遊記』における道教と仏教

「西遊」の漢語とその思想信仰

はじめに先ず『西遊記』の「西遊」という漢語が、中国の思想の歴史でいつごろから用いられ始め、また、この言葉が中国の人々において古来どのような思想信仰ないしは感情意識を内包し、もしくは表現してきたかを検討してみよう。

「西遊」の語が現存する中国の思想文献で見え始めるのは、『荘子』寓言篇の「老聃西遊於秦」——「老聃、西のかた秦に遊ぶ」——であるが、『史記』の老子伝に「周の衰うるを見て迺《すなわ》ち遂に去り、関に至る」とあり、『神仙伝』老子伝に「老子、将《まさ》に去りて西のかた関を出でて崑崙（山）に昇らんとす」とあるように、後に道教の開祖とされて老君あるいは太上老君と呼ばれるこの老聃（老子）が西遊したのは、東周の衰微を見て西方に安住の地もしくは神仙の理想境を求めたものと推測される。

老子が西のかた、関を出でて崑崙山に昇ろうとしたという上掲『神仙伝』の記述と関連して注目されるのは、その崑崙山に住むという道教の女性の最高神＝西王母と熱烈な神仙信仰の実践者＝前漢の武帝劉徹とのラブ・ロマンスを文芸化した『漢武帝内伝』（『道蔵』洞真部記伝類収載）である。この道教の代表的な文芸作品においても、西王母の名称が端的に示しているように、「西」が王母（道教の聖母）の居住地とされ、中国の西方に神仙の理想境が設定されている点が注目される。

なお、上述の道教の文芸作品『漢武帝内伝』と同じく、中国の六朝時代に書かれた『列子』――道教では『沖虚至徳真経』と呼ばれ、『道蔵』洞神部本文類に収載――の湯問篇には、周の穆王が西のかたを巡狩して崑崙（山）を越え、偃師《えんし》という名の工芸技術者の造ったからくり人形の精巧さに驚嘆する話を載せているが、このからくり人形の話は、四世紀、西晋の竺法護の漢訳になる仏典『生経』（『大正蔵経』巻二収載）巻三に載せる「機関《からくり》の木人《にんぎょう》」の話と全く一致し、四世紀、東晋の張湛『列子』序にも「明らかにする所は、往々にして仏経（仏教経典）と相参ず」と指摘しているように、漢訳の仏教経典から採られたものと断定して大過ない。これこそ中国六朝期における道教と仏教の習合折衷の傾向を顕著に示す具体例と見ることができよう。

道教とも呼ばれた中国仏教

道教の古典『列子』（『沖虚至徳真経』）の中には、「往々にして仏経と相参ずる」記述内容の多く見えていることは上述のごとくであるが、現行本『列子』の成立したこの六朝時代の中国においては、インド伝来の仏教そのものさえ道教と呼ばれることが少なくなかった。その典型的な具体例は、三世紀の半ば、洛陽の白馬寺で西域僧康僧鎧《こうそうがい》らによって漢訳されたと伝えられる『仏説無量寿経』であり、そこでは「諸仏の国に遊びて普《あま》ねく道教を現ず」、「道教を光闡《ひろめあき》らかにして群萌《もろびと》を拯《すく》い恵む」、「広く道教を宣《の》べ、妙法を演暢《のべあき》らかにす」、「道教を宣布し、諸《もろ》もろの疑網を断《た》つ」など、四回にもわたって仏教（阿弥陀仏の教）が道教とよばれている。

中国仏教が六朝時代にしばしば道教ともよばれているのは、その主要な理由として、仏教の根源的な真理、梵語の bodhi（音訳は「菩提」）が、中国伝統の老荘の哲学の根本概念「道」をその意訳語とし、したがって「菩提の教」が「道の教」すなわち「道教」と呼ばれるに至る事情などが挙げられるが、この六朝時代においてはまた、インドの仏教の宗教的な真理も中国の道教の宗教的な真理も共に「道」として理解され、したがってインドの仏教を学ぶことも中国の道教を学ぶことも均しく「学道」＝「道を学ぶ」と呼ばれ、かくてまた、「入道」＝「道に入る」、「修道」＝「道を修める」、「悟道」＝「道を悟る」などの宗教思想用語も、仏教と道教に共通して兼用されるのが一般的な傾向であった。たとえば、六世紀、梁の時代に成った道教の神学奥義書『真誥』（稽神枢第二）に「増城の山中に入りて道を学ぶ」とあり、上掲『仏説無量寿経』（巻上）には「世の非常を悟り、山に入りて道を学ぶ」とあるのなどが、その好適な例である。

『西遊記』における仏教と道教

十六世紀、明《みん》の時代に書かれた仏教の代表的な文芸作品『西遊記』は、七世紀、唐の太宗の治世の著名な三蔵法師・玄奘《げんじよう》（六〇〇―六六四）が、動物の猿を擬人化した孫悟空と、同じく豚を擬人化した猪八戒、および砂漠の神霊を連想させる沙悟浄（別名は深沙神）との三人を伴侶として、「西天」すなわち西方世界のインドに仏教の経典を調査収集にゆく西域大旅行＝「西遊」の記録（三蔵法師・

孫悟空の生地とされる花果山

玄奘の自著は『大唐西域記』として刊行）を小説化したものである。

ちなみに三人の伴侶のうち、猿を擬人化した孫悟空は、四世紀、東晋の初期に書かれた道教の仙術理論書『抱朴子』微旨篇などに解説の見える庚申信仰の「申《さる》」を動物の「猿」に配当し、さらに見ざる、聞かざる、言わざるの三猿三戒を般若の「空」の悟り（「悟空」）と結合する道仏折衷の民間信仰に基づくものと解される。一方また豚を擬人化した猪八戒も、同じく道教の経典『南華真経』（一般には『荘子』と呼ばれる）の著者とされる南華真人・荘周の伝記を載せる司馬遷の『史記』に、楚の威王から厚幣を以って招聘された哲人・荘周が、その使者に対して、「子《きみ》独り郊の祭りの犠《いけにえ》の牛を見ざるか。これを養食すること数歳、衣《き》するに文繡《あやぎぬ》を以ってして、以って大廟に入る。是《こ》の時に当りて孤豚《ことん》——孤独な自由を謳歌する汚瀆《どぶみぞ》の中の一匹の豚——たらんと欲するも、豈に得べけんや」と答えたというその「孤豚」の「豚」を容易に想起させる。

そのことは兎も角として、仏教の代表的な文芸作品『西遊記』は、その『西遊記』という書名からして、十三世紀、元《げん》の時代に太祖チンギス汗の招きに応じて、同じく西域の大旅行＝「西遊」を決行した道教の長春真人・丘処機《きゅうしょき》の旅行記録『長春真人西遊記』（随行の道士・李志常の撰著。『道蔵』正一部収載）の『西遊記』と両者共通する。

そしてまた、仏教の『西遊記』のなかに道教関連の思想信仰、服飾儀礼などが多く採り入れられていることは、すでに一九八二年秋に来日公演の中国京劇団の演目「孫悟空大鬧乾坤」プログラム（私のテーマは「中国における色彩の哲学」）において論及したが（たとえば、天宮、玉帝、朱衣、十万の天兵、黄衣、臉譜《くまどり》の紅、紫、黒、紺、黄、白、緑、赭、金、銀の色彩など）、今回来日公演の中国吉林省吉劇団の演目「孫悟空——火焔山の巻」——『西遊記』第五巻「三借芭蕉扇」を脚色——においても、斉天大聖、天蓬元帥、霊霄殿の捲簾大将、翠雲山に住む鉄扇仙、積雷山の摩雲洞に住む大力王、玉面公主、神将などのように、道教関連の地名・人名の登場が少なくない。

花果山の水簾洞

なお、小説『西遊記』の開巻冒頭の部分では、その本質は動物の猿である孫悟空が、花果山——江蘇省連雲港市の近郊（前頁の写真は山麓より山頂を望む）——の頂上の岩石から誕生し、やがてその近傍にある水簾洞（上の写真）を根拠地として猿どもの首領となり、仙人から神通力を授けられて、東海龍王のいる龍宮、ついで閻魔大王のいる地府（地獄）、さらに道教の最高神である玉帝以下、多くの神々の住む天宮などに押し入って大あばれすることが語られているが、筆者はたまたま一九八八年の秋十月、山東省琅邪台《ろうやだい》遺跡の探訪旅行の途次、江蘇省連雲港市空港の町から、この花果山頂上の孫悟空誕生岩や山中の水簾洞と称する『西遊記』由緒の観光の名所を見学することができた。観光の名所として喧伝されているので、事の真偽は問題外であるが、ただ私がこの花果山を訪れて興味深く思ったのは、この山にある仏教寺院の山門に「護国三元宮」の勅額が掲げられ、本殿には「三官宝殿」の題額が、また本殿近傍の伽藍祠堂には「自在天」、「霊官殿」などの道仏混淆の題額が多く掲げられていることであった。

中国の宗教思想史において、中華の土着民族宗教である道教の上に、しばしばインド伝来の仏教がそのまま乗っかり共存混在しているように、小説『西遊記』開巻部分のモデル現場とされる江蘇省連雲港市近郊の花果山においても、中国の道教とインドの仏教とは互に新古の層を成して密接に重なりあっていたのである。

『おもろ』の創世神話と道教神学

西暦一六二三年、中国明代の末期、熹宗の天啓三年癸亥、日本国では後水尾天皇（将軍秀忠）の元和九年に編集されている『ありきゑとのおもろ御さうし』（岩波『日本思想大系』本『おもろさうし』巻十）に載せる「昔、初まりや」の創世を歌う『おもろ』（神歌）は、現代日本語訳を添えてその全文を掲げれば、以下のようである（訳は外間守善著『沖縄の歴史と文化』一四八頁以下「創世神話」の条に載せるそれを参照して作製）。

昔　初《はぢ》まりや	昔、天地の開け初めには、
てだこ大主《おおぬし》や	お天道《てんとう》さんの女性神が、
清らや　照りよわれ	清らかに宇宙を照らし給い、
又　せのみ初まりに	昔、太初の開け初めには、
又　てだ一郎子《いちろく》が	お天道さんの一の皇子《みこ》が、
又　てだ八郎子《はちろく》が	お天道さんの八の皇子が、

又　おさん為《し》ちへ　見居《みお》れば　高天原から見おろしておられると、
又　さよこ為《し》ちへ　見居れば　鎮座して見ておられると、
又　あまみきよは　寄せわちへ　アマミキヨをお招きになり、
又　しねりきよは　寄せわちへ　シネリキヨをお招きになり、
又　島　造れてて　わちへ　島を造れと宣《のたま》いて、
又　国　造れてて　わちへ　国を造れと宣いて、
又　ここらきの島々　多くの島々、
又　ここらきの国々　多くの国々（が造られた）。
又　島　造るぎやめも　島を造るまで、
又　国　造るぎやめも　国を造るまで、
又　てだこ　心切《うらき》れて　お天道さんは待ちわびて、
又　せのみ　心切れて　太初の神も待ちわびて、
又　あまみや衆生《すぢや》　生《な》すな　アマミキヨの国の人々は生むでない、
又　しねりや衆生《すぢや》　生《な》すな　シネリキヨの国の人々は生むでない、
又　然《しや》りば　衆生《すぢや》　生《な》しよわれ　されば　この島と国の人々を生み給え、と（仰せられた）。

外間守善氏「おもろ概説」（岩波『日本思想大系』本『おもろさうし』五三九頁）によれば、「ありきゑと」の「ありき」（『竹取物語』の「波にただよひ漕ぎありきて……」の「ありき」）とは、漕行の歌謡。「ゑと」とは、イートの表記で、労働作業の時に唱和する掛声を意味する。『ゑとおもろ』の起源は、琉球国の察度《さつと》王（謝名思《ぢゃなも》い）（元の至正十年（一三五〇）即位）の船が東シナ海を渡って中国との交易をはじめた一三七二年頃（明の太祖の洪武五年。日本国は将軍足利義満の時代）まで遡ることができようといわれるが、この『ゑとおもろ』に歌われている琉球創世の神話は、私見によれば、十一世紀の初め、中国は北宋の真宗（九九七—一〇二二在位）の治世に成った道教の教理百科全書『雲笈七籤《うんきゅうしちせん》』巻十に載せる『老君太上虚無自然本起経』や、同じく巻十八・十九の両巻に載せる『老子中経』（別名は『珠宮玉暦』）などに記述する道教の天地開闢の神学をふまえていると考えられる。

　すなわち、右に引いた『おもろ』の冒頭の二句「昔、初まりや、てだこ大主や」の「てだこ」とは、漢字で書けば「天道子《てだこ》」——「てだ」は古典中国語（漢語）の「天道《てんどう》」の発音の訛ったもの。「てだこ」の「こ」（子）は、現在も日本の各地で太陽を呼ぶ言葉「お天道《てんとう》さん」の「さん」と同じく愛称の接尾語——であり、古典中国語の「天道」は、『老子』第七十九章「天道は親《しん》無く常に善人に与《くみ》す」の「天道」と、『周易』謙卦彖伝《たんでん》の「天道は（太陽の気を）下《くだ》し、（万物を）済《すく》いて光り明《かがや》く」もしくは「天道は盈《み》つるものを虧《そこな》いて謙《へりくだ》るものに益《ま》す」の「天道」を思想的に重ね合わせた道教の神学用語「天道」——この「天道」の語は、上記道教の教理百科全書『雲笈七籤』の中に「天道、戒を失えば則ち災祥を見《あら》わす」（巻三十九）、「恩を天道に帰して其の功を恃《たの》まず」（巻五十六）、「金は月の精を為して以て陽位に処《お》り、汞《こう》（水銀）は離（卦）の気を含んで以て六爻に応じ……、皆な天道に応じて為すなり」（巻六十三）など約五十回にわたって多見——に基づく。また「大主」というのも古く『漢書』孝武本紀などに見える皇帝の姑《おば》を呼ぶ古典中国語であり、「天道子大主」とは、従って日本国の『古事記』・『日本書紀』の創世神話における天照大神と同じく「天」すなわち全宇宙空間を清く明るく「照」らす女性の太陽神を意味し、この『おもろ』の第三句「清らや、照りよわれ」の歌詞が、そのことを最も端的に示す。

つぎに第四句ないし第六句「せのみ初まりに、天道一郎子《てだいちろく》が、天道八郎子《てだはちろく》が」の「せのみ初まり」（天地の開け初め）は、上記『雲笈七籤』に載せる『老君太上虚無自然本起経』に、「太初とは道の初まりなり。初まりの時、精と為り、其の気赤し。盛んなれば則ち光明と為り、之を太陽と名づく」とある「太初」に相当し、「天道一郎子」および「天道八郎子」は、同じく上記『雲笈七籤』に載せる『老子中経』に、「太一君に八使者有り、八卦神なり」とある「太一君」および「八卦神」をそれぞれ神話的に擬人化した言葉と解される。『老子道徳経』第四十二章に「道は一を生じ、一は二を生じ、二は三を生じ、三は万物を生ず」、また『周易』繋辞伝に「易《えき》に太極有り、是《こ》れ両儀（天地）を生じ、両儀は四象（四時）を生じ、四象は八卦を生ず」、さらにまたこの『周易』を讖緯思想で神秘的・宗教的に解釈した『易緯乾鑿度《けんさくど》』の鄭玄《じょうげん》注に、「太一は北辰の神名なり……太一、下《くだ》りて八卦の宮を行《めぐ》る」、道教の『雲笈七籤』巻四十三「存司命法」に、「太一は形を分ちて各おの一人と為り、共に太清（天上世界）に遊行す」などとあり、これらに基づいて、天道は太一神を生じ、太一神は八卦神を生じ、八卦神のうち乾道《けんどう》（天の陽気）は男を成し、坤道《こんどう》（地の陰気）は女を成し（『周易』繋辞伝上「乾道は男を成し、坤道は女を成す」に基づく）、乾坤男女の交合によって人間や国土を含む一切万物が生成するという道教の天地開闢の神学が確立される。かくて上掲『おもろ』第九句の「アマミキヨ」と第十句の「シネリキヨ」は、わが国の正史『古事記』・『日本書紀』の記述する「イザナギ」、「イザナミ」の二柱の神と同じく、上述の道教の天地開闢の神学における「男を成す乾道」（天の陽気）と「女を成す坤道」（地の陰気）を神話的に擬人化したものと見ることができよう。十八世紀の初め、清朝聖祖の康熙五十年（一七一一）、日本国では中御門天皇（将軍家宣）の正徳元年に成ったという琉球王朝の〝内裏《だいり》言葉〟の採集書『混効験集』に、「アマミキョウ」、「シネリキョウ」を男女二柱の神としているのが、このことを何よりも有力に裏づけるであろう。

『ありきゑとのおもろ』に歌われている「昔、初まりや」の琉球国創世神話は、歌詞中の「天道子《てだこ》大主《おおぬし》」といい、「一郎子《いちろく》」、「八郎子《はちろく》」といい、さらにはまた「アマミキヨ」、「シネリキヨ」の二柱の神といい、いずれも以上見てきたように、道教の天地開闢の神学と極めて近接した類似性を持つ。そのことは、この『ありきゑとのおもろ』の編集におくれること二十七年（西暦一六五〇年）、中国明代末期の永明王の永暦四年、日本国では江戸初期の後光明天皇（将軍家光）の慶安三年、琉球国の王族・向象賢《しょう》の編著に成る同国の正史『中山世鑑』巻一の冒頭に載せる「琉球開闢之事」と題する以下のような文章と比較検討するとき、いっそう明確となるであろう（『中山世鑑』のテキストは、『琉球史料叢書』本による）。

曩昔《ムカシ》、天城ニ、阿摩美久《アマミキユ》ト云フ神、御坐《オハ》シケリ。天帝是《コレ》ヲ召サレ、宣《ノタマヒ》ケルハ、此ノ下ニ、神ノ住ム可キ霊処有リ。去レドモ、未ダ島ト成ラザル事コソ、クヤシケレ。爾《ナンジ》降《クダ》リテ、島ヲ作ル可シトゾ下知シ給ヒケル。
阿摩美久畏《カシコマ》リ、降リテ見ルニ、霊地トハ見ヘケレドモ、東海ノ浪ハ、西海ニ打チ越シ、西海ノ浪ハ、東海ニ打チ越シテ、未ダ島トゾ成ラザリケリ。

去ル程ニ阿摩美久、天ヘ上リ、土石草木ヲ給ハレバ、島ヲ作リテ奉《タテマツ》ラントゾ、奏シケル。天帝、睿感有リテ、土石草木ヲ給ハリテケレバ、阿摩美久、土石草木ヲ持チ下リ、島ノ数ヲバ作リテケリ。……

数万歳ヲ経ヌレドモ、人モ無ケレバ、神ノ威モ、如何デカ顕ハスベキナレバ、阿摩美久、又、天ヘ上リ、人種子《ヒトサネ》ヲゾ、乞ヒ給ヒケル。天帝、宣ケルハ、爾ガ知リタル如ク、天中ニ神多シト云ヘドモ、下ス可キ神無シ。サレバトテ、黙止スベキニ非ズトテ、天帝ノ御子、男女ヲゾ、下シ給フ。二人、陰陽和合ハ無ケレドモ、居処、並ブガ故ニ、往来ノ風ヲ縁シテ、女神胎《ハラ》ミ給ヒ、遂ニ三男二女ヲゾ、生ミ給フ。長男ハ国ノ主ノ始メ也。是《コレ》ヲ天孫氏と号ス。二男ハ諸侯ノ始メ。三男ハ百姓ノ始メ。一女ハ君《キミ》々ノ始メ。二女ハ祝《ノロ》々ノ始メ也。其レヨリシテゾ夫婦婚合ノ儀ハ、アラハレケリ。……

右の文章に題せられた「琉球開闢之事」の「琉球」とは、本書の編著者・向象賢も既に指摘しているように（『中山世鑑』巻一）、隋の煬帝《ようだい》（六〇四―六一七在位）の使者・朱寛が、「初メテ此ノ国ニ至リ、万涛ノ間ヨリ此ノ地ヲ見レバ、虬竜《キユウリユウ》ノ水中ニ浮ブガ如キ」であったので、「流虬」と名づけられたのに基づき（「流虬」をさらに「琉球」と改めたのは、明の太祖の洪武五年〔一三七二〕――『中山世譜』巻三)、また「開闢」の語も西暦紀元前後、漢代に成立した讖緯思想の文献『尚書考霊耀《こうれいよう》』に「天地開闢……日月五緯倶《とも》に起る……」などと見えている。

「琉球」(「流虬」)ないし「開闢」の語が、いずれも古典中国語(漢語)であることからも容易に知られるように、琉球王国(沖縄王朝)の一種の創世記とも見なすべきこの「琉球開闢之事」の文章は、その題目において既に中国の漢字文化の影響を色濃く受けているが、その影響はさらにこの創世記の記述内容の用語や文章表現にも顕著に指摘される。例えば、文中の「天城」、「天帝」、「神ノ威」、「天へ上ル」(「上天」)、「土石草木」、「人種子」、「陰陽和合」、「風ヲ縁シテ胎《ハラ》ム」、「国ノ主」、「天孫氏」などがそれであり、このうち「天城」は『雲笈七籤』巻二十六に引く漢の東方朔の『十洲記』に、「崐崘宮の一角を天の墉城と為す。……城上に金台五所、玉楼十二所を安《お》く」、また「天帝」は同じく『雲笈七籤』巻十八に載せる『老子中経』(上引)に、「常に晦朔と八節の日を以て……五城十二楼の真人を念じて祝《まじな》いて曰く、天帝太一君よ、某の死籍を削去したまえ云々」、さらにまた「神ノ威」は同じく『雲笈七籤』巻九十六に引く『東華上房の霊妃の歌曲』に「六天に神の威を摂《おさ》む」などとある。

つぎに「天へ上ル」は、上にも引いた道教経典『老子中経』に、「天へ上りて終《つい》に死壊せず」、また「土石草木」は仏教の極楽浄土を道教の至楽清浄の神仙世界で解説する北魏の曇鸞の『浄土論註』巻上に、「此の間(浄土)の土石草木は各おの定まれる躰《かたち》有り」、さらにまた「人種子」は、道教の経典『南華真経』至楽篇に、「種(子)に幾《ばね》(機)有りて……人を生ず」、同じく『雲笈七籤』巻九十五にも「種子を論ず」と題する道教の哲学論文が載せられている。

つぎにまた「陰陽和合」は、『雲笈七籤』巻十一に載せる『黄庭内景経』の「百液津」の原注に、「陰陽和合すれば、血液流通す」、また「風ヲ縁シテ胎ム」は、道教の経典『南華真経』天運篇に、「虫は雄上風《かざかみ》に鳴けば、雌下風《かざしも》に応《こた》えて化《はら》み、類（と呼ばれる動物）は自ら雌雄（の交わり）を為すが故に風もて化《はら》む」、さらにはまた「国ノ主」は『雲笈七籤』巻十二に載せる『黄庭外景経』に、「心を国の主と為す」、そして「天孫氏」は漢の焦贛《しょうとう》の『焦氏易林』巻四に、「天孫と帝子は、日月と与《とも》に処《お》る」などとある。

『中山世鑑』巻一の冒頭に載せる「琉球開闢之事」の文章が、これに先だつこと四十二年、中国は明の神宗の万暦三十六年（一六〇八）、日本国では後陽成天皇（将軍秀忠）の慶長十三年――この年は、向象賢の『中山世鑑』をその五十一年後に修訂漢訳した蔡鐸らの『中山世譜』巻七に「日本、大兵ヲ以テ国ニ入リ、王（尚寧王）ヲ執《トラ》ヘテ薩州ニ至ル」（原文は漢文）と記すいわゆる〝己酉（万暦三十七年＝慶長十四年）の厄難〟の前年にあたる――に脱稿した日本僧・袋中の撰著『琉球神道記』に依拠していることは、既に先学（東恩納寛惇『中山世鑑・中山世譜及び球陽』）によって具体的に指摘されている。例えば、上記「琉球開闢之事」に「天帝ノ御子、男女ヲゾ、下シ給フ。二人、陰陽和合ハ無ケレドモ……往来ノ風ヲ縁シテ女神胎《ハラ》ミ給ヒ云々」とあるのに対して、『琉球神道記』「キンマモン」の条下に、「昔、此ノ国ノ初メ、未ダ人アラザル時、天ヨリ男女二人下リシ。男ヲ「シネリキュ」ト、女ヲ「アマミキュ」ト云フ。二人、舎ヲ並ベテ居ス。此ノ時（中略）、二人、陰陽和合ハ無ケレドモ、居所並ブガ故ニ、往来ノ風ヲ縁シテ、女胎《ハラ》ム。遂ニ三子ヲ生ズ」とあるのなどがそれである。

しかしまた一方、「琉球開闢之事」の文章には『琉球神道記』と大きく異なる記述も幾つか見えている。その最も顕著なものは、『琉球神道記』が天より下《くだ》った男女二人の名前を「シネリキュ」（男）、「アマミキュ」（女）と明記しているのに対し、「琉球開闢之事」の文章では、前者の「アマミキュ」と呼ばれる女性神を、天帝の命により、「天城」から地上に降臨してくる「阿摩美久《アマミキュ》」の男性神に改変し、この「阿摩美久」の男性神の子孫を琉球国王の始祖として「天孫氏」と呼んでいることである。

ところで「天孫」の語は、周知のごとく、わが国古代の正史『日本書紀』神代の巻においても、「天孫もし此の矛《ほこ》を用いて国を治むれば、必ずまさに平安なるべし」、「天孫、大山祇《おおやまつみ》の神の女子《むすめ》を幸《め》す。すなわち一夜に身《はら》むこと有り、遂に四子を生む」などと反復多用されており、天帝の命を受けて高天原から日本の国土に降臨してくる「ニニギノミコト」を「天孫」と呼んでいることと全く同類である。

日本僧・袋中の『琉球神道記』が、「天より下った男女二人」を「アマミキュ」と「シネリキュ」としているのは、『おもろ』の創世神話の「アマミキョ」、「シネリキョ」に基づくであろうが、そのアマミキュを女性神とし、シネリキュを男性神とするのは、道教の神学で「天」（乾道）を男性とし、「地」（坤道）を女性とするのと逆の関係になっている。その理由は『おもろ』の創世神話で「清らや、照りよわれ」と歌われる「天道子大主」が、わが国の記紀の神話の天照大神と同じく女性の太陽神とされ、同じく「アマミキョ」、「シネリキョ」が記紀の神話の「イザナギ」、「イザナミ」と共通の性格を持ち、「アマミキョ」の「アマ」（天）が「天道子《てだこ》大主」の「天」と共に強く女性と結びつけられているからであろう。

「中山世鑑」の「琉球開闢之事」の文章が、その『おもろ』の創世神話の「アマミキョ」(『琉球神道記』の「アマミキュ」)を特に「阿摩美久」と表記して、天帝の命令を受け、琉球の国土に降臨してくる男性神に改めているのは、いわゆる「琉球の開闢」を「天帝の御子の長男」である「天孫氏」に系譜づけ、その琉球国の天孫氏の生誕を日本国の創世神話における天孫ニニギノミコトの国土降臨と重ね合わせつつ、阿摩美久の「天城」(高天原)からの降臨に由緒づけたからであろう。そして天孫氏の系譜を「天孫氏二十五代、其ノ姓名ハ今ニ于《オイ》テ知ルベカラズ。故ニ之ヲ略ス。乙丑ニ起リテ丙午ニ終ル。凡ソ一万七千八百二年也」と記述して、全面的に道教の神学の基底をなす神仙讖緯の思想に依拠する『中山世鑑』は、古典中国語の「天孫」が『漢書』天文志などにいわゆる「天帝ノ孫」に由来することを念頭におき、『おもろ』の創世神話に「清らや、照りよわれ」と歌われる宇宙の最高神「天道子大主」を道教の経典『老子中経』に「天帝太一君、敬《つつし》み諸神を存し、之と相親《あいしたし》みたまえ」と祈願する宇宙の最高神「天帝」の語に置き換えたものと考えられる。

『中山世鑑』の「琉球開闢之事」を記述する創世の文章は、「昔、初まりや」で始まる『おもろ』の創世神話と共に、道教の天地開闢の神学の枠組を基盤としていることにおいて共通し、それを記述する用語や構想や文章表現において彼此共通するものを多く持つ。この両者を比較検討することによって我々は、『おもろ』の創世神話の構成の基本的枠組、すなわち「天道子大主→一郎子→八郎子→アマミキョ・シネリキョ→島造り・国造り」がまた、道教の天地開闢の神学の基本的枠組、すなわち「天道→太一→八卦神→乾道(男)・坤道(女)→万物の化成」に依拠することを容易に確認しうるであろう。ただし琉球国王（第二尚氏王朝の尚寧王）が日本国の薩州（薩摩藩）に拉致されるという国家多難の時期を、「窃《ヒソ》カニ惟《オモンミ》レバ、此ノ国、人ノ生マレ初メハ、日本ヨリ渡ルト為スノ儀、疑ヒ御座無ク候」（延宝元年〔一六七三〕三月十日の『羽地仕置』）と明言する剛毅な日琉同祖論者として政局処理に当っている向象賢の撰著『中山世鑑』は、当然のことながら、それ以前に古く成立した『おもろ』の創世神話とは多くの点において相異する。その相異の決定的なものとして古来論議の喧《かまびす》しいのは、『おもろ』の創世神話の「天道八郎子《てだはちろく》」の「八郎」をその名前（鎮西八郎）に持つ源為朝《ためとも》を、天孫氏を後継する琉球王国の創始者として、「独夫ノ利勇ヲ討ッテ、宝位ニ登リ給フ。是ヲ舜天王ト為ス。舜天（王）尊敦ト申シ奉ルハ、大日本人皇五十六代、清和天皇ノ孫、六孫王ヨリ七世ノ後胤、六条判官為義ノ八男、鎮西八郎為朝公ノ男子也」という『中山世鑑』巻一の記述である。この記述はおそらく、『中山世鑑』の著述される以前にその伝承があり、それを日琉同祖を強調する向象賢が正式に史書に載せたものと推定されるが、そのいずれであるにせよ、『おもろ』の創世神話における「天道八郎子《てだはちろく》」を鎮西八郎為朝の「八郎」に牽強附会したものであろうことは否定しがたい。

Ⅲ

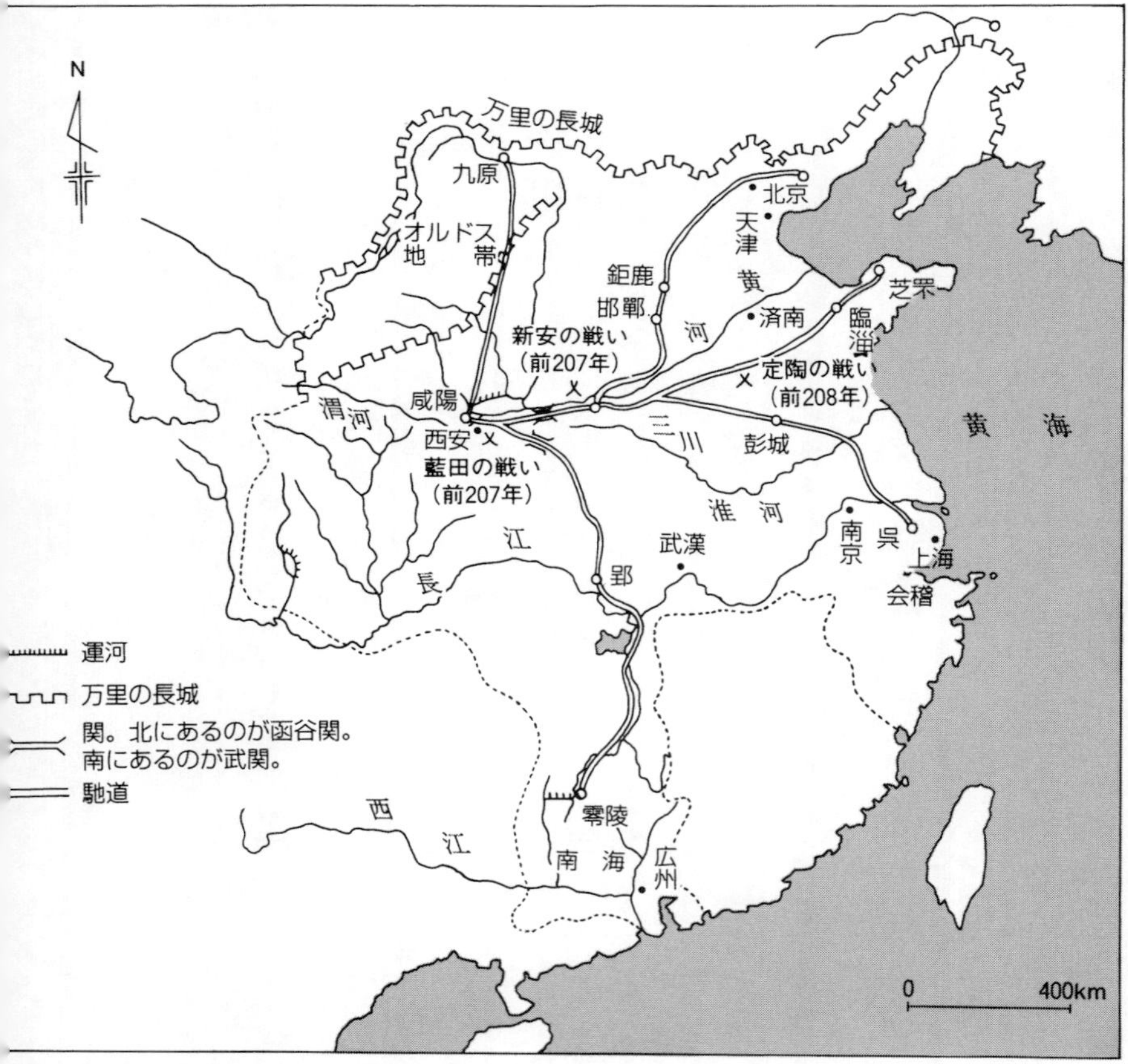
N
万里の長城
九原
オルドス
地
帯
北京
天津
黄
河
鉅鹿
邯鄲
済南
芝罘
臨淄
新安の戦い
（前207年）
定陶の戦い
（前208年）
咸陽
渭河
西安
藍田の戦い
（前207年）
三
川
彭城
黄
海
淮
河
南
京
呉
上海
会稽
武漢
江
長
郢
西
江
零陵
南
海
広
州
0
400km
運河
万里の長城
関。北にあるのが函谷関。
南にあるのが武関。
馳道

秦の始皇帝と不死登僊

――陝西省秦腔劇「千古一帝」の日本公演に寄せて

人間の本性は悪である

中国古代帝国の成立は、いわゆる「山東の六国」すなわち五岳のうち西岳・華山の東方に位置する韓・趙・魏・楚・燕・斉の六国を次々に滅ぼして、秦の始皇帝――今回初訪日公演の陝西省秦腔劇団の演目にいわゆる「千古一帝」（千載一遇の大帝王）――が、中国最初の統一帝国を造りあげた西暦前三世紀の後半、わが国で言えば、古代日本における弥生式文化の黎明前夜のことであった。そして、このとき秦の始皇帝は行年三十九歳であり、その満十三歳のとき（前二四六年）、父の荘襄王が死に、彼がその跡目を継いで秦王の位に即いてから二十六年目、またその晩年、始皇帝が神僊の聖地、斉国《せい》の琅邪《ろうや》・之罘《しふ》・蓬萊《ほうらい》の沿海地区を巡幸して、西のかた平原津（現在の山東省平原県の南）に至って病み、七月ついに沙丘（現在の河北省平郷県の東北）の平台で崩御する前二一〇年に先だつこと十二年であった。つまり、「千古一帝」――秦の始皇帝――の皇帝在位期間は十二年、秦王在位期間は二十六年、その生誕は前二五九年（秦の昭王の四十八年）、その終焉は前二一〇年（秦の始皇帝三十七年）、したがって、その全生涯はわが国の「キング・オブ・ジパング」織田信長（一五三四―八二）より一

秦の始皇帝像（拓本）

歳年長の満五十歳ということになる。

後世の人々によって「千古一帝」と呼ばれるほどの偉大な皇帝ではあったが、しかし、この秦の始皇帝の満五十年の生涯は、この世に生を享けた最初から、人間本性の善良を疑わせ、その性悪を確信させる奔放で淫らな欲望の暗く険しいうごめきに玩ばれていた。

たとえば、本姓は秦の王子として嬴《えい》、本名は正月に誕生したので政《せい》、したがって本来の姓名は嬴政《えいせい》と呼ばれるべき秦の始皇帝につきまとっていたのは、『史記』始皇本紀などの記述によれば、あるいは「趙政」と呼ばれ、あるいは「呂政」と呼ばれている彼の出生にまつわる暗く険しい疑惑である。彼が趙政と呼ばれるのは、彼の父とされる秦の荘襄王がまだ子楚と呼ばれて趙の国に人質とされていた頃、趙の国都邯鄲《かんたん》の舞姫（後の秦の荘襄太后）との間に出来た子供であることに基づくが、呂政と呼ばれるのは、彼の実母である邯鄲の舞姫が、実は子楚（荘襄王）の王妃となる前に邯鄲の豪商・呂不韋《りょふい》（後に荘襄王の宰相となり、中国最古の思想百科全書『呂氏春秋』（『呂覧』）の編集責任者ともなる）の子を妊《みごも》ったまま、パトロンの呂不韋に命ぜられて子楚（荘襄王）の王妃となったという当時のスキャンダルを踏まえる。

秦の嬴政（始皇帝）が呂政と呼ばれることでさえ何よりも耐えがたいスキャンダルであったが、さらに嬴政（始皇帝）の実母である邯鄲の舞姫は、子楚の趙から秦への帰還によって荘襄王（子楚）の王妃となり、始皇帝の即位によって荘襄太后となると共に、呂不韋の自己保身の陰謀によって、宦官と詐《いつわ》って宮廷に送りこまれた巨大な陽物（男性の性器）の所持者・嫪毒《ろうあい》を溺愛するようになり、二人の子供さえ設ける淫虐の仲となる。そして始皇帝の誅戮を恐れた嫪毒が謀叛の兵を起して殺され、荘襄太后は幽閉の後に死亡し、呂不韋もまた鴆《ちん》の毒を仰いで自殺する結末に終っている。これらの事件は、いずれも当時の戦国下剋上の苛烈陰惨な世相と共に、人間の本性を良善とする孟子などの儒家の性善学説に大きく疑惑を抱かせ、その逆である韓非《かんぴ》・李斯《りし》などの法家の性悪学説に深く共鳴させるに充分であった。

大帝国の実現には「法治」を

上に述べた韓非子・李斯などの法家の性悪学説というのは、もともと儒家すなわち孔子学派の思想家である荀子《じゅん》（名は況《きょう》。荀卿《けい》とも言う。生没は前三一三―前二三八）の性悪学説を継承するものであるが、荀子はその著書『荀子』性悪篇で述べているように、人間が欲望のままに行動すれば、必ず争いと奪い合いが始まり、社会の秩序は乱れる。礼義（生活の規範）を教え欲望を抑制拘束して始めて譲り合いの心を持つようになり、かくて人類は平和で安らかな生活を楽しむことができるようになる。

このように礼義を教え欲望を抑制拘束しなければ、譲り合いの心を持つようにならないというのは、人間の本性が悪であることの何よりの証拠であるというのであるが、この荀子の性悪学説を一層徹底させて韓非らの法家の学者たちは、さらに次のように説く。すなわち、ごく少数の例外者を除いて絶対多数の人間は、権力ないし権力者の信賞必罰の法治によって強制されることなしには「善」を行い「善人」となることを得ず、逆にまた絶対権力者すなわち偉大な皇帝・帝王の「法」による支配によってのみ東方六国の併合と大帝国の建設が現実のものとなるのである、と。法家の代表的な学者・韓非らのこのような法治の主張とその根底基盤をなす性悪の学説は、司馬遷の『史記』韓非列伝によれば、秦の始皇帝の全面的な賛同を得、秦の始皇帝は、「ああ、寡人《われ》この人を見て之《かれ》と游《まじわ》るを得ば、死すとも恨みじ」と讃歎の声を放ったと伝えられる。しかし、この韓非に秦の国で是非とも面接したいという始皇帝の熱望は、かつての荀子門下の学友であった李斯の讒言に妨害されて果さず、韓非は牢獄で毒殺され、結局、李斯が始皇帝の宰相に任用され、徹底的な厳刑主義の法治を執行して、秦の始皇帝の中国最初の大帝国の建設、千古一帝の具現に大きく貢献することになる。

秦の始皇帝をして、「始皇帝」すなわち中国有史以来最初の偉大な皇帝たらしめ、また「千古一帝」すなわち千載一遇の大帝王たらしめたものは、法家の学者たちの説く信賞必罰の法治であり、賞罰の具体的な対象である功過――功績と罪過――の公平で客観的な判断基準、さらにはその判断基準が公平で客観的であるための「主道」と「揚権」(いずれも韓非の著書とされる『韓非子』の中の篇名。この二語は、老荘の「道」の哲学に主《もとづ》く万物の斉同、法家で言えば、「法のもとでの万人の平等の存在価値」を意味する)の思想哲学の実践であった。今回訪日の秦腔劇団の演ずる「千古一帝」の秦の始皇帝が、魏の国の遊説家・尉繚《うつりよう》の諫言に従ったとはいえ、三千人の奴隷の解放を決意する開明の帝王として描かれているのも、「道」の立場もしくは「法」のもとでの万物(万人)の斉同(平等)を説く道家ないし法家の「道」と「法」の平等思想を念頭に置いてのことであると断定して大過ないであろう。

始皇帝・二世皇帝から万世皇帝へ

司馬遷の『史記』始皇本紀によれば、東方の六国（韓・趙・魏・楚・燕・斉）を次々に滅ぼした秦王の嬴政は、今や天下が大いに定まったのであるから、その天下を統治する最高権力者は、それにふさわしい称号を使用しなければならない、と提議して、丞相（総理大臣）の王綰《わん》、廷尉（検察庁長官）の李斯など政府の重臣たちと評議の末、新しく「皇帝」という称号を使用することになり、「朕を始皇帝と為し、後は二世、三世と数えて万世に至り、皇帝の位を無窮に伝えん」と宣言したという。ここでいわゆる「万世」とは、上文の「皇帝の位を無窮に伝えん」の「無窮」とほぼ同義であるが、中国の思想の歴史で「万世」とか「無窮」とかいう言葉の初見するのは、儒家の古典『論語』や『孟子』ではなく、道家の古典『荘子』である（たとえば、大宗師篇の「利沢は万世に施す」、在宥篇の「無窮の門に入る」など、「万世」の語は六例。「無窮」の語は二十三例）。そして法家の古典『韓非子』に「徳は万世に極まる」、「徳を万世に垂るる者これを明主と謂う」などと九例見えている「万世」の語も、上記道家の古典に初見する「万世」の語をそのまま継承するものであった。

ところで秦の始皇帝のいわゆる「万世に至らん」の「万世」の語は、上にも述べたように道家の古典では、「無窮」の語とほぼ同義に用いられており、窮まることのない時間、悠久永遠の時の流れを意味するが、秦の始皇帝がみずからを「始」とする皇帝の位を無窮に伝えようとするのは、中国伝統の土着民族宗教「天師道」の道教の最高の教団統率者「天師」――「天師」の語もまた『荘子』徐無鬼篇に「黄帝、牧馬の小童を天師と称す」として初見――の世系（世世相続の系譜）を解説する教典

『漢天師世家』に、「天師の（張）道陵は、経籙（経典と符籙）と（玉）印と（銅）剣を以て子の（張）衡に付《わた》して之を戒めて曰く、〈吾れ太上（老君）に遇いて親しく至道（道教の最高の真理）を伝えらる。……世世に一子、吾が（天師の）位を紹《つ》げ。吾が宗親子孫に非ざれば、伝えず〉」とあるのと軌を一にする。

秦の始皇帝のいわゆる「（始皇帝より数えて）万世（皇帝）に至り、之を無窮に伝えん」が、天師道の道教の「世世に一子、吾が（天師の）位を紹げ」と思想表現において軌を一にすること上述の如くであるが、ここでさらに注目されるのは、上掲の秦の始皇帝の語「六王咸く其の辜《つみ》に伏して天下大いに定まる」の「大定」という言葉も、もともとは道家の古典『荘子』（道教の経典『南華真経』）の徐無鬼篇に「大一を知り……大定を知る。大一は之（天下）を通し《ひとつに》……大定は之（天下）を持《たも》ちつづける」と見えている言葉に基づくということである。そして道家の古典『荘子』ではまた、この「大定」の語を「泰定」とも書いて（「泰」は「大」「太」と通用）、「宇《せかい》（天下）泰《おお》（大）いに定まれば、天光（自然の輝き）を発す。天光を発すれば……天これを助く。……天の助くる所のもの、これを天子と謂う（庚桑楚篇）」と述べ、さらにまた「道は渝《かわ》らず……利沢は万世に施して天下に知るもの莫《な》し」（天運篇）などとも述べて、「泰《おお》（大）いに定まりて」、「万世に施す」という「道」の哲学を展開しているが、この道家（道教）の「道」の哲学こそ「天下」すなわち無極の空間に「大定」すなわち偉大な安定と平和をもたらすと共に、その「天下大定」を「万世」すなわち無窮の時間である「万世」に永続保持させるという秦の始皇帝の「法治」の究極理想とも、その精神風土を共通にするものであった。

これを要するに、秦の始皇帝の「始」から、「二世」「三世」と数えて「万世」に至る「天下大定」の「皇帝」の政治理想は、天師道の道教の「天師」の世系を万世一系とする宗教理想と同じく、法治による「天下大定」の皇帝の世系を万世一系にしようとするものであり、この両者は共に「道は万物を旁礴《あまねくつつ》んで一と為し」（『荘子』斉物論篇）、「其の一を守って以て其の和に処《お》り」（同、在宥篇）、「寥《しず》かなる天の一つなるに入る」（同、大宗師篇）ことを至高の教として説く黄老ないし老荘の「抱一」「全真」「上僊」の「道」と「真」の哲学に主《もとず》くものにほかならない。

大功の報応としての神僊

天下を大定し、自らを始皇帝として、その皇帝の位を万世に伝えんとした秦王の嬴政は、『史記』始皇本紀、同じく封禅書などの記述によると、その晩年（始皇帝二十八年。前二一九年）には斉《せい》国の泰山に上《のぼ》って封禅の祭りを行い、その同じ年、琅邪の地で海中の蓬萊《ほうらい》・方丈・瀛州《えいしゅう》の三神山に僊人が居《す》むと聞き、斉国の方士《シャーマン》・徐福に童男女数千人を率い、海に入って僊人を求めさせ、その四年後（始皇帝三十二年。前二一五年）には、渤海沿岸の碣石《かっせき》の地で燕《えん》国の方士・盧生に僊人の羨門《せんもん》と高誓《こうせい》を求めさせ、さらに同じく燕国の方士・韓終、石生らに僊人不死の薬を求めさせている。

秦の始皇帝がなぜこのようにわざわざ泰山に登って封禅の祭りを行い、また、僊人もしくは僊人の持つという不死の薬を求めることに執念を燃やしたのか。この問題を解く鍵を我々は先ず秦の始皇帝の二十三代前の秦の国王・穆《ぼく》公が、当時の隣国・晋国の内乱を平定した功績によって、夢の中ではあるが、天の世界に昇り、上帝に拝謁することができたという『史記』封禅書の記述、および同じく上帝が東方の句芒《こうぼう》の神に命じて秦の穆公の明徳を嘉《よみ》し、褒賞として穆公の寿命を十九年間延長し、秦国の隆盛と子孫の繁栄を保証させたという『墨子』明鬼篇の記述、さらには秦の穆公の夫人の祖父にあたる斉の桓公が、「諸侯を九合（九たび会合）させ、天下を一匡（一たび安定）して」、泰山で封禅（天下を大定した帝王が泰山で行う天神地祇の祭り）を行うことを決意したという『史記』封禅書の記述などに求めることができよう。

斉の桓公が泰山で封禅の祭りを行おうとしたのは、「天下の大定」を上帝に報告して自己の功績と明徳を確認してもらい、それへの褒賞としての不死登僊を実現することにあったが、秦の始皇帝の泰山における封禅の祭りの決行もまた、斉の桓公と企図を同じくすると見てよいであろう。このことは、秦の始皇帝の死に約七十年おくれて「天下の大定」者となった漢の武帝に李少君という方士が、「海中蓬萊の僊者を見て以て封禅すれば則ち不死なり」（『史記』封禅書）と説き、斉国の方士・丁公がまた「封禅は不死の名に合《かな》う」（同上）などと説いて、それを聞いた漢の武帝が始皇帝と同様に方士たちを遣わし、海に入って蓬萊の三神山に住むという僊人の安期生らと彼らの持つ不死の薬を求めさせていることによっても裏づけられるであろう。ちなみに蓬萊の三神山というのは、上述の如く、渤海中に在るという蓬萊・方丈・瀛洲の三山のことであるが、このうち瀛洲の「瀛」の字は、秦の王室の姓である嬴《えい》氏の「嬴」に、秦の王朝の鄒衍《すうえん》「五徳終始説」（中国古代の歴代王朝に土（黄色）木（青色）金（白色）火（赤色）水（黒色）の五徳のそれぞれ一徳を配当する王朝交替の理論）に基づく五徳のなかの水徳（黒色に配当）の水を加えて瀛としたものであり、ここにも秦の始皇帝の神僊信仰と渤海の蓬萊三神山との密接な関連性が指摘される。

秦の始皇帝と漢の武帝とは、四世紀、東晋の道教学者・葛洪《かつこう》（二八四—三六三）の『抱朴子』論仙篇では、「彼の二主（秦の始皇帝と漢の武帝）は徒《いたづ》らに仙を好むの名有るも道を修むるの実無く、知る所の浅事すら悉くは行うこと能わず、要妙深秘をば又聞くを得ず。又有道の士、（二主の）為に仙薬を合成し、以て之に與うるを得ず、長生を得ざるは怪しむ所無し」と手きびしく批判されている。

しかし、秦の始皇帝と漢の武帝の神僊信仰は、中国古来の二種の思想哲学にその根底を支えられていると見てよいだろう。すなわちその第一は「功過」と「報応」の思想哲学である。この「功過」と「報応」という言葉を愛用したのは、秦の始皇帝がその法治の学説理論を全面的に採用した管仲・商鞅・韓非などの法家の学者たちであるが、それはさらに遡れば、道家の古典『老子道徳経』第七十三章の「天網は恢恢《ひろびろ》として疎なれども失わず」もしくは儒家の古典『尚書』湯誥篇の「天道は善に福《しあわせ》し淫に禍す」などに基づく。そして秦の始皇帝や漢の武帝は、すべての生きとし生けるものの生命のいとなみを現実に全からしめる帝王の「天下の大定」こそ「功過」の「功」の至高最大のもの、それ故に天下の大定者である皇帝は、その「報応」として天の上帝から最高の褒賞——生命の不死もしくは不老長生の寿命の保全——を與えられる筈であると固く信ずる。

その第二は、この世とあの世——死後の世界を連続的に考え、この世での行いの善悪《よしあし》が死後の世界での在り方を規定するという思想信仰である。秦の始皇帝も漢の武帝も、おのれはこの世で天下を大定した大功を持つ偉大な皇帝であるから、必ずや死後の世界においても天の上帝から高い地位身分を保証され、この世と同じような高貴にして華麗な生活を保持できる筈だと思考する。天下を大定した秦の始皇帝が、当時、天の上帝への至近距離にあると信ぜられていた泰山の頂上とその山麓で封禅の祭りを執行し、一方また、秦の皇都、咸陽の東方、驪山の山麓に生前から巨大な陵墓、いわゆる寿陵を造営し、その内部に神僊もしくは不死のシンボルである水銀を百川河海のごとく注ぎ込み、その一隅に豪華絢爛たる兵馬俑坑を構築しているのも、上述の功過の思想哲学もしくはこの世と死後の世界を連続的に考え、この世での在り方を死後の世界にそのまま持ち込もうとする中国伝統の生と死の思想哲学と密接な関連性を持つと考えられる。

漢の武帝と道教

沛の豊邑（徐州文化圏）

秦の始皇帝と共に中国道教思想史上の〝双璧皇帝〟と呼ばれる漢の武帝（劉徹）は、世界最古の人文地理書『尚書禹貢《うこう》』に、「海岱《かいたい》及び淮《わい》は惟《こ》れ徐州」（東は海、北は岱〔泰〕山、そして南は淮河に至る地域、これが徐州である、の意）、と記述されている徐州文化圏の出身である。

古代中国の漢代に始まる道教教団の最高指導者「天師」の歴史（系譜）を書いた『漢天師世家』と呼ばれる道教文献に以下のような記述が見られる。

> 祖天師（開祖＝初代の天師）ハ、（姓ハ張）、諱《イミナ》ハ道陵、字《アザナ》ハ輔漢（漢王朝を輔《たす》くる者）、沛《ハイ》ノ豊邑ノ人ナリ。九世ノ祖ノ張良ハ下邳《カヒ》（江蘇邳県の東）ノ圯《ハシ》ノ上ニ遊ビテ、黄石公コレニ授クルニ書（『黄石公素書』一巻）ヲ以テス。後ニ漢ノ高祖（劉邦）ニ従イテ天下ヲ取リ、功ヲ以テ留侯ニ封ゼラル。帝（高祖）ニ語ゲテ曰ク、臣《ワレ》、願ワクハ人間《ジンカン》（人間社会）ノ事ヲ棄テテ、僊人赤松子《セキショウシ》ニ従イテ遊バント。

右の文中の「沛の豊邑」は、司馬遷の『史記』高祖本紀に「高祖ハ沛の豊邑、中陽里ノ人ナリ。姓ハ劉氏、字ハ季」とあるので、道教の祖天師・張道陵は、漢王朝の創業者・高祖劉邦に仕えて大功を立て留侯に封ぜられた張良が、道教の祖天師・張道陵の「九世ノ祖」であるというのであるから、張道陵が祖天師とされる天師道の道教は、その成立の当初から劉氏の漢王朝と密接な関係を持つことになる。

事実、漢王朝の皇帝たちも、たとえば、高祖劉邦は、母親の劉媼が「夢ニ神（蛟龍）ト遇ッテ身《ハラ》ム」という奇怪な誕生伝説を持ち（『史記』高祖本紀）、高祖の子の文帝劉恒は、東西南北と中央の「五方ノ帝」を祭る「五帝廟」を首都長安の東北（鬼門）に造営して上帝（天帝）の祭祀を盛大に行い（同上、孝文本紀）、また、文帝の皇后で景帝の母、武帝の祖母である竇《とう》太后は、「儒術ヲ好マズ」、後漢の桓帝・霊帝時代の宮廷道教で祭祀の主神とされた「黄老」（黄帝・老子）の「清浄無為」の教説の熱烈な信奉者であった（『史記』封禅書）。いずれも張道陵を祖天師とする天師道の道教と宗教的な思想信仰として緊密な関連性を持つものばかりである。

なお、上引の『漢天師世家』の文章において、漢王朝創業の功臣・張良が、道教の祖天師・張道陵の「九世ノ祖」とされているのは、歴史的な事実であるというよりも、後次的な附会と見るべきであろう。附会された主な理由としては、両者とも姓が「張」であること、また、張良の伝記を載せる『史記』留侯世家に、晩年の張良が「願ワクハ人間《ジンカン》ノ事ヲ棄テテ赤松子ニ従ッテ遊バント欲スルノミ」（上掲の『漢天師世家』の文章の典拠）と言い、「辟穀《ヘキコク》（五穀を辟《しりぞ》ける道教の食餌療法）ヲ学ビ、道引（導引とも書く。道教の体操）ヲオコナイ、身ヲ軽ク（シテ登僊）シヨウトシタ」と記述されていることなどが挙げられる。

ちなみに、この劉氏の漢王朝の創業の地であり、張道陵を祖天師とする天師道の道教の発祥の地でもある徐州文化圏は、東は『史記』封禅書にいわゆる「蓬萊三神山」の所在地・渤海と接続する黄海に臨み、北は同じく『史記』秦始皇本紀に、始皇帝が天下太平の実現者としての登僊不死を祈求して、封禅の祭祀を決行したと記述する泰山が聳え立ち、「方士」すなわち神僊方術の道士たちの全国各地から参集するいわば呪術宗教の一大センターであった。上記の秦始皇帝が「童男女数千人ヲ発シ、海ニ入リテ僊人ヲ求メシメタ」(『史記』封禅書)という「方士ノ徐市《フツ》(福)」の一族も、本来的には、この徐州文化圏の出身であったと推定される。

天馬と崑崙(西王母)信仰

古代中国における呪術宗教の一大センター・徐州文化圏の出身である漢の武帝(劉徹)は、『史記』の著者司馬遷によって「今ノ天子(武帝)、初メテ即位スルヤ、尤《ハナハ》ダ鬼神ノ祀《マツリ》ヲ敬《ツツシ》ム」(『史記』封禅書)と評されているように、極めてお祭り好きの、いうなれば宗教マニアとも呼ぶべき人物であった。この武帝が、前二世紀の半ば(前一四一年)、十六歳で皇帝に即位した当初から、彼は方士と呼ばれる神僊の道術者たちに取り巻かれていた。例えば、「祠竈《シソウ》」(かまどのまつり)、「穀道《コクドウ》」(さまざまな食餌療養法)、「卻老方《ゲキロウホウ》」(不老長生術)を売り物にして、「かまどのまつりを行えば、秘薬を手に入れることができ、その秘薬で丹沙《たんしゃ》(赤い砂)を化学的に処理して黄金を造ることができる。黄金が造られたら、それで器物を作り、その黄金の器物で飲み食いをすれば、長寿を得ることができる。かくて海原の中の蓬萊の島に住む僊人に会うことができ、僊人に会った上で封禅《ほうぜん》の祭りを行えば、不老不死の実現者すなわち僊人となることができる」などと説く李少君と呼ばれる道術者がそれである。また、宇宙の最高神である「太一」の神を祭って、霊験を得る神秘な行法を売物にして、天神の貴きものは太一なり、春と秋とにこの太一の神を都の東南の郊外で「八通の鬼道」（八方に通ずる鬼神の往来する道路）を開いた壇の上で祭れば、無上の慶福が得られる、などと説く謬忌《ぼくき》と呼ばれる道術者がそれである。

これらの道術者にそそのかされて、漢の武帝は後元二年（前八七）、七十歳でこの世を去るまでさまざまな不老不死への努力を続けるのであるが、その努力は大きく分けて二つの方向とすることができよう。その一つの方向は、『漢書』礼楽志に漢の武帝の郊祀歌として載せられ、後の六朝時代に『漢武帝内伝』一巻（『道蔵』洞真部記伝類）として文芸作品化される崑崙（西王母）と「天馬」の思想信仰であり、もう一つの方向は、漢王朝の発祥の地である沛の豊邑を中心とする徐州文化圏に北接する、泰山の山頂と山麓における封禅の祭祀の実施、および山東琅邪から半島の東北沿海地区、さらには渤海湾沿岸地区にかけての蓬萊神僊の思想信仰である。

前者すなわち崑崙（西王母）と「天馬」の思想信仰に関しては、『漢書』礼楽志に載せる漢の武帝の太初四年（前一〇一）に作られた「天馬」の歌（『郊祀歌十九章』の第十章）が最も象徴的である。

天馬徠　　天馬きたり、
開遠門　　遠き門を開く。

竦予身　予《わ》が身を（馬上に）竦《そばだ》て、
逝昆侖　崑崙《こんろん》（の神僊の山）に逝《ゆ》かん。

天馬徠　天馬きたり、
龍之媒　（この馬は、天に昇る）龍の媒《なかだち》。
游閶闔　（その龍に乗りて）閶闔《しょうこう》（天門）に游《あそ》び、
観玉台　玉台（天帝の宮殿）に観《あそ》ばん。

ここでは、天馬に乗って崑崙の山に往き、さらに天馬の仲介によって天龍に乗り替え、玉台すなわち天帝の宮殿に遊ぶことが歌われているが、崑崙の山に住むという僊女・西王母のことは、まだ言葉として歌われていない。僊女・西王母が古代中国の成立年代の確実な文芸著作に見え始めるのは、『文選』巻七に載せる揚雄（前五三―一八）の『甘泉賦』あたりからである。

「蚊龍連蜷於東厓　蚊龍は東の厓《きし》に連蜷《とぐろま》き、
白虎敦圉乎崑崙」　白虎は崑崙に敦圉《いきま》く。
「想西王母　西王母を想い、
欣然而上寿」　欣然として寿を上《たてま》つる。

神人騎馬獣方格画像鏡（五島美術館蔵）

そして、揚雄の甘泉賦に歌われているこのような崑崙山の西王母は、前漢末期から後漢初期にかけて大量に生産される讖緯思想文献にも、例えば『河図括地象』に「崑崙は弱水の中に在り。……三足の烏あり、西王母の為めに食を取る」などと記述されており、さらに後漢時代の銅鏡の銘文には、「寿を延ばすこと万年、上に東王父・西王母有り。生くること山石の如し」などとある。

興味深いのは、上掲の漢の武帝の太初四年に作られた「天馬」の歌の「天馬」に乗る貴人と崑崙山の西王母とを組み合せた画像鏡で、この画像鏡は神人騎馬獣方格画像鏡と呼ばれ、現在は東京・五島美術館に所蔵されている。

『道蔵』洞真部記伝類に収載されている『漢武帝内伝』一巻は、上述の漢の武帝の崑崙（西王母）信仰を踏まえて、同じく六朝時代に作られた周の穆王と崑崙の西王母との「瑤池の宴楽」を描く『列子』周穆王篇などの記述を参照しながら、文芸作品として纏められたものである。

孝武皇帝、長生ノ術ヲ好ミ、常ニ名山大沢ヲ祭リテ以テ神仙ヲ求メタリ。元封元年（前一一〇）

甲子、嵩山《スウ》ヲ祭リテ神宮ヲ起ス。（武）帝ハ齋《モノイミ》スルコト七日、祠《マツ》リ訖《オワ》リテ迺《スナワ》チ還ル。四月戊辰ニ至リテ、（武）帝ハ夜ル承華殿ニ間居ス。……忽チ見ル、一女子ノ青衣ヲ着テ美麗非常ナルヲ。帝ハ愕《ガク》然トシテ之ニ問ウ。女対《コタ》エテ曰ク、「我ハ墉《ヨウ》宮（西王母の宮殿）ノ玉女（侍女）王子登ナリ。向《サキ》ニ（西）王母ノ使ワス所ト為リ、崑崙山ヨリ来レリ」ト。（王子登ハ）帝ニ語《ツ》ゲテ曰ク、「聞クナラク子《キミ》ハ四海ノ尊キヲ軽ンジ、道（道教の真理）ヲ尋ネテ生（不老長生）ヲ求メ、帝王ノ位ヲ降《クダ》シテ屢《シバ》シバ山嶽ニ禱ルト。勤メヨヤ、教ウベキニ似タルモノ有リ。今ヨリ百日清斎シテ人事ヲ閑《オサ》メザレ。七月七日ニ至リテ（西）王母暫ク来ラン」ト。

右の文章は、『漢武帝内伝』の冒頭部分の一節であるが、このあと、玉女・王子登の予告のごとく、西王母が七月七日の夜、漢の武帝の宮殿を訪れて、長生の秘訣や薬物の使用法など、また不老長寿のための「道戒」「聖戒」などを授け、さらに『五嶽真形図』や『霊光生経』などの道教神学奥義書を下賜する記述が続く。そして最後に「徹（武帝の名）ヨ、其レ之ヲ慎メ、敢テ劉生ニ告グ」という誡めと励ましの言葉を残しながら、その翌朝、「人馬龍虎、威儀ハ初メ来リシ時ノ如クシテ」、崑崙の山に帰ってゆくというのが、そのあらすじである。

封禅の祭祀と登僊不死

漢の武帝が「長生ノ術ヲ好ミ、常ニ名山大沢ヲ祭ッテ以テ神僊ヲ求メタ」というのは、上掲『漢武帝内伝』の冒頭に記述する通りであるが、その詳細をさらに具体的に記述しているのは、『史記』封禅書である。

上《テンシ》（武帝）遂ニ東ノカタ海ノ上《ホトリ》ヲ巡リ、行《ユク》ク（瑯邪）八神ニ礼祠ス。……乃チ益《マスマ》ス船ヲ発《イダ》シテ海中ノ神山ヲ言ウ者数千人ヲシテ蓬莱ノ神人ヲ求メシム。

斉（国）ノ人・公孫卿、常ニ先行シテ名山ヲ候《ウカガ》ウ。東莱ニ至リテ夜ル大人ノ長数丈《ミノタケ》ナルヲ見ルト言ウ。……上《テンシ》ハ大イニ以テ僊人ト為シ、海ノ上《ホトリ》ニ宿留シテ方士ニ僊人ヲ求メシムルコト千ヲ以テ数ウ。……上乃チ復タ東ノカタ海ノ上ニ居リテ望ミ、蓬莱ニ遇《ア》ワンコトヲ冀《コイネガ》ウ。……上《テンシ》乃チ遂ニ去リテ海上ニ並《ソ》イテ北ノカタ碣石ニ至ル。……渤海ニ臨ミ、将《マサ》ニ以テ蓬莱ノ属《ヤカラ》ヲ望祀シ、殊廷《カミノニワ》ニ至ランコトヲ冀ワントス。

そして、漢の武帝は、元封元年（前一〇〇）、遂に念願の封禅の祭祀を泰山の山頂とその麓の粛然山で決行することになる。封禅の祭祀というのは、いわゆる春秋五覇の一人・斉の桓公にその元勲・管仲が解説した言葉として「古《イニシエ》ハ泰山に封《ホウ》（土盛りをして行う天神の祭り）シ、梁父《リョウホ》ニ禅（地面を掃いて行う地祇の祭り）スル者、七十二家、皆ナ（天）命ヲ受ケテ（天下ヲ一タビ匡《タダ》シ）、然ル後ニ封禅スルコトヲ得」とあり（『史記』封禅書）、戦乱の世を治めて天下太平を実現した地上最高の政治軍事の実力者のみが行い得る天神地祇の特別の祭祀とされている。そして、この封禅の祭祀をめでたく行い得た者は、『史記』封禅書の「方士」（神仙の道術者）たち、たとえば、公孫卿や李少君らの説くように、「神ト通ズルコトヲ得テ」、「登僊シ」、「不死」を実現することができるとされるが、中国において秦漢の世界帝国成立以後、現実に登僊不死を求めてこの封禅の祭祀を泰山で決行したのは、漢の武帝に先だつこと約七十年、秦の始皇帝がその第一号であった（詳細は本書所収「秦の始皇帝と不死登僊」を参照）。漢の武帝は、この秦の始皇帝の登僊不死のための封禅の祭祀決行の最も忠実な継承者として、初めにも述べた中国道教思想史上の〝双璧皇帝〟の栄誉を担っているのである。

漢の武帝と斉明・天武・持統の三天皇

上述したような漢の武帝の道教——具体的には崑崙・蓬莱の神僊の思想信仰——を七世紀の半ばからその終末に至る約半世紀間の日本列島において、畏敬と親愛と憧憬の感情を交えつつ、受容し学習し実践に踏み切ったのは、斉明（皇極）天皇とその皇子とされる天武天皇、および同じく孫娘（斉明の皇太子の天智の娘）の持統皇后（のちの持統天皇）の母子三代である。

斉明天皇は初め皇極天皇として即位され、即位の年の八月に飛鳥の南渕の河上で四方拝を行っておられる（『日本書紀』皇極紀）。「四方拝」というのは、その用語も含めて本来は中国の道教の行事である。また、この天皇の三年三月には、倭国《やまとのくに》の菟田郡《うだのこおり》の人・押坂直《おしさかのあたい》が道教でいわゆる霊芝《れいし》（紫菌）を食って不老長寿を得た話を載せており、同じく秋七月には、東国の不尽《ふじ》河の辺《ほとり》の人・大生部多《おおふべのおお》が橘の樹に生ずるという蚕に似た緑虫を「常世の神」と呼んで、「常世の神を祭らば、貧しき人は富を致し、老いたる人は還りて少《わか》ゆ」という御託宣を触れ回って邪教騒動を起している（同上）。「常世」は、『日本書紀』垂仁紀にも「常世の国は神仙の秘区にして俗の臻《いた》らむ所に非ず」とあり、上文の「老人還少」と共に明確な道教の思想信仰用語である。そして、このような道教の思想信仰の伝来が顕著な動きを見せている皇極・斉明の治世に、天皇は「号《なつ》けて両槻《ふたつきの》宮とし、亦は天宮と曰う」と記す「観」を「多身嶺《たむのみね》の上の両《ふた》つの槻の樹の辺に起《た》て」ておられるのである（『日本書紀』斉明紀）。この多身嶺の「観」（「天宮」）は、斉明天皇が吉野の山中に住むという神仙の祭祀を行って、不老長寿の実現を祈願するための宗教施設であり、漢の武帝が国都長安の西北、甘泉の離宮に益寿観と延寿観の両観を造って崑崙の山中に住むという神仙の祭祀を行い、不老長寿を祈願した故事（『史記』封禅書）を忠実に模倣したものと解される。

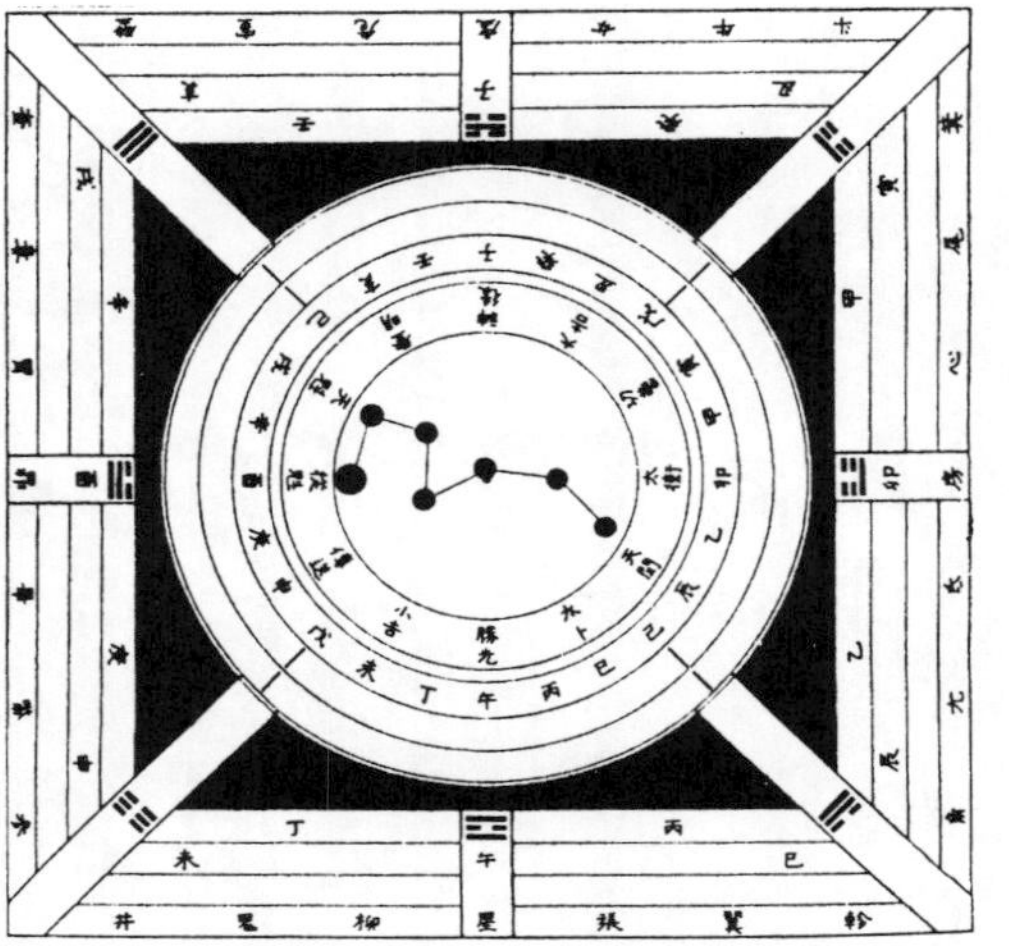

天武の「乗りて占った式（栻）と同類の式盤（漢楽浪王盱墓出土）

この斉明（皇極）の皇子である天武天皇も、そのまた孫娘である持統天皇も敬虔な神仙道教の信奉者であり、熱烈な漢の武帝の礼讃者でもあった。「天武」という諡号からして漢の武帝の「武」を強く意識させるが、道教の宗教哲学と密接な関連を持つ古代中国の「天文遁甲」の道術に詳しかった（『日本書紀』天武紀）というこの天皇は、壬申の挙兵に際して「式《ルーレット》（栻）を乗《と》りて占い」「赤色を以て（兵衆《いくさびと》の）衣の上に着けさせ」ているが、「式」（栻）の占いは、もともと道教の占術の一種であり、赤色を兵衆の衣の上に着けさせたのは、明らかに「衣ハ赤ヲ上《タット》ンダ」（『史記』封禅書）漢王朝もしくは漢の武帝を強く意識しての行為であった。

　そしてまた、この天武天皇は、日本書紀によれば、尊号を天渟原瀛真人《あまのぬなはらおきのまひと》といい、その即位十三年（六八五）には「八色《やくさ》の姓《かばね》」を制定し、その最上位を「真人《まひと》」と呼んでいる。ここでいわゆる「真人《まひと》」（「しんじん」）は、いうまでもなく道教で宇宙と人生の根源的な真理「道《タオ》」の体得者を呼ぶ言葉であり、「瀛真人」（「えいしんじん」）の「瀛《おき》」＝「えい」がまた、『史記』封禅書に「斉《せい》ノ威王・宣王、燕《えん》ノ昭王ノコロヨリ、人ヲシテ海ニ入リテ蓬莱、方丈、瀛《えい》州ノ三神山ヲ求メシム」とある「三神山」の一つ「瀛州」の「瀛」であることは、改めて言うまでもない。漢の武帝もまた、既に述べたように、この海中の三神山に道教の不老不死の「真人」たらんとして、到る所の海の上《ほとり》の名山大沢で神僊の祭祀を行い、元封元年（前一一〇）には特に、天下太平の実現者としての登僊不死を祈願する封禅の祭祀を泰山で決行しているのである。

　これを要するに、漢の武帝の道教の思想信仰は、不老不死の神僊の住むという吉野の山々に近接する飛ぶ鳥の明日香に都を置く斉明（皇極）↓天武↓持統の母子三代の天皇によって、着実に古代の日本国に根づけられ、その後の天皇家を中心として、その地下水的な流れを日本文化史の土壌に深く豊かに培ってきたと断定して大過ないであろう。

唐の玄宗と楊貴妃と七夕伝説

——昆劇「長生殿」の日本公演に寄せて

昆劇の「長生殿」が、唐代における代表的な道教の文芸作品——白楽天の『長恨歌』——の結びの八句、

臨別殷勤重寄詞　別れに臨んで殷勤に重ねて詞《ことば》を寄す、
詞中有誓両心知　詞の中に誓い有り、両《ふたり》の心のみ知る。
七月七日長生殿　七月七日、長生殿、
夜半無人私語時　夜半に人無くして私語《ささめごと》せし時、
在天願作比翼鳥　天に在りては願はくは比翼の鳥と作《な》り、
在地願為連理枝　地に在りては願はくは連理の枝と為らん、と。
天長地久有時尽　天は長く地は久しきも時有りてか尽きん、
此恨綿綿無絶期　此の恨みは綿綿として絶ゆる期《とき》無からん。

と歌う「七月七日、長生殿」に基づくものであることは改めて言うまでもない。

ところで「七月七日、長生殿」というのは、この演劇の主役である唐の玄宗と楊貴妃とが、玄宗治世のある年の七月七日、七夕の夜、驪山《りざん》――有名な秦の始皇帝の兵馬俑が発掘された陵墓の近傍にそびえる標高一三〇二メートルの山――の麓にあった離宮の長生殿で、「天漢」すなわち天の川の空に冴えわたるのを眺めながら、二人だけの愛の誓いのささやきを交《か》わしたというのであり、今回上演の全二幕八場から成る昆劇の「長生殿」では、第四場「密誓」――ひそかなる愛の誓い――の舞台がそれに当たる。そして玄宗と楊貴妃の「ひそかなる愛の誓い」が七月七日の七夕の夜に行われているのは、これまた言うまでもなく、七夕の夜というのは、天上で天の川に隔てられた牽牛星と織女星が、年に一度の逢う瀬を楽しむ時だからである。

上述のように、唐の皇帝である玄宗とその寵姫の楊貴妃との「天に在りては比翼の鳥となり」（翼《つばさ》を比《つら》ねて大空を仲良く飛ぶ二匹の鳥となり）、「地に在りては連理の枝とならん」（枝を一つにして木目《もくめ》を通じ合う二本の樹でありたい）という相愛の固き誓いが、七月七日の夜半、人無き時の長生殿で行われたと歌われているのは、この時を溯ること約八百年、同じく皇帝であった漢の武帝が、皇城内に築かれた延霊という名の台上で七月七日の夜半、天上世界から降臨した仙界の女王・西王母と逢い、不老長生のシンボルである桃の実七個をそれぞれ四個と三個に分けて食べたという六朝期道教文献『漢武帝内伝』（『道蔵』洞真部記伝類）の記述をふまえていると見てよいであろう。

漢の武帝は、唐の玄宗と同じく熱烈な神仙道教の信奉者であり、『史記』の封禅書によれば、しばしば山東に行幸して「蓬萊の神人を求めさせ」、「渤海に臨んで蓬萊の属《ともがら》を望祀」させている。そして

「漁陽の鞞鼓《へいこ》、地を動《ゆる》がして来る」（『長恨歌』。以下同じ）という安禄山の反乱に、「馬嵬《ばかい》の坡《つつみ》の下、泥土の中」で玄宗の「馬前に死んだ」「宛転《えんてん》たる蛾眉《がび》」の楊貴妃が、その死後に道教の神仙世界の「仙子」となり、名も新しく玉妃《ぎょくひ》と呼ばれて住んでいたのも、「山は虚無縹渺《ひょうびょう》の間《かん》に在り」という「海上仙山」の蓬萊宮の中であった。

昭陽殿裡恩愛絶　　皇帝の後宮における愛の語らいも今は絶え、
蓬萊宮中日月長　　蓬萊宮での仙女の生活に長い年月が経《た》ち、
回頭下望人寰処　　頭を回《めぐ》らして、下《しも》、人寰《ひとよ》の処を望めば、
不見長安見塵霧　　長安の都は見えず、ただ塵と霧ばかり。

仙女としての楊貴妃が住む蓬萊宮こそ道教の根本経典『道徳真経』（第五十九章）にいわゆる「長生久視の道」の体得者＝神人・仙女が永遠の生命を楽しみ生きる聖殿であり、仙人の安期生がまた秦の始皇帝の執拗な追求を逃れて長生久視の道を独り楽しんだというのも、この蓬萊山の宮殿においてであった（『抱朴子』極言篇）。蓬萊宮とは、いうなれば神仙道教の〝長生殿〟にほかならない。唐の玄宗が楊貴妃と比翼連理の固き契りを誓い合った驪山の宮殿が「長生」と名づけられているのも、しばしば渤海に臨んで蓬萊の神人――長生不死の道の体得者――を求めさせたという漢の武帝の神仙道教の信仰と全く共通する。

白楽天の『長恨歌』において、唐の玄宗と楊貴妃の比翼連理の〝愛の誓い〟が、六朝期道教文献の

『漢武帝内伝』における武帝と西王母の桃の実の共食と同じく、七月七日、七夕の夜のこととされているのは、既に述べたように、この七夕の夜には、天の川によって隔てられた牽牛星と織女星が年に一度の逢う瀬を楽しむという、いわゆる七夕伝説が当時広く行われており、その七夕のめぐり逢いの慶《よろこ》びにあやかって、もしくはそのめぐり逢いに心の祈りをこめて、特に七月七日の夜が選ばれたと考えられる。

そのことは、西暦二世紀、後漢の崔寔《さいしょく》の撰著とされる『四民月令』（『藝文類聚』巻四所引）に以下のような記述の見えていることによっても有力に裏づけられるであろう。

> 七月七日は経書を曝《むしぼし》にす。酒脯と時果とを設け、香粉を筵《むしろ》の上に散《ま》き、河鼓（牽牛）と織女に祈請して言う、この二星の神は当《まさ》に会うべし、と。夜を守る者、咸《み》な私願を懐く。

文中の「七月七日、経書を曝にす」は、『藝文類聚』巻四に引く『竹林七賢論』に、「旧俗、七月七日は法として当《まさ》に衣を曬《さら》すべし」とあり、同じく『世説新語』（排調篇）には「郝隆《かくりゆう》は七月七日、鄰人の皆な衣物を曝曬《ばくさい》するを見て……」、同じく任誕篇（現行本）には、「七月七日、北阮（道路の北側の阮家）は盛んに衣を曬《さら》す。皆な紗羅と錦綺となり」などとあり、魏晋の時代においては、一般的に陰暦の七月七日が、〝虫干《むしぼ》しの日〟とされていたことが知られる。そしてこれにつづく『四民月令』の文章では、七夕の夜に牽牛織女の二星の神に酒脯《しゆほ》（酒と乾肉《ほじし》）と時果（季節の果物。上記の「桃」もその一種）が供えられていること、また、その二星の神が人々の「祈請」もしくは「私願」の対象とされていることなどが特に注目される。つまり、ここでは牽牛と織女の二星が共に神格化され、『史記』封禅書などに記述する漢代の「霊星」や「寿星」の祀《まつ》りと同じく、一種の〝星祭り〟として宗教的信仰の対象とされていることである。

この霊星や寿星の〝星祭り〟は、中国南北朝時代の道教の宗教儀礼の中にも採り入れられていて、例えば、この時代の道教の宗教儀礼を知識人の立場から解説する『隋書』経籍志「道経」の条の記述には、

又た諸《もろ》もろの消災度厄の法有りて、陰陽五行の数術に依り、人の年命を推し、之を書くこと章表（皇帝への上奏文）の儀の如くす。……夜中、星辰の下に於て酒脯・餅餌《へいじ》・幣物を陳設し、天皇・太一を歴《つぎつぎ》に祀《まつ》り、五星列宿を祀る。書を為《つく》ること章を上《たてま》つるときの儀の如くして以て之を奏し、之を名づけて醮《しょう》（星祭り）と為す。

とあり、星祭りの供物に「酒脯」が用いられていることも、上に引いた『四民月令』の「牽牛織女の二星の神」の祭りと共通している。

ところで『四民月令』に記述されているような牽牛織女の七夕伝説が、既に道教の星祭りとしての宗教的性格を顕著に持つとして、この星祭りが特に「七夕《たなばた》」すなわち七月七日の夜に行われることの根拠・理由は一体どこにあるのであろうか。そのことを考察する上で有力な手がかりを与えてくれるのは、上に引いた『隋書』経籍志「道経」の条の道教の章醮《ほしまつり》もその中の一種である「諸《もろ》もろの消災度

厄の法」が、「陰陽五行の数術に依る」、すなわち道教の宇宙生成の自然哲学に依拠しているという記述である。

道教のそれを含む中国思想史一般における宇宙生成の自然哲学では、例えば『詩経』豳風《ひんぷう》「七月」の詩「七月には流《くだ》れる火《か》（西の空に墜ちた火星）あり」の鄭箋《ていせん》に、「大火は寒暑の候なり」すなわち暑気がはじめて退き、寒気がまさに至らんとするの景気であると解説しているように、七月は一年十二ケ月の前半六ケ月が終って、後半の六ケ月がこれから始まる最初の月、道教でいわゆる「中元」の折返しの月にあたる。そして、「七日」の「七」というのは、陰陽の「二」と五行の「五」との和、具体的には日（太陽）と月（太陰）の「二」と五星——木星（歳星）、火星（熒惑星《けいわくせい》）、土星（鎮星）、金星（太白星）、水星（辰星）——の「五」との和をいい、従って「七日」とは日月五星の道教でいわゆる「七曜」の一巡する日数を意味する。

かくて、いつもの日は天の川に隔てられた牽牛と織女の二星が、年に一度の逢う瀬を楽しむという「七夕」とは、夏の季節の「陽」の暑気が漸く後退し始めて、秋の季節の「陰」の涼気が新たにしのびよってくる陰陽交会の月＝「七月」における七曜（陰陽と五行）一巡の第七日の夜ということになり、その陰陽交会の「陰」に女性である織女星を、同じく「陽」に男性である牽牛星を当《あ》てれば、七月七日の「七夕」の夜は、織女星と牽牛星がその年に初めて交会する日、すなわち年に一度の逢う瀬を楽しむ夜ということになる。

そして、このことは、『藝文類聚』巻四「七月七日」の条に多く引く魏晋南北朝期の詩人たちの「七夕の詩」を検討することによって、いよいよ確実となるであろう。例えば、晋の潘尼の「七月七日、皇太子の玄圃園に宴するに侍る詩」の「商風初めて授け、辰火微かに流る。朱明は夏を送り、少昊《しょうこう》は秋を迎う」、また宋の劉鑠の「七夕に牛女を詠むの詩」の「秋動きて清風扇《そよ》ぎ、火（星）移りて炎気歇《や》む」などなど。これらはいずれも『詩経』豳風「七月」の詩をふまえて、陰暦の七月を、暑気のはじめて退き、寒気のまさに至らんとする月、もしくは陽気（牽牛星）と陰気（織女星）の初めて交会する月としている。

道教の宇宙生成の自然哲学は、『長恨歌』の作者・白楽天の死後二百年足らずで成立した一種の道教教理百科全書『雲笈七籤』百二十巻に収載する多数の神学教理書によって確認されるように、中国伝統の『易』ないし『易緯』における陰陽五行の数術と、老荘・列子・淮南子の天地造化の「道」の自然哲学との折衷習合をその基盤とする。そして道教のこのような混成複合の宇宙生成の自然哲学は、人間と人間社会をその中に包む全宇宙空間を「天」と「地」と「水」の三元として整理し、天を星の世界、地を人の世界、水を海原もしくは海童（長生不死の神仙）の世界として特徴づける。そして『長恨歌』はさらに、その星の世界を牽牛織女の七夕の星によって、また人の世界を唐の皇帝の玄宗とその寵姫の楊貴妃とによって、さらにはまた海原の世界を渤海上の蓬莱仙宮によって、それぞれ代表させ、そのうち特に人の世界が宿命として持つ愛の持続、長生への祈願とその裏切られとを〝長き恨み〟として心情化し夢幻化し演劇化する。人類の〝愛〟と〝長生〟への祈願は、要するに常に苛刻な歴史的現実によって〝長恨〟へと化し去ることを文芸作品として凝視し長歎し警告するのである。昆劇の「長生殿」は、『長恨歌』のその凝視と長歎と警告とを演劇として忠実に継承する。

桓武天皇の時代の精神的風土

——平安建都千二百年記念「雅楽」公演に寄せて

桓武天皇と平安京

桓武天皇の「桓武」という言葉は、中国の古典『詩経』周頌「桓」の詩に「桓桓たり武王、厥《そ》の士を保《やす》んじ有《たも》つ」とあるのに基づき、「天皇」という言葉は、同じく『文選』に収載する後漢の張衡の『思玄賦』に「天皇に瓊宮《たまのみや》に覲《まみ》ゆ」などとある。

またこの桓武天皇が今を去る千二百年前に日本国の京都の地に造営されたという平安京の「平安」という言葉も、中国の古典、『韓非子』解老篇に「恬淡平安にして　禍福の由りて来る所を知らざること莫《な》し」とあり、「京都」という日本語も本来は中国古代の正史『漢書』や『魏志』などに用例の多く見える古典中国語であった。

現在、私たちが見学することのできる京都御所——「御所」という言葉もまた本来は天子の御座所を意味する古典中国語——は、南に向いた正門として承明門（古くは陽明門）があり、この承明門を中央にして、その右に日華門、左に月華門、その奥に正殿として紫宸殿（古くは太極殿）が聳え立っている。

これらの京都御所の建造物の名称および配置などは、桓武天皇の平安建都の当時そのままでは勿論ないが、江戸期の碩学・柴野栗山らの平安京内裏に関する文献考証を踏まえて寛政年間に大改築された京都御所の構図を忠実に継承するものであり、さらにまた、これらが中国唐代の長安京ないし北魏時代の洛陽京のそれを全面的にモデルとしていることも、これまでの学者の研究によって既に明確にされている。たとえば「承明」「日華」の門名は、晋の陸機の『洛陽記』、唐の杜甫の「岑参の闕に補せられて贈らるるに答え奉る」の詩などに見え、「陽明」「月華」の古典中国語は、『後漢書』五行志や六朝期の道教経典『玉佩金鐺経』などに多く見える。また「紫宸」「太極」の殿名は、『唐会要』巻三十に「龍朔三年（六六三）四月、始めて紫宸殿に御《ぎょ》して政を聴く」とあり、『魏書』高祖紀に「太和十七年（四九三）春正月壬子朔、（孝文）帝は百僚を太極殿に饗す」などとある。

八世紀末、桓武天皇の延暦十三年（七九四）に始まる京都――桓武天皇の時代には山背の国もしくは山城の国――の平安京は、以上見てきたように、中国古典文化なかんずくその宗教文化との関連を極めて密接に持ち、当時の中国を中核とする東アジア世界において色彩ゆたかな国際性を帯び、エキゾチックな雰囲気を濃厚に漂わせる都市であった。そのことは平安京の建造物の名称・配置ないし土木建築技術などの「物」的側面において顕著であるばかりでなく、それら外来文化の担い手である宮廷貴族・官僚・知識人・各種の技術者たちの「人」的側面においても同様であった。桓武天皇の皇子である嵯峨天皇の弘仁六年（八一五）に成った一種の家格調査書でもある『新撰姓氏録』は、その序文によると、「垂仁（天皇）運《くらい》に撫《つ》きしよりこのかた（中略）諸蕃（諸外国）は徳を仰ぎ、（日本国の天皇は）遠き諸蕃を懐《なつ》け、姓《かばね》を賜《あた》えたまう。……遂に蕃俗と和俗とをして氏族相《かたみ》に疑《まぎら》わしからしめ（中略）三韓の蕃賓（渡来者）も日本の神胤（天神の末裔）を称《とな》えたり」などとあり、この時期、多数の外国人が日本国に渡来してきて、先住の日本人と混血融合し、その識別も甚だ困難な状態であったことが知られる。

具体的には、例えば、『新撰姓氏録』左京諸蕃「漢」の部に、秦の始皇帝の子孫と称する融通王（弓月君）が応神天皇の十四年に百二十七県の秦氏（中国人）を率いて来朝し、その後、仁徳天皇の時代には「秦公《はたのきみ》の姓《かばね》を与えられて「諸郡に分ち置かれ」、さらに雄略天皇の時代には、その族長である秦公酒《はたのきみさけ》が「太秦公《うずまさのきみ》の宿禰《すくね》の姓」を与えられたと記述されているのがそれである。

また同じく『新撰姓氏録』の右京諸蕃「新羅」の部に「三宅連《みやけむらじ》は新羅国の王子・天日桙《あめのひぼこ》の命《みこと》の後なり」とあり、同じく左京諸蕃「新羅」の部に「橘守《たちばなもり》は三宅連と祖を同じくし、天日桙命の後なり」とあるのなどがそれである。ここでいわゆる天日鉾は、わが国最古の歴史書『古事記』（応神の段）に、「昔、新羅の国主《こにきし》の子、名は天の日矛と謂う。是の人（中略）タヂマ（但馬）の国に留まりてタヂマのマタオ（俣尾）の女、名はマヘツミ（前津見）を娶りて、生まるる子はタヂマモロスクなり」とある「天の日矛」（『日本書紀』は「天の日槍」）と同一の人物であり、このタヂマモロスクの曽孫が、同じく『古事記』（垂仁の段）に、「天皇は三宅連らの祖、名はタヂマモリ（多遅摩毛理。『日本書紀』は「田道間守」）を常世《とこよ》の国――この「常世の国」を『日本書紀』垂仁紀は、「神仙の秘区にして俗の臻《いた》らむ所に非ず」と全く道教的な解説を加えている――に遣わして、非時《ときじく》の香《かぐ》の木の実を求めしめたまう。……タヂマモリは遂にその国に到りて、その木の実を採りて（中略）将《も》ち来れり。……是れ今

高野新笠（桓武天皇生母）大枝陵

の橘なるものなり」と記述されているタヂマモリであった。したがって『新撰姓氏録』に記載する「橘守」というのも『古事記』にいわゆる「非時の香の木」もしくはその木の実を管理確保する氏族を意味し、この「橘守」の氏族もまた本来は諸蕃の一つである新羅国からの渡来者であり、渡来してのち和俗の女性と結婚して日本国の天皇から姓氏を賜わったいわゆる「蕃賓《ばんひん》」であった。

同様の事例は、上述した但馬の国から、平安京に至る山陰街道の亀岡の町を過ぎ、老《おい》の坂を越えた旧大枝《おおえ》の関所跡の近くに築かれた高野新笠大枝陵（上の写真）の陵主、桓武天皇の御生母である高野新笠皇太后の一族に関しても指摘される。『続日本紀』延暦八年の条に載せる高野新笠皇太后の「崩伝」によれば、彼女の父・和《やまと》の乙継《おとつぐ》は、百済の武寧王の子の純陁太子の末裔であり、大枝陵の地域に住む豪族土師《はじ》氏（延暦九年十二月に改めて「大枝朝臣」の姓を賜う・『続日本紀』）の娘・真妹《まよし》を妻として後の新笠皇太后を生み、光仁天皇の宝亀年間には「高野朝臣」の姓を賜わっている。ちなみに上掲「崩伝」の末尾には、高野新笠皇太后の遠祖にあたる百済の都慕王は、「河伯の女が日精——「日精」の語は太陽光線の持つ生命エネルギーを意味し、上記平安京御所の日華門の「日華」と同義——に感じて生んだ子供である」と記述されており、上述の「非時の香の木の実」を求めて常世の国（神仙の秘区）に船出した田道間守の場合と同じく、古代中国の道教的な神秘思想のベールに深く包まれている。

なお、この高野新笠皇太后を生母とする桓武天皇の時代に蝦夷の平定に大功のあった坂上田村麻呂も『日本後紀』弘仁二年五月の条の記述によれば、「その先は阿智の使主《おみ》にして後漢霊帝の曽孫なり。漢祚の魏に遷るや国を帯方（後漢の時代、朝鮮半島に置かれた郡の名。現在の平壌附近）に避く。誉田《ほんだの》（応神）天皇の代、部落を率いて内附す」とあり、中国の後漢王朝の滅亡後、帯方すなわち朝鮮半島経由で日本国に渡来した、『新撰姓氏録』にいわゆる「蕃賓」であった。

空海と最澄

桓武天皇の時代における中国大陸と日本国との文化的交渉としては、この当時の日本仏教を代表する最澄・伝教大師と空海・弘法大師を共にそのメンバーに加える遣唐使節団――団長は藤原葛野麻呂《かどのまろ》――が最も注目される。この使節団は、『日本後紀』桓武天皇延暦二十四年（八〇五）六月の条に載せる団長・藤原葛野麻呂の上奏文によれば、延暦二十三年の七月六日、肥前国（長崎県）松浦郡（五島列島福江島）田浦《たのうら》の四隻の船団で出港したが（使節団長は第一船）、早くもその翌日には第三・第四の両船を見失い（第二船は明州（中国浙江省寧波市）に到着したことが後に判明）、三十四日間の絶望的な漂流の後、同年八月十日に福州（中国福建省）長渓県赤岸鎮附近に漂着上陸して国都長安に向っている（ちなみに福州近郊の鼓山の中腹にある名刹「湧泉寺」山門の近傍には、第一船に乗っていた空海・

空海入唐記念碑（福州涌泉寺境内）

弘法大師の入唐を記念する墓標形式の立派な石碑が建立されている）。

長安に到着して大唐帝国の皇帝徳宗李适《りかつ》に「対見」したのは、徳宗の貞元二十年＝桓武天皇の延暦二十四年＝十二月二十五日、年改まって貞元二十一年の元旦には、長安京の含元殿で朝賀の儀式に参列しているが、その月の二十三日には皇帝徳宗が六十四歳で突然に崩御。皇帝の急死にともなう大唐帝国の政治軍事的動揺の具体的な様相についても、藤原葛野麻呂の上表文は「唐の消息」として簡潔的確に報告している。

空海弘法大師は、この遣唐使節団の正式メンバーではなかったので、『続日本紀』の延暦年間の記述には、彼の名が全く見えていないが（空海の入唐求法に関しては、『続日本後紀』承和二年三月の条に載せる空海の略伝に「延暦二十三年、入唐留学す」と見え、また、第一船の福州漂着時の状況に関しては、空海の詩文の編著である『性霊集』巻五に収載する「大使、福州の観察使に与うるが為めの書」、「福州の観察使に与えて入京する啓」などの文章に詳しい）、最澄伝教大師は、正式の入唐求法僧として派遣されたので、帰朝後も宮廷に招き入れられ、その際に唐から持ち帰った仏像を桓武天皇に献上している。また、その翌月には再び宮中に招かれて天台の「毗盧舎那《びるしゃな》法」を行ったことが、『続日本紀』の延暦二十四年八月と九月の条にそれぞれ記述されている。

ところで、この最澄伝教大師は、桓武天皇が奈良の仏教界の腐敗と堕落を厭って長岡京遷都を決行された延暦三年（七八五）の翌年、出家者として平安京の鬼門に当たる比叡山に入っている。その彼は『法華玄義』『法華文句』『摩訶止観』のいわゆる『法華三大部』を中核とする中国隋唐時代の天台アカデミズム仏教学を懸命に学習すると共に、天台智顗の『摩訶止観』の観法による仏道実践行に励み、延暦二十三年、入唐求法のため、上記遣唐使節団の第二船に乗っての明州（現在の浙江省寧波市）上陸後は、天台国清寺の所在地・台州に留まって――写真は天台国清寺の本堂（大雄宝殿）――、天台円教と円戒の直伝を受け、帰路は明州で使節団第一船に同乗して延暦二十四年五月十八日に帰朝している。そして日本国への帰朝後は、比叡山上に天台一乗円頓の大乗戒壇を建立して独自の教団組織を整備し、ついに日本天台宗の開祖と仰がれるに至った。最澄が十九歳で比叡山に入り、山上に最初に建てた比叡山寺は、その後嵯峨天皇から勅額を下賜されて延暦寺と呼ばれるようになったが、その「延暦」の寺号が桓武天皇の元号「延暦」に基づくものであることは改めていうまでもない。

天台国清寺の本堂（大雄宝殿）

最澄伝教大師が比叡山上の延暦寺に拠って平安京の精神文化を代表する仏教界の一方の雄となったのに対し、同じく入唐求法の苦難の旅を終えて、最澄にやや遅れ、桓武の皇子・平城天皇の大同元年（八〇六）十月に帰国した空海弘法大師は、その三年後の大同四年、三十六歳のとき、平安京の西北の丘陵地帯、高雄の神護寺に住持となり、嵯峨天皇の弘仁十四年（八二三）、五十歳のときには平安京の東寺（教王護国寺）を勅賜せられ、以後この寺を国都における密教真言宗の根本道場とし、多くの人々を教導教化して真言密教の教団の基礎を確立した。

この空海・弘法大師が当時の中国（大唐帝国）の文化学術を代表する儒教・道教・仏教のいわゆる「三教」の優劣を論評する『三教指帰《さんごうしいき》』――『三教指帰』の書名は、唐の釈法琳『辯正論』巻四に「（唐の太宗は）百王の往事を観て、三教の指帰を考え……以て心に持して俗を済《すく》うべきものは、釈氏の教に過《まさ》る莫《な》しと謂《おも》えり」とあるのに基づく――を著作したのは、桓武天皇の延暦十六年（七九七）、二十四歳のときのことであるが、この『三教指帰』の具体的内容は、彼の後年の著作、『即身成仏義』、『十住心論』、『秘蔵宝鑰《ほうやく》』などのそれと共に彼の中国文化一般ないし中国アカデミズム仏教学の受容理解の水準の高さを確認させ、それはまた同時に桓武天皇の時代における平安京を中心とする精神的風土の肥沃さと多彩さ、豊饒さと華麗さを何よりも良く象徴するものであった。

空海『三教指帰』と道教

桓武天皇が平安遷都を決行されたのは、今も毎年行われている京都の時代祭りで周知のように、延暦十三年（七九四）十月二十二日のことであるが、その三年後、延暦十六年十二月一日に成った空海弘法大師の処女著作が、唐の太宗の用語に基づいて（上述）『三教指帰』と名づけられており、その『三教指帰』の具体的な内容が、上述したように「三教」すなわち儒教、道教、仏教の比較論評となっていることは、平安京の創設者である桓武天皇の時代の精神的風土を検討考察する上で極めて象徴的である。すなわち、この著作は、桓武天皇が、日本国統治の最高の政治原理として選択採用された儒教、および当時の中国すなわち李王朝の大唐帝国が、大唐の皇帝もしくは国家の宗教として尊び重んじ、日本国からの多数の政府留学生たちも、好むと好まざるとにかかわらず、その教理儀礼を学習修得させられて、その知識教養を日本国に持ち帰った、中華の民族宗教としての道教に対する仏教の最終的な優位性を弁証しようとするものであった。桓武天皇の時代の精神的風土一般は、仏教だけの最終的優位性を強調する空海の『三教指帰』とは必ずしも同じでなく、むしろ三教のそれぞれの持ち味を活かして、すなわち当時の大唐帝国の学者たちの用語で表現すれば、「三教一致」もしくは「三教調和」の立場で大陸半島からの外来文化を受容吸収していこうとするものであったが、しかし、その外来文化を儒教と道教と仏教の三教で把握し認識していこうとする態度姿勢は、両者に全く共通していた。

桓武天皇が日本国統治の最高の政治原理として儒教を積極的に採用していたことは、『続日本紀』の延暦元年八月の条に載せる「延暦改元詔」、すなわち、

殷周より以前は未だ年号有らず。漢武（漢の武帝）に至って始めて（年号の）「建元」を称す。……是《ここ》を以て継体の君、受禅の主は、祚《くらい》に登りて元を開き、瑞《しるし》を賜《たま》わりて号を改めざるはなし。

朕、寡徳を以て洪基（帝王の大業の基礎）を纂承《うけつ》ぎ、王公の上に託《つ》げて寰宇《せかい》に君臨す。……今、宗社（宗廟社稷）は霊を降し、幽顕（神と人の世界）は福を介《たす》け、年穀は豊かに稔《みの》り、徴祥《めでたきしるし》は仍《しき》りに臻《いた》れり。……宜しく天応二年を改めて延暦元年と曰うべし。

および、同じく延暦六年十一月の条に載せる「天神を交野《かたの》で祀る」ときの「祭文」、すなわち、

天子を嗣ぐの臣、謹んで（中略）藤原の朝臣継縄を遣わして、敢て昭らかに昊天上帝に告げしむ。臣、恭しく睠命《けんめい》に膺《あた》って鴻基を嗣ぎ守り（中略）四海は晏然として万姓は康《やす》んじ楽しむ。方今、大明（太陽）は南に至《きわ》まり、長晷《ながきひかり》は初めて昇れり。敬《つつし》んで燔祀《ひまつり》の義を釆り、祇《つつし》んで報徳の典を修め……茲《こ》の禋燎《たきびまつり》を備え、祇んで潔き誠を薦《すす》む。……尚《こいねが》わくば饗《う》けよ。

などによって明確である。上掲の「延暦改元詔」は、中国古代の正史『史記』や『漢書』に載せる中国皇帝の改元詔を換骨奪胎して殆んど同文であり、交野で天神を祀る時の「祭文」も儒教の古典『周《しゅ》礼《らい》』などに載せるそれと全く類を同じくする。このほか『続日本紀』や『日本後紀』に数多く載せている桓武天皇の「詔」もしくは「勅」の字句表現の殆んどもまた儒教のそれをモデルとしており、新規の氏姓の賜授や位階勲等制度の実施運用、外交使節団の派遣と迎え入れ、軍隊の出動と将軍司令官の任命なども中国における儒教的統治の重要政務であった。桓武天皇の「桓武」という諡号にしても、既に述べたように儒教の古典『詩経』の周頌「桓」の詩を典拠にしており、この天皇が特に儒教的武

事軍務の処理に秀逸であったことを強く示唆している。

空海の『三教指帰』において、儒教につづき論評を加えられている道教に関しても、『続日本紀』、『日本後紀』の桓武在位期間の記述には、これと密接に関連するものが多く見られる。たとえば、延暦四年九月、皇太子を廃せられて長岡京の乙訓《おとくに》寺に幽閉され、さらに淡路島に流謫される途中に生命を絶った桓武天皇の同母弟、早良《さわら》親王に対して、その死霊の祟りを畏れた桓武天皇が、延暦十九年七月、鎮魂のため、崇道天皇の諡号を追贈しているのがそれであり（「崇道」の語は、道教を尊崇して天帝の加護を受ける意。唐の道士・杜光庭の撰著『歴代崇道記』などを参照。なお「鎮魂」の語も本来的には道教の宗教哲学用語）、また、延暦元年七月、陰陽寮が桓武天皇に対し、伊勢の大神および諸《もろ》もろの神社の祟りを祓除するために神祇の祭祀を重視すべきことを進言しているのなどがそれである。このほか延暦元年八月には、桓武天皇の父君・光仁天皇を改葬するために「陰陽を解する者合せて十三人」を大和の国に派遣しているのがそれであり、同じく七年夏四月、累月の亢旱《ひでり》に黒馬を丹生川の川上の神に奉納しているのも同様である。

先にも述べたように、桓武天皇の御生母、高野新笠皇太后は、その遠祖の百済の都慕王が、河伯の女の日精（日華）に感じて生まれた子であるという道教的な伝承を持ち、桓武天皇ご自身も、その晩年（延暦二十三年八月）、暴風雨のために皇居の中院・西楼の建物が倒れて、その下にいた牛が圧死した時には、その牛の死を丑歳生まれの自己の死の前兆と見て、「朕は利《よろ》しからざるか」と悲嘆されるほどの道教的な讖緯思想の信仰者であったという。同じくその晩年に、実弟の早良親王の鎮魂のため、崇道天皇の諡号を追贈しているのも、このような道教の呪術宗教的な思想信仰と密接に関連するものと見てよいであろう。

「雅楽」の日本的変質

平安京の宮廷文化のパターンの確立者として、漢詩文の製作および編著（『凌雲集』『文華秀麗集』の勅撰）鑑賞批評などに抜群の資質を持たれ、書芸術においても空海弘法大師、橘逸勢《はやなり》と並んで「三筆」と称せられるほどの能書家でもあった嵯峨天皇＝桓武天皇の第二皇子の神野《かみの》親王＝は、弘仁格・弘仁式の制定など律令的法制の整備に努められると共に、正月の節会、端午・重陽の節句などの宮廷年中行事の開設にも積極的であった。そして、その際の朝会の作法、衣服の制度など慣習万般をすべて唐風に改めて、桓武天皇に始まる儒教的律令制度再興の努力を忠実に継承され、政治的にも文化的にも新鮮で活力溢れる平安栄光の一時期を実現された。中国古代の儒教文化に源泉を持つ「雅楽」――この言葉もまた儒教の古典『論語』陽貨篇に「鄭声の雅楽を乱すを悪む」として初見――が、日本国の宮廷文化の中で飛躍的に重要な位置づけを持つようになるのも、この天皇の時代からと見てよいであろう。

嵯峨天皇といえば、中国大陸で最初に匈奴などの北方騎馬民族の文化、特に騎馬戦法と、孔子を開祖とする儒教の国家統治の教学体系との統合一体化に成功した漢の武帝、その漢の武帝を至高のモデルとして、尊号も太武（武帝を太くする）と呼ばれた北魏王朝の皇帝・拓跋燾《たくばつとう》の創始した源氏制度（詳細は『魏書』源賀伝を参照）を、初めてわが日本国に導入したのもこの天皇であった（『三代実録』清和天皇の貞観十年の条に載せる源朝臣信の「薨伝」を参照）。しかしまた同時にこの天皇は、父君・桓武天皇の念願とされた儒教的律令制度の再興を忠実に推進しつつも、漢唐の中華の巨大帝国とは異なる日本国独自の歴史的風土的諸条件を考慮して、蔵人所《くろうどどころ》・検非違使《けびいし》などのいわゆる「令外《りょうげ》の官」を設置し、貞観以降の藤原良房・基経に始まる摂関政治の変則統治体制の伏流的な定礎者でもあった。

中国の儒教的律令制度の上述したような日本的変質と全く同様の現象が、同じく中国にその源流を持つ「雅楽」の芸術文化に関しても指摘されるであろう。儒教の古典『論語』にいわゆる「雅楽」――古代中国の典雅な楽舞――が古く日本国に伝来してきたのは、『続日本紀』文武天皇・大宝元年（七〇一）七月の条に「雅楽の諸師、官を判任に准ず」とあり、また、『養老令』職員令に「雅楽寮の職員」として「唐楽師十三人、楽生六十人」とあるのなどによれば、八世紀の初め、飛鳥時代の末期には既に確実に実現していたと見てよいであろう。

田辺尚雄氏の『日本の雅楽』によれば、「こんにち日本で雅楽と称しているものは、平安時代に宮中および主として貴紳の間に行われた楽舞、さらにそれと同種に属する楽舞をさし、こんにちでは宮内庁楽部が主管する古楽舞およびそれと同種の楽舞をさす。その内容は大別して、(1)日本古代の楽舞にもとづいたもの。神楽、倭舞《やまとまい》、東遊、田舞、久米歌、五節舞など。(2)奈良朝前後に朝鮮・満州・中国・インドなどから日本に伝来した楽舞を平安時代に日本で改作し、またはそれに模して新作した器楽曲（管絃）および舞踊（舞楽）。(3)平安時代に上述の外来楽にもとづく管絃を伴奏として起った、日本の新歌曲たる催馬楽《さいばら》および朗詠の三種が含まれる」という。

田辺氏が『日本の雅楽』の三種の(1)に挙げられている「倭舞」「久米歌」「五節舞」などは、『続日本紀』の記述によれば、聖武天皇の天平十四年正月十六日（中国の上元節の翌日）、同じく十五年五月五日（中国の端午節句の日）などに五節舞が大安殿や内裏で舞われており、また称徳天皇の宝亀元年三月二十八日には、藤原雄田麻呂以下が内裏で和舞《やまとまい》を奏し、さらに孝謙天皇の天平勝宝元年十二月二十七日および同じく四年四月九日には久米舞がいずれも東大寺で舞われている。そして、同じく田辺氏が『日本の雅楽』の三種の(2)に挙げられている朝鮮・中国・インドなどの楽舞に関しても、『日本後紀』平城天皇（桓武の第一皇子）の大同四年三月二十一日の条に、雅楽寮の雑楽師として「唐楽師十二人、横笛師二人、高麗楽師四人、百済楽師四人、新羅楽師二人、伎楽師二人、林邑楽師二人」などが定員化されたとあるので、この時期の日本の雅楽は、中国大陸・朝鮮半島の各種の楽舞を自由に採り入れて折衷調和し、かなり日本的に変質されてはいるものの、新奇で多彩、極めて国際色の豊かなものであったと考えられる。

右に引用した『日本後紀』の記述であるが、平城天皇の大同四年といえば、その皇太弟である嵯峨天皇は、当時二十五歳前後の青年であった筈である。この嵯峨天皇は、『三代実録』貞観十年（八六八）閏十二月の条に載せる源朝臣信の「薨伝」によれば、自らの皇子であるこの源朝臣信に、父親として「親しく笛を吹き琴箏を鼓し琵琶を弾ずる等の伎《わざ》を教え習わしめた」とあり、また、『日本後紀』弘仁五年（八一四）十一月の条には、「侍臣に宴して五節舞を奏させた」ことが、さらにまた同じく二年九月九日の重陽の節句には、「神泉苑に幸して妓楽を奏させた」ことが記述されていて、音楽に関しては、笛や琴や箏、また琵琶など、皇子たちに親しく教え習わしめるほどの名手であったことが知られ、楽舞に関しても五節舞は勿論のこと、通俗的な妓楽などを自由に演奏させていたことが確認される。

つまり、儒教の古典『論語』にいわゆる「雅楽」すなわち典雅な楽舞に関しても、桓武天皇とその皇子＝平城・嵯峨両天皇＝の時代には、用語はそのまま中国古典と同じものを使用しながら、内容的には日本の歴史的風土的諸条件の独自性を参酌加味して、かなりの質的変化を遂げているのである。そして、このような質的変化を遂げさせている基盤的な精神風土の特徴は、私見によれば、すべての異質的なものをおおらかに受け容れていく外に向って開かれた「心」、また、多種多様なものがそれぞれの持ち味を活かして、共に生を楽しむことのできる「和」――『荘子』にいわゆる「これを和するに天倪《げい》（ありのままの自然体）を以てす」の「和」、また桓武天皇の御生母・高野新笠皇太后に関して、『続日本紀』延暦四年の条に「皇太后、姓は和氏、名は新笠」とある「和」――の思想であった。

Ⅳ

「倭人」と「越人」

漢語としての「倭人」

「倭人」という言葉は、『古事記』『日本書紀』などの奈良朝期日本古典には全く用いられていない漢語、すなわち古典中国語であるが、この漢語としての「倭人」が現存する中国古代歴史文献に初見するのは、紀元一世紀の半ば、後漢の班固（三二―九二）によって編纂された『漢書』地理志（下）の「燕地」の条である。

玄菟《ゲント》・楽浪《ラクロウ》ハ武帝（前一四一―前八七年在位）ノ時ニ置ク（玄菟・楽浪・臨屯・真番の朝鮮四郡の設置は、『漢書』武帝紀によれば、武帝の元封三年（前一〇八）夏のことである）。……楽浪（現在の北朝鮮平壌の地域）ノ海中ニ倭人有リ、分レテ百余国ト為ル。歳時ヲ以テ来リ献見スト云ウ。

この『漢書』地理志の文章においては、「倭人」は楽浪の海中、すなわち西朝鮮湾から渤海湾、黄海に至る海域と結びつけられ、古代中国の「燕地」すなわち現在の北京・河北の地域と結びつけられているが、「倭人」と「燕地」とを結びつけるのは、『山海経』海内北経にも「蓋《ガイ(カフ)》国ハ鉅燕ノ南、倭ノ北ニ在リ。倭ハ燕ニ属ス」とあって、ここでいわゆる漢語としての「倭人」の居住地が、朝鮮半島の西海岸から遼東半島の沿海地区を含めて渤海の沿岸地区に及ぶ広大な範囲であり得ることを強く示唆している。そして、この「倭人」の居住地に関する上述のような強い示唆は、『後漢書』烏桓鮮卑伝に載せる以下の「倭人」の記述によっていっそう確実に裏付けられる。

光和元年（一七八）冬、（鮮卑）マタ酒泉（甘粛省）ニ寇ス。縁辺、毒ヲ被ラザルハ莫《ナ》シ。（鮮卑ノ）種衆、日ニ多ク、田畜射猟ノミニテハ食ヲ給スルニ足ラズ。（鮮卑王ノ）檀石槐《ダンセキカイ》、乃チ自ラ徇《メグ》リ行《アル》キ、烏侯《ウコウ》（地名）ノ秦水ノ広従《ヨコタテ》数百里、水停《トド》マリテ流レズ、其ノ中ニ魚有ルヲ見テ、之ヲ得ルコト能ワズ。倭人ノ善《タクミ》ニ網モテ捕フルヲ聞キ、是《ココ》ニ於テ東ノカタ倭人ノ国ヲ撃チ、千余家ヲ得テ、秦水ノ上《ホトリ》ニ徙《ウツ》シ置《オ》キ、魚ヲ捕リテ以テ糧食ヲ助ケシム。

すなわち、ここでもまた「倭人」の居住地は、騎馬民族である鮮卑族の居住する烏侯の秦水の東方、遼東半島の沿海地域から渤海湾の沿岸地域に及ぶ朝鮮半島の西北部、ないし中国漢代の「燕地」に近接する地域とされている。

以上、見てきたように、前漢・後漢時代における漢語としての「倭人」の居住地は、朝鮮半島の西北部ないし中国漢代の「燕地」に近接する地域とされているが、ここで注目されるのは、同じく後漢の時代、紀元一世紀の半ばに書かれた王充（二七―九一）の著書『論衡』に、その儒増篇など再度にわたってほぼ同文の用例が見える「倭人」の記述である。

（一）儒増篇「周ノ時、天下太平ニシテ越裳《エッショウ》（国名。『後漢書』南蛮伝に「交趾ノ南ニ越裳国有リ」とあり、「交趾」は現在のベトナム北部）ハ白雉ヲ献ジ、倭人ハ鬯《チョウ》草ヲ献ズ」

（二）恢国篇「（周ノ）成王ノ時、越常《エッショウ》（裳の訛字）雉ヲ献ジ、倭人ハ暢《チョウ》（鬯）ヲ貢ス」

この王充の『論衡』にいわゆる「周ノ時……倭人ハ鬯草ヲ献ズ」の「鬯草」は、儒教の古典『礼記』郊特牲篇に「周ノ人ハ（祭祀ニ）臭《ニオイ》ヲ尚《タット》ビ、潅《ソソ》グニ鬯ノ臭ヲ用ウ。鬱《ウツ》ヲ鬯ニ合セ、陰《ツチ》ニ臭シテ淵《チノ》泉《ソコ》ニ達ス」とあり、後漢の許慎（三〇―一二四）『説文解字』第五篇（下）「鬱」字の条に、「鬱鬯ハ、百草ノ華ト遠方ノ鬱人貢スル所ノ芳草トヲ合セ、之ヲ醸《カモ》シテ以テ神ヲ降ス。鬱ハ今ノ鬱林郡ナリ」とある。これらの記述によれば、「周ノ時……鬯草ヲ献ジタ」「倭人」というのも、鬱鬯の産地である「鬱林郡」すなわち現代中国の広西省貴県の東方地域に住む蛮夷の一種と見ることもできよう。

ところで、以上見てきた『漢書』地理志、『山海経』海内北経、『後漢書』烏桓鮮卑伝、『論衡』儒増・恢国各篇の「倭人」が、必ずしも古代の日本列島を居住地としないのに対して、中国の後漢時代につづく三国時代の正史『三国志』魏書、いわゆる『魏志』の倭人伝――「倭人ハ帯方（もと楽浪郡二十五県の一県。後漢末期に郡として独立。現在の平壌の南地区）ノ東南ノ大海ノ中ニ在リ。山島ニ依リテ国邑ヲ為ス。……漢ノ時ニハ（中国ニ）朝見スル者有リ。……（帯方）郡ヨリ倭ニ至ルニハ海岸ニ循イテ水行ス。……男子ハ大小ト無ク皆面《カオ》ニ黥《イレズミ》シ身《カラダ》ニ文《イレズミ》ス。古《イニシエ》ヨリ以来《コノカタ》、其ノ使（者）中国ニ詣《イタ》レバ、皆自ラ大夫ト称ス……」。および、この三国時代につづく晋王朝の時代の正史『晋書』の倭人伝——「倭人ハ帯方ノ東南ノ大海ノ中ニ在り。山島ニ依リテ国ヲ為ス。地ニ山林多クシテ良田無ク、海物ヲ食ス。……男子ハ大小ト無ク悉ク面ニ黥シ身ニ文シテ、自ラ（呉ノ）太伯ノ後ト謂ウ。……其ノ道里ヲ計ルニ当《マサ》ニ会稽東冶ノ東ナルベシ。……（男女）皆ナ被髪徒跣ス。其ノ地温暖ニシテ、俗、禾稲紵麻ヲ種《ウ》エテ蚕桑織績ス。土ニ牛馬無シ……」——になると、これらの書にいわゆる、「倭人」の居住地は、ほぼ現在の日本列島、なかんずくその沿海地域に限定されるようになる。

その主要な理由としては、それまで黄河流域に首都を置いてきた漢民族国家が、次第に南下して首都を江南の建鄴（南京）に移して古代日本国に近接し、したがって漢語としての「倭人」が、主として日本列島沿海地区の居住者を呼ぶ言葉として定着するようになった事情が考えられる。

漢語としての「越人」

中国の古代文献で漢語としての「越人」が見えているものとしては、まず道家の古典『荘子』逍遙遊篇の「越人ハ断髪文身ス」が挙げられ、ついで『呂氏春秋』（紀元前三世紀に成立した一種の思想百科全書）異宝篇の「越人ハ禨《キ》（吉凶のきざし）ヲ信ズ」、また『淮南子』（紀元前二世紀に成立した一種の思想百科全書）精神篇の「越人ハ髯《オオ》イナル蛇ヲ得テ以テ上肴《ゴチソウ》ト為スモ、中国（ノ人々）ハ之ヲ棄テテ用ウルコト無シ」、同じく斉俗篇の「胡人ハ馬ニ便《タクミ》ニシテ越人ハ舟ニ便ナリ」、同じく主術篇の「越人ハ幹舟《ヤカタブネ》ニ乗リテ江湖ニ浮カブ」、同じく斉俗篇の「越人ハ臂《ウデ》ニ契《キザ》ム」、さらにまた法家の古典『韓非子』難勢篇の「越人ハ善《タクミ》ニ游《オヨ》グ」、同じく説林篇（上）の「越人ハ被髪《ザンバラガミ》ニシ」「越人ハ跣行《ハダシデアル》ク」などが挙げられる。

なお、後漢の趙曄《ちょうよう》の撰著に成る『呉越春秋』越王無余《むよ》外伝によれば、「越王勾践」の「越」は「大越」とも呼ばれて呉王闔閭《こうりょ》の「呉」とセットにされ、「呉越」と呼ばれているが、その「呉越」の「越」を儒家の古典『春秋経』定公五年の条では「於越《オエツ》ハ呉ニ入レリ」、同じく十四年の条では「五月、於越ハ呉ヲ雋李《シュンリ》ニ敗レリ」などと、「於越」（于越）とも呼んでいる。そして、『史記』東越伝によれば、「前三三四年、越が楚に滅されて後、越王勾践の子孫である無諸《むしょ》が閩中（現在の福建省福州の地域）に自立し、閩越《びんえつ》王と称し、劉氏の漢が興ってからは、越人を率いてその漢を佐《たす》け、漢王朝によって正式に閩越王に封ぜられ、東冶《とうや》（閩中郡の治所）に都した」とあり、秦代漢初の時期の閩中郡が「閩越」と呼ばれている。

また、同じく『史記』南越伝によれば、「秦の始皇の時、南越の地に桂林・南海・象の三郡を置いたが、そののち漢楚抗争の際、三郡の一である南海郡の龍川県の県令であった趙佗《ちょうだ》が、三郡の地に王となって南越王と称し、番禺《ばんぐう》（現在の広州市）に都した」とあり、現在の広東・広西の地域が南越（粤《えつ》）と呼ばれている。

さらにまた、同じく『史記』大宛伝によれば、「昆明の西方千余里ばかりにして象に乗る国有り、名づけて滇越《てんえつ》と曰う」とあり、そこの『史記正義』に「昆・郎などの州は皆滇国なり。其の西南の滇越・越巂《えつしゅん》は則ち通じて越と号《よ》ぶ」とある。これによって現在の雲南省の西南部、メコン河上流の瀾滄《らんそう》江の流域、傣（タイ）族自治州とされている西双版納（シーサンパンナ）の地域が漢代においては滇越と呼ばれていたことが知られる。

右に述べた呉越、閩越、南越、滇越などの諸地域は、『史記』李斯伝によれば、「北は胡貉《こかく》を逐《お》い、南は百越を定めて以て秦の強きを見《しめ》す」とあるように、一括して「百越」とも呼ばれており、多くのさまざまな「越人」が居住していたわけであるが、このうち、「呉越」の越人と倭人との関係については、一九九二年刊行された「東アジア文化交流史研究会」シンポジウムのテキスト『呉越の風　筑紫の火』にすでに記載ずみである。また「閩越」の越人に関しては、一九九〇年に現地学術調査を行い、「南越」および「滇越」の越人に関しては、一九九一年に同じく現地学術調査を行ったので、次にそれら（閩越・南越・滇越）の越人と倭人との関係のあらましを、中国の古典文献資料と現地学術調査の成果とに分けて略述することにする。

越人と倭人

漢語としての「倭人」が、主として日本列島なかんずくその西北部の沿海地域に居住する短軀裸足、断髪文身の習俗を持つ水田稲作兼業の漁撈生活者たちを呼ぶ言葉となるのは、上述のように漢民族の主力の南渡以後のことであり、中国の歴史文献としては、『三国志』魏書、いわゆる『魏志』倭人伝に始まるが、その『魏志』倭人伝の「倭人」に関する記述を上掲の中国古典文献の「越人」に関する記述と比較検討するとき、「倭人」と「越人」両者の生活習俗もしくは思想信仰に類似し共通するものが少なからず指摘される。

たとえば、『魏志』倭人伝において、越の会稽（現在の浙江省紹興市近傍）に封ぜられた夏后（夏王朝の天子）少康の子の「断髪文身シテ以テ蛟龍ノ害ヲ避ケル」のが、倭人（倭ノ水人）の「沈没ヲ好ミ、魚蛤ヲ捕エ、文身シテ亦タ以テ大魚水禽ニ厭《マジナイ》スル」のと類似するという記述が、いずれも『荘子』の「越人ハ断髪文身ス」に基づき、同じく「倭人ハ皆ナ徒跣ス」が、『韓非子』の「越人ハ跣行(徒跣歩行)ス」と一致し、同じく「鬼道ヲ事トシ、能ク衆ヲ惑ワス」、「骨ヲ灼キテト《ボク》シ、以テ吉凶ヲ占ウ」などが、『呂氏春秋』の「越人ハ禨《キ》(吉凶ノ禨祥。『文選』巻六十「竟陵文宣王行状」は、「越人ノ巫」に作る)ヲ信ズ」と共通するのなどがそれである。

そして、このことは上述の現地学術調査で確認したことであるが、古く越人の居住地であった浙江省余姚県の河姆渡遺跡などから出土している炭化米や絹糸は、『魏志』倭人伝の「禾稲ヲ種《ウ》エルコト」、「蚕桑緝(絹)緜」と一致し、呉越・閩越の地に多い樟《くすのき》(楠)や竹・笹などの植物は、同じく倭人伝の「豫樟《くすのき》(楠)」、「竹篠」と一致する。

このほか、広東省広州市で見学した南越王の墓では、倭国の正史『日本書紀』の天武紀に記述する朱鳥や瀛真人《えいしんじん》(おきのまひと)信仰と共通する朱雀・蓬莱三神山信仰(蓬莱三神山信仰は、『漢書』郊祀志に記述する漢の武帝製作の承露盤と同類のものに三輪の花弁を付して象徴的に表現)や奈良の東大寺正倉院に秘蔵される漢方医療の御物「五石散」と共通する各種の薬物が確認され(次頁写真参照。ちなみに、この南越王墓の被葬者も佐賀の吉野ケ里墳丘墓の被葬者と同じく北首であった)、また雲南省晋寧の石寨山遺跡出土の「滇王の金印」は、福岡県志賀島出土の「漢委奴国王の金印」と同じく蛇鈕となっており、さらにまた上述の後漢の王充『論衡』にいわゆる「倭人」の末裔とみなされる雲南省西南部の少数民族傣族《たいぞく》が『魏志』倭人伝にいわゆる「帯方東南大海の中」の倭人と同様に左衽裸足、断髪文身であり、同じく景頗(チンポー)族が『古事記』神話の天照大御神や沖縄の『おもろ』の創世神話における天道子《てだこ》大主と同様に、太陽を女性神とする思想信仰を現在も残し伝えているのが確認された。

右に述べましたように、倭人と越人はそれぞれの生活様式、風俗習慣、ないし思想信仰などに多くの共通し、もしくは類似するものを持ちますが、さらにまた七世紀天武朝のころから日本海沿岸地域の「こし」の国の「こし」に漢字の「越」の字をあて、またこの越の字を瀬戸内海沿岸地域に多い苗字の越智の「を」と同じく発音する――倭人の「わ」と古代音が類似――ことからも容易に推測されるように、倭人を越人とルーツを同じくする古代東アジアの「船」の文化の担い手たちである、つまり、このことを極言して「倭人は百越の一種なり」とすることも全く不可能ではなくなるでありましょう。

昇仙祈願の朱雀（屏風の頂に付ける飾り）

三龍・三神山の承露盤

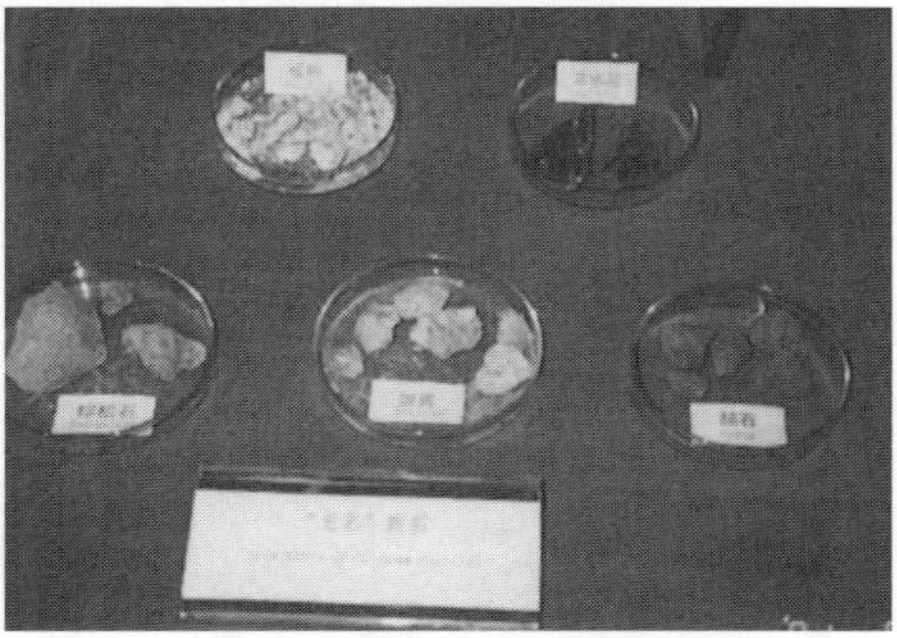

仙薬「五石散」の原料

「漢倭奴国王」の読み方

九州の志賀島から出た「漢委（倭）奴国王」の五字が刻まれている金印は、もしそれが中国の『後漢書』東夷伝に「建武ノ中元二年（紀元五七）、倭奴国、貢ヲ奉ジテ朝賀ス。……光武（皇帝）賜ウニ印綬ヲ以テス」とある「印綬」と同一のものであるとすれば、その印に刻まれている「漢委（倭）奴国王」の五字は、当然のこととして西暦一世紀半ば頃の漢の皇帝が使用する古典中国語として読むべきであり、したがって、その中の「倭奴」の語は、「倭《わ》の奴《な》」ではなく「倭奴《わど》」と一語に読むべきであろうというのが私の年来の主張です。

といいますのは、上に引いた光武皇帝が印綬を賜うたという倭奴国の記述は、『後漢書』東夷伝に載せられていて倭奴国は明確に「東夷」とされており、一方また、中国の儒教の古典『逸周書』王会篇には、「東夷」が周の成王に対してさまざまな貢献を行ったという記述が見えており、これを承けて、一世紀の半ば、光武皇帝の倭奴国に対する「印綬」の賜与と同時期の後漢の学者・王充（二七―九一）の著書『論衡』恢国篇には、「（周ノ）成王ノ時、越裳（国名。今のベトナム北部）ハ雉ヲ献ジ、倭人鬯《チヨウ》（草）ヲ貢ス」などとあります。

したがって「倭」もしくは「倭人」という古典中国語は、前三世紀頃にその成立が推定される『山海経』海内北経に「倭ハ燕（現在の北京・河北の地域）ニ属ス」とあり、後一世紀の初め、後漢の班固によって書かれた『漢書』地理志（下）の「燕地」の条には「楽浪ノ海中ニ倭人有リ、分レテ百余国ト為ル。歳時ヲ以テ来リ、献見スト云ウ」などとあって、「楽浪ノ海中」をも含む古代中国の「燕地」の東方海域、古典中国語にいわゆる「東海」の沿海地区に住む「矮小」（背が低くて猫背、かがみ腰）で、「断髪文身」（頭髪を短く切って体に刺青を施す）の習俗をもつ水田稲作兼業の漁撈民族を呼ぶ言葉でありました。

そして、この「東夷」と呼ばれる古代中国の東方海域に住む水田稲作兼業の漁撈民族である「倭」もしくは「倭人」は、中国の正史である『唐書』東夷伝や『宋史』外国伝などに「日本ハ古《イニシエ》ノ倭奴ナリ」、「日本国ハ本《モト》ノ倭奴国ナリ」などとあるように、古くは「倭奴」と呼ばれており、「倭」と「奴」が明確に「倭奴」という一語として使用されています。つまり「倭奴」という古典中国語は、漢代における西方の夷狄である騎馬民族の「匈奴」を中華の漢民族に対する奴婢的な存在、野蛮の民として「奴」（「匈奴」）と呼んだように、「東夷」すなわち東方の夷蛮である「倭」もしくは「倭人」を「倭奴《わど》」と呼んでいるわけです。

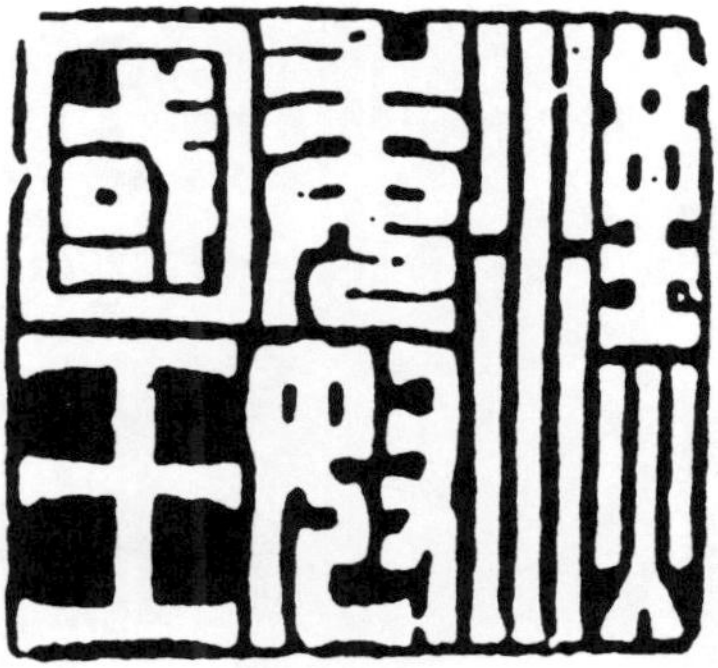

漢委奴国王
（福岡市博物館蔵。蛇紐金印）

漢の光武皇帝が首都の洛陽で倭奴国の朝貢の使者に与えた

とされる蛇紐金印の刻字「漢委（倭）奴国王」の「委（倭）奴国」の三字を「倭ノ奴《な》国」と読むのではなく、「倭奴」の二字を一語として「倭奴国《わどこく》」と読むべきであるとする私見の趣旨は、あらまし以上の如くであります。

付・『魏志』倭人伝の「生菜」

魏志倭人伝の「倭地温暖、冬夏食生菜」の「生菜」は「生《なま》の野菜」と解して間違いありません。儒教の古典『爾雅《じが》』の「疏《そ》」（注釈）に「又渣芹《かわぜり》有リ、生菜ト為スベシ。亦タ生噉スベシ」とあり、「生《なま》で噉（食《た》）べられる」とあります。

野菜を生《なま》で食べるのは、唐の杜甫の「立春」の詩にも「春日、春盤、細キ生菜」（立春の日、節句用の大きな平皿に細かく刻《きざ》んだ生《なま》の野菜（韮《にら》）が盛られている）とあり、この詩は中国の古詩の「蘆菔、白玉ノ縷、生菜、青糸ノ盤」に基づきますから、野菜を生《なま》で食べるのは、中国でも古代の辺境の地（杜甫の詩の場合は揚子江の上流地域、蜀＝四川省）では「倭地」と同じく行われていたと解されます。中原（黄河流域）の漢民族がこの辺境地域に進出してゆきますと、野菜を油で揚げたり煮沸するようになりますが、もともと「船」の文化の地域の人々（広義の「倭人」＝一世紀の王充『論衡』で「倭人」と呼ばれている東シナ海域の「船」の文化の人々）は、現在の浙江省松江市で鱸《すずき》の刺身が食べられているといわれるように野菜も生で食べる風習があったと考えられます。

中国古代の趯歌《チョウカ》（古代日本の歌垣《かがひ》＝『万葉集』『常陸風土記』）と同じく「生菜」を食べる風習も日本独自のものではなく、中国古代の呉越、蜀の地方（私のいわゆる「船」の文化の地帯）と共通していたと考えられます。魏志倭人伝に「倭地」の風習として特記されているのは、倭人伝の記述者が儒教文化圏の知識人（私のいわゆる「馬」の文化の地帯の人々）だったからだと考えられます。

＊　魏志倭人伝の「生菜」を生野菜と理解してよいかという佐原真氏の質問への答え。

肥前国・杵島岳の「歌垣」

本日の私の話は「歌垣はいまも生きている」です。この会場（佐賀県杵島郡）近くの杵島岳《きじま》にまつわる歌垣の記録が、次に掲げるように『肥前国風土記』（逸文）に見えております。

『肥前国風土記』（逸文）

杵島山

杵島《きしま》の縣《あがた》。縣の南二里に一孤山あり。坤《ひつじさる》（西南）のかたより艮《うしとら》（東北）のかたを指して、三つの峰相連《あいつら》なる、是《こ》を名づけて杵島と曰う。……郷閭《むらざと》の士女《おとこおんな》、酒を提《たずさ》へ琴を抱きて、歳毎の春と秋に、手を携へて登り望《みさ》け、楽飲《さけの》み歌い舞ひて、曲尽《うた》きて帰る。歌の詞《ことば》に云はく、

あられふる　杵島が岳《たけ》を　峻《さか》しみと
草採りかねて　妹《いも》が手を執る
是《こ》は杵島曲《ぶり》なり。

ちなみに『万葉集』巻三（三八五）には、これと類似の歌「あられふり　きしみが岳を険《さか》しみと草とりかなわ　妹が手をとる」を載せて、「右の一首、あるひは云はく、吉野の人味稲《うましね》、柘枝仙媛《つみのえやまひめ》に與ふる歌なり、といふ。ただし、柘枝伝《しゃしでん》を見るに、この歌あることなし」と注記しています。

上に掲げた『肥前国風土記』の記事の中では、「歌垣・うたがき」という言葉は見えていません。歌垣の実質的な内容は記録されているのですが、歌垣という言葉にあたるものは見えていない。それが見えているのは、『続日本紀』（称徳天皇、宝亀元年三月の条「歌垣歌ひて曰く……」）および『万葉集』（巻九。一七五九「筑波嶺《つくはね》に登りて耀歌会《かがひ》を為《す》る日に作る歌」）ですね。そこにこの歌垣（かがひ）という言葉がはっきりと見えています。そして、その『続日本紀』の場合はこうです。

辛卯（二十八日）、葛井《ふじい》、船、津、文、武生、蔵の六氏の男女二百三十人、歌垣に供奉《ぐぶ》す。其の服は並びに青摺の細布衣を著け、紅の長紖《なわ》を垂る。男女相並び、行を分ちて徐ろに進む。歌ひて曰く、「乙女らに男立ち添ひ踏みならす西の都は万世《よろづよ》の宮」。その歌垣歌ひて曰く、「淵《ふち》も瀬も清く爽《さや》けし博多川、千歳《ちとせ》を待ちて澄める川かも」。歌の曲折ごとに袂を挙げて節を為す。

とあります。これに対して『万葉集』の歌は、

鷲《わし》の住む、筑波の山の、裳羽服津《もはきつ》の、その津の上に、率《あども》ひて、娘子《おとめ》壮士《おとこ》の、行き集《つど》ひ、かがふ耀歌《かがひ》に、人妻に、我《わ》も交《まじ》はらむ、我が妻に、人も言《こと》問へ、この山を、うしはく神の昔より、禁《いさ》め

ぬ行事《わざ》ぞ、今日のみは、めぐしもな見そ、事も咎《とが》むな」。反歌「男神《ひこがみ》に、雲立ち登り、しぐれ降り、濡《ぬ》れ通るとも、我《われ》帰らめや」

とあります。なお、反歌の下に「右の件の歌は、高橋連《むらじ》虫麻呂の歌集の中に出づ」とあり、本歌の下に「嬥歌《ちょうか》は東《あづま》の俗《くにひと》の語にかがひといふ」とあって、「嬥」をウタガキと訓まずに「カガヒ」と訓むことが注記されています。ここに掲げた『万葉集』の歌で、特にカガヒと関連して注目されるのは、「人妻に我も交はらん」という、現在から考えると穏当を欠く表現が堂々と歌われているということ。そしてまた、これは中国の三—四世紀の、長江の上流・巴蜀の地域の宗教文化とも密接な関係を持ちますが、そのことは後で申します。ともかく、そのカガヒに当てられている中国語「嬥歌」は「チョウカ」と訓みまして、「嬥」は跳躍の「跳」の字と音も意味も同じと考えてさしつかえありません。

その次、今度は歌垣（うたがき）という言葉が、具体的な事実と共に言葉としてはっきりと示されているのが『常陸国風土記』ですね。『常陸国風土記』香島郡《かしまごおり》の所では「嬥歌之会」という漢語を「うたがきのつどひ」あるいは「かがひのつどひ」とも読むと注記されています。

『常陸国風土記』香島郡《かしま》

その南に童子女《うなゐ》の松原あり。古《いにしえ》、年少《わか》き僮子《うなゐ》ありき。男を那賀の寒田《さむた》の郎子《いらつこ》と称《い》ひ、女を海上《うなかみ》の安是《あぜ》の嬢子《いらつめ》と号《なつ》く。竝に形容《かたち》端正《きらきら》しく郷里《むらざと》に光華《かがや》けり。名声を相聞きて望念《ねがい》を同存《おなじ》くし、自愛《つつし》む心滅《う》せぬ。月を経《へ》、日を累《かさ》ねて、嬥歌《うたがき》の会《つどい》（俗、宇太我岐といひ、又、加我毗といふ）に邂逅《たまさか》に相遇へり。時に、郎子《いらつこ》歌ひけらく、「いやぜるの安是《あぜ》の小松に木綿垂《ゆふし》でて、吾《わ》を振り見ゆも安是小島はも」。嬢子《いらつめ》、報《こた》へ歌ひけらく、「潮《うしお》には立たむと言へど汝夫《なせ》の子が、八十島隠《やそじまがく》り、吾《わ》を見さ走り」。便《すなわ》ち相語らまく欲《おも》ひ、人の知らむことを恐りて、遊《うたがき》の場《にわ》より避け、松の下に蔭《かく》りて、手携《たずさ》はり、膝を役《つら》ね、懐《おもい》を陳べ、憤《いきどおり》を吐く。

『万葉集』と『風土記』にカガヒもしくはウタガキと読んで載せられている中国語の「嬥歌」は、漢音で読みますとチョウカと読みます。このチョウカという中国語が何時ごろからどの地域で使われているかは、文献学で調べることが出来るわけです。三世紀の中国に左思という詩人がおり、その人が魏の都を歌った歌、「魏都賦」というのを書いています。これは、三国時代、中国が呉と蜀と魏の三つに分かれた、いわゆる三国時代に、魏の国の特徴を述べるために他の二国（呉と蜀）と比較しながら、そこの風俗習慣をこの詩人が歌っているわけです。

「或いは鏤膚《ろうふ》にして鑽髪、或いは明発《あけがた》まで嬥歌す」

鏤膚《ろうふ》は、膚《はだ》に鏤《きざ》むと読み、刺青をするという意味です。そして「髪を鑽《き》る」とあります。これは断髪と同じ意味です。水中にもぐったりしますから、髪の毛を短く切る。これは三世紀ごろの南の方、呉の国の風俗を歌っています。

それに対して次の句「或いは明発まで嬥歌《ちょうか》す」が、蜀の国すなわち長江の上流、現在の四川省の地域の風俗を歌っています。ここにウタガキあるいはカガヒという言葉に当る嬥歌という中国語がはっきり使われている訳です。

「明発」というのは夕方から明け方までという意味です。中国の『詩経』という儒教の文献に出てくる言葉で、それをここで使っているわけですが、つまり夕方から翌日の朝方までチョウカする、ウタガキ、カガヒで歌いまくり踊りまくるということです。

この「魏都賦」は『文選』（巻六）に載っていますが、その『文選』の注釈を書いたのが唐の李善という人です。李善の注釈に「擢は巴土《はど》の人の歌なり」とある。巴土の人というのは長江の上流地域の人ということで、四川省、蜀の地域で行われる一種の民謡、歌であると。そして三世紀の中国の学者、何晏《かあん》という人の説明を引用しています。

「巴子ノ謳歌ハ相《アイ》引牽シ、手ヲ連ネテ跳歌ス」

巴子というのは巴人のこと、巴蜀つまり四川省・長江上流の人たちはこの民謡風の歌を歌う。その場合に「相い引牽する」、互いに人垣を作って、組になって、手を繋いでピョンピョン跳ね踊りながら歌う、これが擢歌《ちょうか》です。この擢歌という中国語を、『万葉集』や『風土記』では歌垣（かがひ）と読みます。そういう風にして、この中国語が日本語になり、各地に定着していく。

佐賀には恐らく有明海から入ってきたものと思われます。常陸の場合には恐らく太平洋岸の鹿島灘あたりから入ってきて、筑波山のふもと、霞ケ浦の周辺地域に定着したものと考えられます。

中国の文学史や思想史を古くさかのぼっていきますと、前一世紀に劉向によって編纂された『楚辞』という書物があります。この中に神楽歌といわれている、一種の文芸作品のグループがあります。これを民謡あるいは民間の歌謡と関係づけて文化人類学的に解釈し直した研究が最近出ております。その学者の名前は聞一多《ブンイッタ》といい、中国の文化人類学あるいは神話学の定礎者の位置づけを持つ学者です。この方はもう亡くなりましたが、『楚辞』の神楽歌はもともと中国古代の歌垣であろうと解釈されました。

たとえば、神楽歌（『九歌』湘君）には次のような男女掛け合いの詩句があります。

（男）涔陽《しんよう》の極浦を望み、
大江を横ぎりて霊を揚ぐ。
霊を揚げて未だ極まらず。
（女）涕《なみだ》を横流して潺湲《せんかん》たり。
隠《ひそ》かに君を悱側《ふつそく》に思う。

（男）涔陽の遠き入江を望んで行き、
さらに大江（長江）を横ぎりつつ、おのが霊気を発揚して神（貴女）に通ぜしめんとす。
されど霊気の発揚がまだ不十分で神に通じない。
（女）さめざめと涙を流して、
蔭ながら君（貴男）を思いて胸を痛める。

このような歌垣が中国では七世紀に盆踊りに変わっていきます。『旧唐書』にはそのことがはっきり書かれています。その中の、睿宗という皇帝の伝記を書いた箇所にこうあります。

この皇帝は歌と踊りが好きで、道教とも密接な関係を持っている。その日は上元の日（道教には一年三回大きな祭りがあり、旧暦の一月十五日が上元、同じく七月十五日が中元、十月十五日が下元）、この日の夜に、皇帝の位を退かれた上皇が安福門にお出ましになり、そこで燈火を見られる。これは京都や九州の国東半島に現存している千燈会、万燈会の燈会と同じものです。その時に宮廷に仕えている人たちを全部広場に出して、そこで袂《たもと》を連ねて踏歌するわけです。踏歌というのが歌垣のことで、嬥歌を言い換えた言葉です。そういう風に、中国の嬥歌、跳歌、踏歌、それらの中国における展開がその都度、海を渡って日本にやってくる。日本にやってきた踏歌については、『続日本紀』光仁天皇宝亀十一年（七八〇）正月の条に「唐及び新羅の使に射及び踏歌を賜う」とあります。

今日は、杵島岳の歌垣と関連して、日本古来の独自な風習と思われている歌垣が、じつは古代中国の風俗習慣と密接な関連があることを申し上げました。

豊後国・国東・真木大堂の「燈明石」

真木大堂《まきおおどう》は、大分県豊後高田市田染《たしぶ》真木の地に、奈良朝期の養老年間（七一七―七二三）創建と伝えられる天台宗の寺院・伝乗寺に附属する建造物。その境内に十二個と七個の盃状穴のそれぞれ円形に刻まれた高さ七十二糎、幅八十二糎の大きな岩石があり、「燈明石」または「拝み石」と呼ばれている。もとは寺の近くの畑の中にあって石に刻まれた十二個と七個の盃状穴は、それぞれ十二支と北斗七星に配当され、土地の人々が病気にかかり、もしくは願いごとを持つ時は、自己が生まれた年の干支に相当する盃状穴に油を入れ、燃燈祈願をすれば、病気は平癒し、願いごとは成就すると信ぜられたという。現在は開発工事の都合で畑の中から真木大堂の境内に移設されているこの「燈明石」の伝承について、調査検討を加えて判明したことを以下に書き留めておく。

真木大堂の燈明石の十二個の盃状穴と七個の盃状穴は、藤原兼実の『玉葉』建久八年（一一九七）四月二日の条に載せる、十二支の本命星信仰および北斗七星の本命星信仰と密接な関係を持つ。すなわち「四月二日乙巳天晴る。今日、巳《み》の時、北斗本拝の事有り。仮令《もし》巳《み》の年生まれの人ならば、巳《み》の年、巳の月、巳の日、巳の方（東南南の方角）に向いて本命星を拝するなり。十三年（十二年と閏年）に一度廻《めぐ》り遇《あ》う云々。其の儀、衣冠を着け、持念誦拝の前、浄《きよ》き薦《まこも》を敷き、白木の案《つくえ》を立て、花瓶一口――時花を差す――、火蛇《だ》一口――名香を熱《や》く――、小さき幣帛九本――七星の外に羅計（羅睺《らこう》・計都《けいと》の二星）の料《りょう》を加う。南庭に座を儲け……先ず本命星の武曲星《ぶきょく》を拝すること十二反《へん》（返）、次に更に七星を拝すること各《おのおの》一反《ぺん》（返）――但《た》だ武曲星のみ今一拝を加う――中宮は巳《み》の御歳なり。中将も又た同じ。仍《より》て各《おのおの》此の拝有り」とあるのがそれであり、文中の「本命星の武曲星を拝すること十二返」の「十二」（十二支と同数）と「七星を拝すること各一返」の七星の「七」とがそれぞれ盃状穴の十二個と七個に対応する。

真木大堂の燈明石

右に掲げた『玉葉』の文章には「燃燈」のことが記述されていないが、『玉葉』の著者藤原兼実に先だつこと半世紀余り、大江匡房《まさふさ》（一〇四一―一一一一）の『江家《ごうけ》次第《しだい》』巻一にも、京都の宮廷で行われる元日の四方拝の儀式で、「本命星の武曲星を拝する」などの北斗七星、十二支の本命星信仰が行われていたことの詳細な記述が載せられており、そこでは「属星（本命星）を拝する座の前の机に、香を焼き、花を置き、燈を燃やす」と、明確に「燃燈」のことが記述されている。ちなみに『江家次第』の記述する「七星本命信仰」の十二支と七星との関係を表示すれば、次のごとくである。

子年―貪狼星　丑年―巨門星
寅年―禄存星　卯年―文曲星
辰年―廉貞星　巳年―武曲星
午年―破軍星　未年―武曲星（巳年と同じ）
申年―廉貞星（辰年と同じ）　酉年―文曲星（卯年と同じ）
戌年―禄存星（寅年と同じ）　亥年―巨門星（丑年と同じ）

（注）「本命」とは、道教の経典『北斗本命長生妙経』（『道蔵』洞神部本文類）に「七元（北斗七星）の政令は、人を元神に結ぶが故に本命と名づく」とあり、自分の生まれた年の干支をいう。また「本命星」とは、例えば子《ね》年生まれの人であれば、貪狼星がその本命星、午《うま》年生まれの人であれば、破軍星がその本命星である。

ただし、子年と午年のほかは本命星が重複する。丑年と亥年が共に巨門星を本命星とし、寅年と戌年が共に禄存星を本命星とするが如くである。

ところで、『玉葉』『江家次第』の記述する十二支と北斗七星を結びつけた本命星信仰、もしくは『江家次第』の記述する本命星を祭る時の「燃燈」行事は、「本命」の語が如実に示しているように、いずれも中国の道教の経典『北斗本命長生妙経』や『北斗本命延生真経』（『道蔵』洞神部本文類）、『北帝七元延生真経』（『雲笈七籤』巻二十五所収）などの記述に基づく。例えば『北斗本命延生真経』に、

或は重病痊《い》えず、或は邪妖尅害《こく》（危害を加え）、連年困篤《ひどくくる》しみ、累歳迍邅《うだつあが》らねば、……急ぎ須《すべか》らく北斗に投告《うった》え、真君を醮謝《まつ》り、及《ま》た真経（道教の経典）を轉《よみあ》げ、本命の真君を認《したた》むべし。方《まさ》に安泰を獲《え》て以て康栄（健康繁栄）に至らん。……

凡そ北斗の真形を見れば頂礼恭敬す。

北斗第一……陽明貪狼太星君……子（年）生まれの人、これに属す。

北斗第二……陰精巨門元星君……丑と亥（年）生まれの人、これに属す。

北斗第三……真人禄存真星君……寅と戌（年）生まれの人、これに属す。

北斗第四……玄冥文曲紐星君……卯と酉（年）生まれの人、これに属す。

北斗第五……丹元廉貞綱星君……辰と申（年）生まれの人、これに属す。

北斗第六……北極武曲紀星君……巳と未（年）生まれの人、これに属す。

北斗第七……天関破軍関星君……午（年）生まれの人、これに属す。

とあるのが、それであり、また『北帝七元紫庭延生祕訣』（『道蔵』正一部）に「醮《まつり》の時には皆須《すべか》らく沐浴斎潔し、燈を以て位に列すべし」とあるのがそれである。

平安末期・鎌倉時代に書かれた『江家次第』や『玉葉』の十二支と北斗七星を結びつける本命星信仰が、中国の道教の干支（本命星）信仰に基づくものであることは明らかであること。従ってまた、真木大堂の燈明石の十二個の盃状穴と七個の盃状穴が、平安末期・鎌倉時代の京都の宮廷における干支（本命星）信仰、さらにはまた、それらが基づいている中国の道教の干支（本命星）信仰の十二支の十二（閏年を加えれば十三）および北斗七星の「七」と密接な関係を持つことは、以上であらまし論証された。そして、上述の北斗七星の本命星信仰が、盃状穴と結びついている具体例に関しては、これまですでに中国福建省泉州北郊の道教寺院（老君岩）の参道の両側にある一対の台石で確認されたが、これに対する十二支の本命星信仰が盃状穴と結びついている具体例に関しては、今までのところまだ確証が得られていない。

太白山と道教

史誌にみる記述と山名の由来

太白山という山の名前が中国の正史に見えてくるのは、西暦六世紀の半ば、北斉の魏収によって編纂された『魏書』（地形志）からである。『魏書』とは言うまでもなく西暦四世紀末から六世紀半ばに至る北魏王朝の興亡盛衰を記録した官撰の歴史書であり、北魏王朝とは太祖道武帝の雲母堂・金華室の構築や世祖太武帝の道壇受籙（道教の入信儀礼の実施）などが端的に示しているように、熱烈な道教の信奉者であり護持者でもあった。しかし、この北魏王朝の正史である『魏書』の地形志は、岐州（陝西省）の武功郡・美陽県の条に「岐山、太白山、美原廟、駱谷《らくこく》、邵亭《しようてい》有り」と記述するのみで、太白山と道教との関係については全く言及していない。

一方また、この北魏王朝を継いで六世紀後半の北中国に君臨した北周王朝の武帝が、学者らに命じて編纂させている道教の教理百科全書『無上秘要』百巻の巻四「山洞品」には、いわゆる「十大洞天」すなわち道教の根本道場を持つ十箇所の聖山の名が列挙されているが、その中に太白山の名はやはり加えられていない。太白山の名が判然と道教の神学教理の中に組み込まれた形で確認されるのは、八世紀、唐の睿宗・玄宗時代の道教の天師（教団の最高指導者）司馬承禎が著わした『天地宮府図』の中の「十大洞天」につづく「三十六小洞天」の記述である。三十六小洞天というのは、十大洞天に次いで重要な全国三十六箇所の道教の山岳道場という意味であるが、その第十一番目に太白山の小洞天が挙げられている。「その周廻は五百里、名づけて玄徳洞天と曰う。京兆府の長安県に在り、終南山と連なる。仙人の張季連、之を治む」というのが司馬承禎のこの小洞天に対する簡潔な解説の文章である。

道教の天師で『天地宮府図』の著者である司馬承禎は、盛唐の大詩人で道教の熱烈な信奉者でもあった李白――アザナは太白――の書いた『大鵬賦』序の文章によれば、「余《わ》れ昔、江陵に於て天台の司馬子微に見《まみ》えしが、余れに謂えり、仙風道骨有りて與《とも》に八極の表《そと》に神遊すべしと云々」とあり、湖北の江陵の町で若き日の李白とめぐり逢い、彼の神仙的資質を既に早く見抜いていたことになる。ここで李白が「天台の司馬子微」といっているのは浙江の天台山に住む道教の天師の司馬承禎を指し、子微というのは承禎のアザナである。

ちなみに大詩人李白のアザナである太白は、道教の占星術の基幹をなす「五星」――東方歳星、南方熒惑《けいわく》星、中央鎮星、西方太白星、北方辰星――の一つ、西方太白星すなわち金星＝宵の明星を意味し、李白の母が夢の中で太白星（金星）の精気に感じて彼を妊《みごも》ったため、白と名づけ太白とアザナしたと伝えられる（唐の李陽冰『草堂集』序）。その太白星はまた神格化されて西真上皇道君もしくは太白真皇君と呼ばれる道教の神となり、その星の神の宿る山というので岐州のこの山が太白山と呼ばれるようになったという（道教経典『洞真八素真経』など）。なお、六世紀、北魏の酈《れき》道元の著わした

『水経注』渭水の「又た東して武功県の北を過ぐ」の条には、太白山の山下に土地の民衆が太白星を祀る祠堂＝太白祠の存在したことを記録している。

聖山を歌う李白と伝説

青年時代の李白がこの山に登って「太白峯に登る」詩を作り、また『古風五十九首』の第五首においても太白山を神仙や真人の住む洞天の山、道教の聖山として歌っているのも、上に述べたような事情と密接に関連する。参考までに太白山を道教の聖山として歌った李白の古風第五首の詩の全文を次に掲げておく。

太白何蒼蒼　太白山は何と蒼蒼《あおあお》していることよ。
星辰上森列　星辰《ほしぼし》はその上に森《おごそ》かに列《なら》んでいる。
去天三百里　山頂より天までは僅かに三百里、
邈爾與世絶　邈爾《はるけく》も俗世間と全く絶《かけはな》れている。
中有緑髪翁　さて山中には緑髪の翁《おきな》がいて
披雲臥松雪　雲を披《かぶ》り松につもる雪の上に臥《ね》ている。
不笑亦不語　笑いもしなければ語りもせず、
冥棲在巌穴　ただひっそりと洞窟に住んでいる。
我来逢真人　私はこの真人《しんせん》（仙）に逢いに来て、

長跪問宝訣
粲然啓玉歯
授以錬薬説
銘骨傳其語
竦身已電滅
仰望不可及
蒼然五情熱
吾将営丹砂
永與世人別

長《うやうや》しく跪《ひざまづ》き道教の秘訣をたずねた。
すると彼は玉《しらたま》の歯を見せて粲然《さやか》に笑い、
仙薬の錬《ね》り方を私に授《おし》えてくれた。
骨に銘《きざん》で其の語《おしえ》を伝《かたりつ》ごうとすると、
彼は身を竦《すく》めて已《は》や電滅《たちまちき》えうせていた。
上をふり仰いだが目にもとまらず、
蒼然《もやもや》とただ五情《むね》の熱《たぎ》るおもい。
私は今後、丹薬の製造にいそしんで
永遠に世俗の人々と訣別したい。

李白が生まれ且つ育った八世紀、唐王朝の時代は、王室の遠祖が道教の開祖の太上老君＝李伯陽＝聖祖玄元皇帝とされていたこともあって、当代の知識人たちは官僚であれ学者であれ、詩人であれ芸術家であれ、道教の神学教理については好むと好まざるとにかかわらず、一応の理解教養を身に着けていた。例えば李白と共に盛唐の「仙」と「聖」の二大詩人とされる杜甫の場合でも、彼の「太清宮に朝献する賦《うた》」や「殿中侍御史の柳公、紫微仙閣に太一天尊図を画くの文」などの作品が何よりも適確に実証しているように、道教の太一天尊（北闕帝君）や太清宮聖祖（玄元皇帝）などに関する神学教理に十分通暁していた。そして唐の玄宗の天宝元年（七四二）、聖祖玄元皇帝廟が首都長安の大寧坊に建立された時、玄元皇帝の神像の彫刻に原石として用いられたのは、この太白山の白石であったという（『唐会要』巻五十「尊崇道教」の条）。

白石といえば、華厳の宗密の修行の山＝圭峰の西に位置するこの太白山の地には、その昔、金星すなわち太白星が空から墜ちてきて、その星の精が美しい玉のような白石と化したので、山を太白と呼ぶようになったという伝説があり（『関中勝迹図志』）、また、四世紀、前趙の劉曜の時代には、この太白山に山崩れがあって、劉終という長安の男がその崩れた場所で文字の有る一尺四方の白玉を得たという伝説もある（『水経注』渭水の条）。白石もしくは白玉は古くからこの山の特産物であったと見てよいであろう。

本草学・石薬の産地と仙人

白石、白玉の産地として知られていた太白山はまた、豊富な道教の本草薬、石薬（鉱物質の薬剤）の産地でもあった。そして六世紀の後半、北周の宣帝の時代に世の乱れを避けてこの太白山に隠棲し、医薬の研究に全精力を注いで道教医学の一大百科全書『孫真人備急千金要方』九十五巻（『旧唐書』は『千金方』三十巻）を著述したのは、百余歳の長寿を全うして太白山中の「真人」となり、正史の『新唐書』（隠逸伝）『旧唐書』（方伎伝）および道教の『歴世真仙体道通鑑』（巻二十九）などに詳細な伝記が載せられている唐の孫思邈《そんしはく》であった。

『道蔵』（道教の一切経）太平部に収載する孫思邈の『備急千金要方』は、その巻頭に「用薬を論ず」と題する長文の一章を載せ、医療に用いるすべての薬を㈠玉石、㈡草、㈢木、㈣獣、㈤虫魚、㈥菓、㈦菜、㈧米（穀物）の八部に分けているが、その㈠玉石の部には朱砂や硫黄、鍾乳などと共に雲母が挙げられている。そして十一世紀の初め、北宋の真宗時代に勅撰された道教の思想百科全書『雲笈七籤』百二十巻の巻七十五に引く『本草経』によると、雲母の薬材として上質のものは太白山の山谷に生じるとあり、同巻に引く「老君餌雲母方」は、「雲母を餌《じ》（服餌）すること五〇日であれば、山に入って虎狼を辟《しりぞ》け、水火も害することができないようになり、百日であれば、窈《よう》を出でて冥に入り、縦横に反復して便《すなわ》ち仙人と為る」と解説している。

そして同じく『雲笈七籤』巻百四（「太清真人（宋倫）伝」に引く『張天師（張道陵）述老君本紀』には、「終南山麓にある関令尹喜の邸宅＝楼観で道教の根本経典『道徳真経』を尹喜に口授した老君は、その後、文始先生すなわち関令尹喜と共に西のかた散関を出て神仙の山＝崑崙山に登ろうとし、その途中、太白山にやってきた。そのことを聞いた秦の昭襄王は太白山の西麓に城邑を整備して老君と文始先生を鄭重に迎えた。だからこの地域には今でも尹喜城や老停駅という古い地名が残っているのである云々」と記し、雲母を服餌する処方を説く道教の老君がまた仙薬としての雲母の産地である太白山を訪れたという話も載せている。

隋・唐時代の道教と太白山

道教の開祖とされる太上老君（聖祖玄元皇帝＝李伯陽）が弟子の文始先生（関令尹喜）と共に西のかた散関を出て崑崙山に登ろうとしたという『張天師述老君本紀』のこの記述が、漢の司馬遷の『史記』老子伝の「老子は周の衰うるを見て迺《すなわ》ち遂に去り、関に至る。関令尹喜曰く、子《きみ》は将《まさ》に隠れんとす。強《し》いて我が為に書を著わせ、と。是《ここ》に於て老子は迺ち書上下篇を著わして道徳の意五千余言を言いて去る。其の終る所を知る莫《な》し」に基づいて道教的に拡大潤色したものであり、歴史的な事実でないことは改めて言うまでもない。そして崑崙山に向かう途中で太白山を訪れた老君と文始先生とを秦の昭襄王が鄭重に迎えたという話もまた、六世紀の後半、北周の武帝時代に成立した『無上秘要』の「十大洞天」説では全く無視されていた太白山を、八世紀司馬承禎の『天地宮府図』においては「十大洞天」に次ぐ「三十六小洞天」の第十一小洞天として明確に道教の神学教理の中に組み込むに至った隋唐時代以後の道教教徒による捏造妄作もしくは牽強附会であることも疑いの余地がない。

唐の玄宗が皇子内親王たちの学習の便宜のために徐堅らの学者に命じて編纂させている一種の綜合百科事典『初学記』の「山」の部において、道教と密接な関連を持つ西方の名山と「五岳」の中の華山と、その西に連なる終南山とのみを挙げ、太白山にはほとんど言及していないという事実が、そのことを何よりも良く裏づけるであろう。

太白山は古くから道教の聖地として知られる王屋山や青城山、赤城山や羅浮山など、いわゆる十大洞天の所在地に比べて、道教とのかかわりを持つことは比較的に新しく、その関係は七世紀、隋唐の時代以後に漸く本格化したと見てよいであろう。もちろん儒教の古典『礼記』や『左傳』などに記す古く土俗的な祈雨禱請の山岳信仰の対象として、もしくは玉石本草の薬物採集の秘境として、さらには漢の劉向の『列仙伝』(下巻)に載せる仙人谷春《こくしゅん》のような老子道徳の教を忠実に守る者の終焉の場所として仰ぎ重んぜられることはあったに違いない。しかし太白山が道教の聖山としての揺るぎなき地位を確立するのは、李氏の唐王朝の時代以降であり、その確立に最も大きく寄与貢献しているのは、ほかならぬ「仙」の大詩人李白、アザナは太白であった。

太白山，八仙台の神像

遺跡と地名考

なお、現在における道教の遺跡の山としての太白山は、海抜三七六七メートルの最高地点に抜仙台および八仙庵があり、そこから南側の斜面に玉皇池と三清池、さらに降って南天門がある。そして北側の登山路には海抜二八五〇メートル地点に斗母宮が、また一五四〇メートル地点に「下白雲」が、さらにその上方に「上白雲」がならぶ。抜仙台はすなわち八仙台とも書き、その台上にある八仙庵は正殿内に八仙の泥塑彩像を陳列してある。八仙とは鍾離権《しょうりけん》、張果老、韓湘子、李鉄《てつ》拐《かい》、曹国舅、呂洞賓、藍采和《らんさいわ》、何仙姑の八人をいうが、この八仙の画像もしくは泥塑彩像は十三世紀、元の時代以後に製作が始まり、それ以前には見ることのできないものである。玉皇池の「玉皇」、三清池の「三清」＝太清と上清と玉清がいずれも四―五世紀、晋宋の時代以後に成立した道教経典に既に多く見える神学用語であるのに対し、八仙の用語とその思想信仰は、北側の登山路にある斗母宮の「斗母」のそれと同じく、その成立を唐代にまで溯らせることは困難である。

太白山の最高所が抜仙台（八仙台）と呼ばれており、八仙の泥塑彩像をその内部に陳列する八仙庵の建造物がその台上を占拠していることは、この太白山に現存する各種の道教遺跡が元明以後の比較的新しい時代のものであり、その神学教理が仏教や儒教と折中習合されることの少なくない全真教系列のいわゆる「新道教」的性格を顕著に持つと見てよいであろう。

現在、太白山の山麓から中腹にかけて散在する宗教的建造物の多くが、沙波寺、蛟龍寺、中山寺、平安寺などのようにほとんど「寺」と呼ばれていて、「観」もしくは「宮」と呼ばれる建造物の少ないことも、そのことを有力に裏づけるであろう。なお、八仙庵の建造物の中に「薬王」すなわち『孫真人備急千金要方』の著者＝孫思邈を道教の神として祀る薬王殿の現存することは、近現代の中国社会において、道教の聖山としての太白山が果たしてきた機能なり役割なりを典型的に象徴しているように思われる。

道教とは本来、人間の肉体ないしは肉体的生命を何よりも重視する宗教であり、本来的に医術薬学と最も緊密した関連性を持つ。事実、中国の医術薬学の展開の歴史は、道教を基盤とし、もしくは道教によって推進され、道教と一体化されたものであった。薬王殿の孫思邈像と彼の隠棲し且つ調査研究の主要な舞台となった道教の聖山＝太白山は、そのような中国の道教的医術薬学の歴史を、言葉なき言葉で今もなお、ただひっそりと語りつづけているのである。

常世と神仙

わが国最古の歴史書『古事記』の垂仁天皇記には、常世の国に関して次のように記されている。

（垂仁）天皇、三宅連《みやけのむらじ》らの祖、名はタヂマモリを常世《とこよ》の国に遣はして非時《ときじく》の香《かく》の木実《このみ》を求めしめたまひき。故《かれ》、タヂマモリ、遂にその国に到りて、その木実を採りて縵《かげ》八《や》縵《かげ》（多くの橘の実を緒《いと》で繋《つな》いで鬘《かつら》のように輪にしたもの八箇）、矛《ほこ》八《や》矛《ほこ》（矛の形をした橘の木の枝に多くの実が着いたままのもの八箇）を将《も》ち来りし間に、天皇すでに崩《かむあが》りましき。ここにタヂマモリ、縵四縵、矛四矛を分けて大后に献《たてまつ》り、縵四縵、矛四矛を天皇の御陵の戸に献り置きて、その木実を擎《ささ》げて叫び哭《な》きて白《もう》ししく、「常世の国の非時の香の木実を持ちて参上りて侍《さもろ》ふ」とまをして、遂に叫び哭きて死にき。その非時の香の木実は、これ今の橘なり。

私はこの「常世の国」が済州島に該当するのではなかろうかとかねてから考え、ぜひ一度、現地を訪ねてその真偽を確かめたいと願っていた。済州島はいわば〝あくがれ〟の島であった。

というのは、『古事記』のタヂマモリが、「非時の香の木実」を持ち帰ったという「常世の国」は、『日本書紀』垂仁天皇崩御後記によれば、「万里、波ヲ踏《フ》ミテ、遙カニ弱水《ヨワミズ》ヲ度《ワタ》（渡）ル。是《コ》ノ常世《トコヨ》ノ国ハ、神仙ノ秘区ニシテ、俗ノ臻《イタ》ラム所ニ非ズ」と記述されているからである。

ここで注目されるのは、「遙カニ弱水ヲ度ル」の「弱水」（ゆるやかな流れの水）という漢語である。この漢語は、『史記』大宛伝に「條支（今の西アジアのシリア地方）ニ弱水、西王母有リ」と見え、これを承けて葛洪（二八四―三六三）の『抱朴子』祛惑篇には、「崑崙山ノ山隅ハ弱水コレヲ遶《メグ》ル」とあり、道教における女性の神仙・西王母の住むという崑崙山と弱水とが密接に結合されている。

そして、一方また、『後漢書』東夷列伝には、「（東夷デアル）夫《フ》（扶）余《ヨ》国ノ北ニ弱水有リ」と見え、その「弱水」を渡ってタヂマモリは「神仙の秘区」であり、「非時の香菓」（『日本書紀』）のある「常世の国」に往ったというのであるから、その「常世の国」は、古代日本国にとって、夫余国と同じ西北の方角に在り、また『史記』封禅書に「蓬萊」神仙の島があると明記されている渤海湾にも近接する韓国の済州島でありうる可能性は、きわめて高いといわなければならない。

それと今ひとつ、『古事記』『日本書紀』の記述するタヂマモリ（田道間守）の「常世の国」が済州島ではないかという私の推測を勇気づけてくれたのは、実は済州島の学術調査に赴く前年、たまたま訪れた佐賀県伊万里市の香橋神社の境内に建てられていた田道間守の顕彰碑の文章だった。その文章には、田道間守が船で「非時の香菓」を持ち帰った最初の上陸地が、この伊万里の町だというのである。

つまり、垂仁天皇の勅命を受けて、「非時の香菓」を探しに船出した田道間守は、古代日本の遺

済州島の非時の香菓

伊万里市香橘神社の田道間守の碑

隋・遣唐の使節団の船が往来した定期航路とほぼ同様の松浦→壱岐→対馬の海原のコースを通って、つまり『日本書紀』にいわゆる「万里、浪ヲ踏ミテ」、山東半島・渤海湾の方角に向かい、済州島でめでたく「非時の香菓」を手に入れ、同じコースを伊万里の町に引き返してきたことが推測される。

円仁の『入唐求法巡礼行記』の帰路の記述を見ても、仁明天皇の承和十四年（八四七）、九月三日の条に「東に向かって新羅国の西面の山を望見す」、同じく九月六日の条に「東南に向かって遙かに耽羅島《たんら》（済州島）を見る」などとある。そのことはともかく、田道間守が「非時の香菓」を求めて北に向かったことは、ほとんど決定的であるといえよう。

あとはただ、『古事記』『日本書紀』の記述するタヂマモリ（田道間守）の持ち帰ったという「縵八縵、矛八矛」（「八竿八縵」）の「非時の

済州島の仙女（海女）たち

香菓」が済州島に果して実在するのかどうかを、現地で確認するという課題を残すだけとなった。その現地での確認を見事に立証してくれるのが前頁左側の写真である。カラー写真でないのが残念だが、写真のドルハルバン（守護石神）の背後に枝もたわわに多くの黄金色の実を輝かせているのは、まぎれもなく「非時の香の木実」（「非時の香菓」）。私のその時の感激・感銘のほども察して頂けようというものだ。

とはいえ、折口信夫氏（『常世浪』）も既に述べておられるように、「常世の浜は、国により地勢によって様々の方向にあくがれの島を想像した」のであり、「南に淼漫《びょう》を擁《いだ》く土地では、だから南方の海上に、西に大洋を望む地方では、（だから）日の入る所におのおの常世の国を考へていた」わけである。

古代日本においても、出雲や丹後などの日本海沿岸地区と淡路島や熊野などの太平洋沿岸地区とでは、常世信仰の在り方にも当然異なることが考えられる。しかし、『古事記』『日本書紀』に載せられている「非時の香の木実」（「非時の香菓」）の所在地としての「常世の国」は、やはり渤海湾の「弱水」をめぐる「蓬萊」神仙の島の周辺、かの秦の始皇帝に逐《お》われた方士の徐福が、仙薬を求めて滞留したと伝承する遺跡も現存する、「神仙の秘区」＝済州島と断定して大過ないであろう。

補記四点

㈠『日本書紀』垂仁紀三年の条に引く「一書」によれば、田道間守は新羅の王《こきし》の子・天日槍《あめのひぼこ》の五代目の子孫とされている。田道間守にとって、済州島はいわば広義のホームグラウンドであった。

㈡ 右の『日本書紀』一書の記述によれば、天日槍が日本に最終的に定住したのは、但馬国の出《い》嶋《づし》（兵庫県出石町）であり、その子孫も代々この地に住んだとされているので、田道間守が「非時の香菓」を求めて船出したのも、この出石町から出石川→円山川を下った日本海の港＝津居山港の付近ではなかったかと思われる。

㈢『筑前国風土記』怡土《いと》郡（逸文）の条によれば、熊襲討伐のため西下した仲哀天皇を穴門《あなと》の引嶋《ひこしま》（下関市彦島）に出迎えた怡土の縣主《あがたぬし》の祖《おや》・五十跡手《いとて》もまた「天より降り来し日桙《ひぼこ》（天日槍）の苗裔」であるという。これによれば、同じく天日槍の苗裔である田道間守が、筑前国の五十跡手の一族の人々から「非時の香菓」の所在地やそこへの航路に関する情報の提供を受けた可能性も、十分に考えられる。

(四) 平安朝初期、嵯峨天皇の弘仁六年（八一五）に成った『新撰姓氏録』左京諸蕃「漢」の部に「常世の連《むらじ》は燕国の王、公孫渕の後なり」とあるのも、「常世」が「燕国」すなわち古代中国における渤海湾の西北方沿岸地域＝渤海湾に近接して、秦の徐福が仙薬を求めたと伝承する遺跡も現存する済州島であり得ることを有力に裏づける。

「墓」の思想信仰

一　標識としての「墳墓」

中国の思想史において、太古の時代には墓というものは無かった。「古《イニシ》エ、葬ル者ハ厚ク之ニ衣《キ》スルニ薪《タキギ》ヲ以テシ、之ヲ中野《ノハラノナカ》ニ葬ル。封《ツチモリ》セズ樹《キヲウ》エズ、喪《モ》ノ期（間）モ数《サダ》メ無シ」とは、儒教の古典『周易』繫辞伝の記述である。やがて墓が造られるようになったが、同じく儒教の古典『礼記』檀弓《だんぐう》篇に孔子の言葉として「古エハ墓《ボ》シテ墳《フン》セズ」を載せているように、穴を掘って遺体を土中に埋めるだけで、その場所に「墳スル」すなわち土を高く盛りあげていわゆる「墳墓」とすることはまだなかった（「墳墓」の語は、前三世紀の文献『呂氏春秋』懐寵《かいちょう》篇に「国邑ノ郊ニ至リテハ（中略）墳墓ヲ掘ラズ、樹木ヲ伐ラズ」などと見える）。ここで「古エハ墳セズ」といっている「古エ」とは、後漢の儒教経典学者・鄭玄《じょうげん》（一二七―二〇〇）によれば、殷王朝の時代であると注釈されているが、同じく『礼記』檀弓篇の記述によれば、「有虞氏ハ瓦棺、夏后氏ハ堲周《ソクシュウ》、殷人ハ棺椁」とあって、紀元前十六世紀頃から始まるとされる殷王朝の時代には、遺体を葬るのに初めて棺槨が用いられるようになったという。つまり、有虞氏すなわち中国太古の伝説的な帝王である虞舜の頃には、「瓦棺」すなわち甕棺《かめ》——「甕」の字は、道教の古典『南華真経』（『荘子』）天地篇に「甕を抱く丈人」として古く見える——などの土を焼いて作った陶器の棺桶が用いられたり、「堲周《そくしゅう》」すなわちその棺桶の周囲を焼土（磚）で固めたりしていたのが、殷王朝の時代になると、「棺椁《かんかく》」すなわち木製の内外二重の棺桶が用いられるようになったというのである。

そしてまた、同じく『礼記』檀弓篇の記述によると、殷王朝の時代を継承して紀元前十一世紀の頃から始まるとされる周王朝の時代には、「長殤《しょう》」すなわち十六歳から十九歳までの未成年の死者の場合は、「殷人ノ棺椁ヲ以テ葬リ」、「中殤」「下殤」すなわち十二歳から十五歳までの未成年の死者および八歳から十一歳までの未成年の死者の場合は、「夏后氏ノ堲周ヲ以テ葬リ、「無服ノ殤」すなわち死者が七歳以下の幼児である場合は、「有虞氏ノ瓦棺ヲ以テ葬ル」とある。

儒教の開祖とされる孔子は、みずから「丘《ワレ》ハ殷人ナリ」（『礼記』檀弓篇）と告白しているが、その彼は殷王朝を亡ぼした周王朝の時代を生きてこの王朝を礼讃し、「周ノ徳ハ至徳ト謂ウベキノミ」（『論語』泰伯篇）、「周ハ（夏殷ノ）二代ニ監《カンガ》ミテ郁郁《イクイク》乎《コ》トシテ文ナル哉、吾ハ周ニ従ワン」（同上、八佾篇）などとも言っている。したがって墓制に関しても周王朝の時代のそれに主として従ったと考えられるが、上にもしばしば引用した『礼記』檀弓篇の記述によれば、孔子は若くして孤児となり、父叔梁紇《しゅくりょうこつ》の墓の所在をも知らず、母顔徴在《がんちょうざい》の隣人の老婆からその場所を教えてもらって、「之ニ封《ツチモリ》スルコト崇《タカ》サ四尺」の墳墓を新しく築いたという。ここで「崇サ四尺」というのは、後漢の経学者・

鄭玄も『周礼』冢人職の記述「爵等ヲ以テ丘封ノ度《タカサ》ト樹ノ数トヲ為《サダ》ム」を踏まえて、この時期の大夫の丘封（墳墓の高さ）は八尺、士の丘封は四尺と考証しているように（後述）、全く周王朝の墓制を忠実に踏まえたものであった。

ところで、「古エハ墓シテ墳セズ」と言っている孔子が、なぜことさらに封《つちもり》をして古くからの慣習を改め、「崇サ四尺」の墳墓としたのであろうか。そのことについては、『礼記』檀弓篇に孔子自身の弁解の言葉「今、丘《ワレ》ハ東西南北ノ人ナリ、以テ識《シル》サザルベカラズ」を載せているが、ここで「東西南北ノ人」というのは、『史記』孔子世家における鄭人の孔子を評した言葉「喪家ノ狗」と同じく、宿無し犬のさすらい人という意味である。つまり、現在の私（孔丘）は諸国を遍歴して為政者たちに「先王の道」を説く一種のさすらい人にほかならないから、肉親の埋葬の場所を明確にするための標識《しるべ》としてこのような墳墓の形を採ったのだというのである。ここでは墳墓の第一義的な意味づけは、埋葬の場所を標示する標識的な機能とされている。

二 「墳墓」と「冢墓」「丘墓」「陵墓」

『礼記』檀弓篇に載せる孔子の築いた父叔梁紇の墳墓は、埋葬の場所を明確にする標識的な意味を強く持つものであったが、同じく儒教の古典『尚書』武成篇には、殷周の革命戦争に勝利した周の武王が、殷の紂《ちゅう》王を諫めて殺された比干《ひかん》の墓に封《つちもり》をした話を載せている。この話は『史記』の留侯（張良）世家に載せる張良の漢の高祖に対する献策の中にも「武王、殷ニ入リ（中略）比干ノ墓ニ封《ツチモリ》ス」として引用されているが、ここでは「墓ニ封スル」こと、すなわち墳墓の築造が為政者の有功・有徳の死歿者に対する顕彰ないし褒賞の恩典の施与として記述されているのである。そして、「墳」もしくは「封」に対するこのような恩典の意義づけは、上にも引いた『周礼』冢人職《ちょうじんしょく》の記述において、「爵等ヲ以テ丘封ノ度ヲ為《サダ》メル」ことが、冢人の重要な職務とされていたように、「墳」もしくは「封」の高低大小の格づけ、等級づけへとさらに政治的に展開する（たとえば、『周礼』冢人職の「疏」に引く漢代の讖緯思想文献『春秋緯』においては、「天子の墳の高さは三刃、諸侯は之に半《なかば》す。大夫は八尺、士は四尺、庶人は墳なし」などとある）。かくて、この格づけ、等級づけの政治的な展開の中で、それまでの墳墓が冢墓となり、さらにまた丘墓、陵墓へと変容してゆく。

「冢」もしくは「冢墓」という古典中国語が文献上に多く見え始めるのは、春秋戦国時代から秦漢の時代にかけてである。たとえば「冢」の字は、『春秋穀梁伝』僖公三十三年の条に「子《キミ》ノ冢《ハカ》ハ木已《スデ》ニ拱《ヒトカカ》エナリ」とあり、『史記』孔子世家には「唯ダ子貢ノミ冢ノ上《ホトリ》ニ廬《イホリ》スルコト凡ソ六年」、『漢書』金日磾《テイ》伝には「薨ジテ葬具・冢地ヲ賜ワル」などとある。また、「冢墓」の語は、『史記』田単伝に「燕人ハ吾ガ城外ノ冢墓ヲ掘レリ」、『管子』地数篇に「冢墓ヲ繕《ツクラ》ウコトヲ得ルナシ」、『漢書』陸賈伝に「君王先人ノ冢墓ヲ掘リテ焼キ、宗族ヲ夷種《ネダヤシ》ニセリ」などと見える。

二世紀、後漢の許慎（三〇―一二四）の『説文解字』には、「冢は高墳なり」、その段玉裁の注に「墳は墓なり。墓の高きものを冢という」、同じく後漢の劉熙『釈名』釈喪制篇には「冢は腫《もりあが》るなり。山頂の高く腫起《もりあが》るに象《かたど》るなり」、また『周礼』春官序官「冢人」の鄭玄の注には、「冢とは土を封《もりあ》げて丘壠《ろう》と為すなり」などとある。いずれも「冢」の字を高く盛り土をして丘のように見える墓の意に解しているが、その「冢」の字に代えて「丘」の字を用い、「冢墓」を「丘墓」と呼ぶこともまた、戦国時代から秦漢の時代にかけてその用例が多く指摘される。たとえば、『史記』范睢《ハンスイ》伝に「今、睢《ワレ》ノ先人ノ丘墓モ亦タ魏ニ在リ」、同じく自序の『任安に報ずる書』に「亦タ何ノ面目アリテカ復《フタタ》ビ父母ノ丘墓ニ上ランヤ」とあるのなどがそれである。

一方また、「陵墓」の語も後漢の張衡『西京賦』に「升龍ヲ鼎湖ニ想ウ……何ゾ遽《ニワカ》ニ陵墓ヲ営マンヤ」、魏の曹植の「躬《ミ》ズカラヲ責ムル詩」ニ「逝《ユ》イテハ陵墓ニ慙《ハ》ジ、存シテハ闕庭ニ愧ヅ」などと見えているが、このように「墓」を「陵」と呼ぶのは、顧炎武（『日知録』巻十五）も指摘しているように、戦国時代、趙の粛侯の「寿陵」（『史記』趙世家「粛侯十五年、寿陵ヲ起ス」）に始まると見てよいであろう。

ただし、『漢書』高帝紀十二年十二月の詔には、「秦ノ始皇帝ニ守冢二十家、楚ノ隠王（陳勝）、魏ノ安釐《リ》王、斉ノ愍《ビン》王ニ各オノ十家（中略）ヲ与エ、其ノ家ヲ視シム」とあって、秦・戦国の皇帝諸侯の墓はみな冢と呼び、これに対して漢の時代においては、高帝（高祖劉邦）の墓を長陵、文帝の墓を覇陵、武帝の墓を茂陵などと、すべての皇帝の墓を「陵」と呼んでいる（『漢書』十二帝紀を参照）。陵墓の制度が名実ともに確立するのは、漢代以後のことと見て大過ないであろう。唐王朝の時代においても、高祖の墓が献陵、太宗の墓が昭陵、高宗の墓が乾《けん》陵、玄宗の墓が泰陵などと、漢王朝と同じくすべての皇帝の墓が「陵」と呼ばれている（『旧唐書』本紀第一―第二十を参照）。明王朝の時代もまた「明の十三陵」の語が如実に示すように、すべての皇帝の墓が「陵」と名づけられている。

三　墓は慕なり

「墓《ボ》ハ慕《ボ》（シタウ）ナリ。孝子ノ（親ヲ）思慕スルノ処ナリ」というのは、後漢の劉熙の撰著『釈名』釈喪制篇の言葉であるが、同じく後漢の儒教経典解釈学者・鄭玄の『周礼』春官序官「墓大夫」の条の注釈にも「墓ハ孝子ノ思慕スル所ノ処ナリ」とある。後漢の時代の経典解釈学は、たとえば、王充の『論衡』論死篇に「鬼《キ》ハ帰《キ》ナリ。人死シテ精神ハ天ニ升リ、骸骨ハ土ニ帰ル。故ニ之ヲ鬼ト謂ウ」とあり、服虔の『春秋左氏伝』（昭公四年「桃弧」）の注に「桃《トウ》ハ逃《トウ》ナリ、凶ヲ逃ルル所以ナリ」などとあるように、特定の文字の意味内容を同音もしくは音通の別の文字で解釈することが流行し、ここで「墓」をそれと同音の「慕」で解釈し、「墓ハ慕ウナリ。孝子ノ（親ヲ）思慕スルノ処ナリ」としているのも、全く同様の事例である。

ところで墓の意味内容を同音の文字「慕」で解釈しているここの場合、我々の注目を特に引くのは、その墓において思慕する主体が「孝子」であるとされ、また思慕される対象が親とされていることである。すなわち孝子が墓で親を思慕するというこの解釈には、明確に「孝ハ徳ノ本ナリ、教ノ由リテ生ズル所ナリ」（『孝経』開宗明義章）と説き、「飲食ヲ菲《ウス》クシテ（食事を質素に切りつめて）孝ヲ鬼神ニ致ス（お供え物を立派にして祖先の神々にまごころをつくす）」ことを強調する儒家思想ないし儒教道徳が、その根底基盤に指摘される。そしてこの儒家思想ないし儒教道徳においては、同じく『孝経』（開宗明義章）に『詩経』大雅「文王」の詩の「爾《ナンジ》ノ祖ヲ念ウコト無カランヤ、聿《ココ》ニ厥《ソ》ノ徳ヲ脩《オサ》メヨ」を引いて「身ヲ立テ道ヲ行イ、名ヲ後世ニ揚ゲ、以テ父母ヲ顕ワスハ、孝ノ終リナリ」と述べ、また同じく『詩経』小雅「楚茨」の詩に、「祀事《マツリゴト》孔《ハナハ》ダ明《ソナワ》レリ、先祖 是レ皇《キミ》トシテノゾミタマイ、神保《カタシロ》ニヨリテ是レ饗《ウ》ケタマウ。孝孫 慶《ヨロコビ》有リ、報《ムク》ワルルニ介《オオ》イナル福《サイワイ》ヲ以テシ、万寿ニシテ疆《カギ》リ無シ」と歌われているように、先祖の祭祀に具体化される祖先崇拝ないし祖先から子孫、子孫から祖先を縦に貫く強固な宗族（大家族）制度がさらにその根底基盤に指摘される。

インドの仏教では、「父、不善ヲ作《ナ》スモ子ハ（父ニ）代ワリテ（ソノ報イヲ）受ケズ、子、不善ヲ作スモ父ハ亦タ（ソノ報イヲ）受ケズ」（『弘明集』巻十三所収『奉法要』所引『泥洹《ナイオン》経』）と説き、因果応報の問題を親子兄弟の家族関係と明確に切り離して考えるのに、中国の儒教では、「積善ノ家ニ余慶（子孫に及ぶ慶福）有リ、積不善ノ家ニ余殃（子孫に及ぶ殃禍）有リ」（『周易』坤卦文言伝）と、因果応報の問題が祖先から子孫に及ぶ家族制度の中に組み込まれて考えられている。このような中国古代の家族制度を基盤とする祖先崇拝の思想信仰が、墓の存在を「孝子の親を思慕する所の処なり」と解釈させ、「墓は慕なり」という訓詁を成立させていると見てよいであろう。

それと今ひとつ注目されるのは、「墓は慕なり」とするこの解釈の根底基盤に、この世とあの世、この現実の人間世界と死者の世界とを連続的に考える思想もしくは信仰の明確に指摘されることである。中国の古典でこの世とあの世とを連続的に考える思想信仰を具体的に示すものとしては、『墨子』明鬼篇における鬼神の存在の証明およびその証明と関連する死者の生者に対する祟りや復讎の記述などが、最も注目される。

周ノ宣王、其ノ臣ノ杜伯ヲ殺シテ辜《ツミ》アラズ（冤罪ナリ）。杜伯曰ク、若シ死シテ知有ラバ、三年ヲ出デズシテ必ズ吾ガ君ヲシテ知ラシメント。其ノ後三年、周ノ宣王、圃田ニ田《カリ》（狩猟）ス。杜伯、白キ馬・素《シロ》キ車ニ乗リ、朱《アケ》ノ衣冠、朱ノ弓ヲ執リ、朱ノ矢ヲ挾《タバサ》ミ、周ノ宣王ヲ追イ、之ヲ車上ニ射ル。心《ムネ》ニ中《アタ》リ脊ヲ折リ、車中ニ殪《タオ》レ、弢《ユブクロ》（弓袋）ニ伏セテ死ス。（中略）著シテ周ノ『春秋』（歴史書）ニ在リ。

右のように記述する『墨子』明鬼篇は、「若《コ》ノ書（『春秋』）ノ説ヲ以テ之ヲ観レバ則チ鬼神ノ有ルコト豈ニ疑ウベケンヤ」と、鬼神ないし死者死霊の世界の実在を結論として強調している。そしてまた、一世紀の半ば、後漢の王充（二七―九一）もその主著『論衡』弁祟篇において、当時の一般民衆が現実の日常生活における病気や死亡事故、その他さまざまの不幸な出来事を鬼神（死者死霊）の祟りとして忌み憚る風潮を鋭い批判の言葉と共に詳細に記述している。

なお、上述の『墨子』明鬼篇に代表されるような鬼神（死者死霊）は実在するのかしないのかの問題論議に関連して、「丘《ワレ》ノ禱《イノ》ルヤ久シイ矣《カナ》」（『論語』述而篇）、「罪ヲ天ニ獲《ウ》レバ、禱ル所無キナリ」（同、八佾篇）などと、超越的・宗教的世界に対して肯定的発言をしばしば行っている孔子も、この問題（鬼神の有無）に関しては、「神ヲ祭レバ、神在《イマ》スガ如クス」（同上）などと、生者の現実世界と死者死霊の宗教的世界とを連続的に捉える思考に賛意を表している。そして、この点は、儒教の古典『詩経』大雅「文王」の詩に、「（歿後ノ）文王ハ、陟《ノボ》リ降リテ、帝（天帝）ヲ在《ミ》テ左右ス」――周王朝の創業者・文王は、この世を去られた後においても、「天」の世界と「人」の世界との間を昇りつ降りつされて、天帝のご意向を常に察知し、それの人間世界への具現を一所懸命にお助けしておられる——と歌い、天上の宗教的世界と現実の人間世界とを連続的に捉える思考を明確に示しているのと全く軌を同じくすると見てよいであろう。

四　墓と陰陽思想——「魂」と「魄」、「神」と「鬼」、「廟」と「墓」

儒教の古典『礼記』の郊特牲篇に、「(人ハ死スレバ則チ) 魂気ハ天ニ帰リ、形魄ハ地ニ帰ル。(天ハ陽ナリ、地ハ陰ナリ)、故ニ祭ハ諸《コレ》(形魄と魂気) ヲ陰陽ニ求ムル (陰である「地」と陽である「天」から呼び戻し招き寄せる) コトヲ義《イミ》スルナリ」とあり、ここでは人間の生命が魂 (魂気) と魄 (形魄) との結合によって成り立っていること、また、人間の死とは、この両者が分離する現象を指し、両者が死によって分離すると、魂気は「陽」である「天」に帰ってゆき、形魄は「陰」である「地」に帰ってゆくこと、さらに「天」に帰った祖先の魂気や「地」に帰った祖先の形魄を子孫がこの世に呼び戻し招き寄せるのが祭の本義であることなどが、「先王の道」(儒教の根本教理) として解説されている。そして、この解説と密接に関連して、同じく『礼記』祭義篇には「魂魄」を「神」と「鬼」とに配当する以下のような記述を載せているのが注目される。

衆生 (生きとし生けるすべての「いのち」あるもの) ハ必ズ死シ、死シテ必ズ土ニ帰ル。此ヲ之《コ》レ鬼ト謂ウ。骨肉ハ下ニ斃《タオ》レ（地に倒れ伏し）、陰《カク》レテ（地中に埋もれて朽ち果て）野ノ土ト為ル。其ノ気（魂気）ハ上ニ発揚《タチノボ》ツテ昭明（あかるい輝き）ヲ為《モ》チ、焄蒿《クンコウ》ハ悽愴《セイソウ》タリ（それの放つ異様な香気は、人々の心に極度の緊張と悲壮感を漂わせる）。此レ百物ノ精（天地万物の精霊）ニシテ神ノ著《イミジ》キモノナリ（宇宙大自然の神霊の気の玄妙な凝集物である）。

ここで「神」といい「鬼」というのは、同じく祭義篇に孔子の言葉として載せる「気ナルモノハ神ノ盛《イミジ》キモノナリ。魄ナルモノハ鬼ノ盛《イミジ》キモノナリ。鬼ト神トヲ合スルハ教ノ至《キワ》ミナリ」の「神」と「鬼」と同じく、「魂」（「魂気」）と「魄」（「形魄」）すなわち精神を構成する元素および肉体を形成する元素とそれぞれ同類の概念である。

右に引いた『礼記』郊特牲篇および祭義篇などの記述を要約すれば、人間の生命は魂気（精神を構成する元素）と形魄（肉体を形成する元素）との結合によって成り立っているが、その結合が解かれて魂気と形魄の分離放散する現象が死と呼ばれる。そして結合を解かれた魂気は天空へと上昇し、同じく形魄は地中へと沈潜するが、魂気の上昇する「天」と形魄の沈潜する「地」とは、儒教の『易』の哲学でも説かれているように「陽」と「陰」とに配当され、その陽と陰とはさらに「気」と「形」、もしくは「神」と「鬼」とに配当され結合される。

ところで『易』の天地陰陽の哲学で、「地」と「陰」、「形」と「鬼」に配当結合される「魄」（「形魄」）を葬る場所が、これまで述べてきた「墓」であるのに対し、同じく「天」と「陽」、「気」と「神」に配当結合される「魂」（「魂気」）を祭る場所が「廟」と呼ばれる。たとえば、『詩経』周頌

「清廟」の詩序の鄭玄の箋（注釈）に「廟ノ言タル、貌ナリ。死者ノ精神ハ得テ見ルベカラズ、但ダ生時ノ居《スマイ》ヲ以テ宮室ヲ立テ、貌ニ象《カタド》リテ之ヲ為スノミ」とあるのがそれであり、また後漢の蔡邕（一三三―一九二）の「王子喬の碑」（『蔡中郎集』巻二）の文章に「霊廟ヲ造リテ以テ厥《ソ》ノ神ヲ休《イコ》ワシム」とあるのなどがそれである（許慎の『説文解字』に「廟ハ先祖ノ貌ヲ尊ブナリ」とあり、劉熙の『釈名』釈宮室篇に「廟ハ貌ナリ。先祖ノ形貌ノ在ル所ナリ」などとあるのも、廟を先祖の神霊を祭って死者の精神を休《いこ》わしめるところという上述の思想信仰と表裏一体をなす）。

そして、この廟（宗廟）で行われる先祖の祭祀は、『周礼』春官大宗伯職に「吉礼ヲ以テ邦国ノ鬼神祇ヲ事《マツ》ル」とあり、『礼記』祭法篇に「人ノ死スルヲ鬼ト曰ウ」、同じく中庸篇には「宗廟ノ礼ハ其ノ先（祖）ヲ祀ル所以ナリ」などとある。つまり、上引の『周礼』にいわゆる「鬼神祇」すなわち人鬼と天神と地祇とのうち、人鬼（先祖）を祀る「宗廟の礼」は、『礼記』祭統篇にいわゆる「礼ニ五経（(1)吉礼(2)凶礼(3)賓礼(4)軍礼(5)嘉礼）有リ、祭ヨリ重キハ莫《ナ》シ」の五経の中の(1)吉礼であり、これに対して人鬼（先祖）の墓葬は凶礼、したがって墓葬の場所すなわち墓地も本来的には「吉」ではなくして「凶」ということになる。

ところが、まことに奇妙なことであるが、この本来的には凶礼の場所である墓地において、儒教の礼学では吉礼とされている宗廟の祭祀が、前三世紀、秦漢の時代から執行されることになるのである。もっとも墓祭すなわち墓前での祭祀は、すでに戦国時代の文献『孟子』（離婁篇(下)）にも載せられてはいる。すなわち「斉人ノ一妻一妾有リテ室ニ処《オ》ル者（同居者）」が、「其ノ良人、出ヅレバ則チ必ズ酒肉ニ饜《ア》キテ而ル後ニ反《カエ》ル」のを怪んで、あるとき良人の後をこっそり尾行すると、良人は「東郭墦《ハン》間《カン》ノ祭者」——城郭《まち》の東はずれにある墓地で（「墦」は「墳」と同音、「冢」と同義）祭を行っている人——のところに往って「余ス所ノ酒肉」を貰い受けていたのだったという笑話がそれである。しかし、その後、墓祭が盛んに行われるようになって、墓側に寝殿（寝廟）が建てられるようになるのは、『後漢書』祭祀志にも「古《イニシ》エノ宗廟ハ、前ニ（主《イハイ》ヲ蔵スル）廟ヲ制シ、後ニ（衣冠ヲ蔵スル）寝ヲ制シテ以テ人ノ居《スマイ》ニ象《カタド》リシガ……秦ノトキ始メテ寝ヲ出ダシテ墓側ニ起セリ」とあるように、秦の時代からであり、墓側に建てられた寝殿もしくは園寝（山陵の墓側に立てられた廟）を原廟と呼ぶようになって、その原廟で盛大な祭祀が執行されるようになるのは、漢代以後のことである。『史記』高祖本紀に「孝恵五年（前一九〇）ニ及ビ、沛《ハイ》宮ヲ以テ高祖ノ原廟ト為ス」とあり、宋の裴駰の注釈に「（原廟ノ）原トハ再ビナリ。先ニ既ニ已《スデ》ニ廟ヲ立テ、今マタ再ビ立ツ。故ニ之ヲ原廟ト謂ウ」、すなわち首都長安の城中に正廟のある上に、さらに再び王朝発祥の地の沛（江蘇省沛県）に建てられた廟なので原廟と呼ぶというのがそれである。

　この原廟はまた原陵とも呼ばれたが、原廟ないし原陵で行われた墓祭の盛大さは、たとえば『後漢書』明帝紀に「永平元年（五八）春正月、帝ハ公卿已下ヲ率イテ原陵ニ朝スルコト元会（元旦の朝会）ノ儀ノ如クス」とあり、その注に引く『漢官儀』に「古《イニシ》エハ墓祭セザリシガ、秦ノ始皇、寝（殿）ヲ墓側ニ起シ、漢コレニ因リテ改メズ。諸モロノ陵寝ハ皆、晦望（月末と満月の日）、二十四気（二十四節の日）、三伏（夏至後の第三庚、第四庚および立秋後の初庚の日）、社（土地神を祭る仲春・仲秋の二祭日）、臘（冬至後の第三戌の日）オヨビ四時（春の礿《ヤク》、夏の禘、秋の嘗《ショウ》、冬の烝の四祭日）ニ飯ヲ上《タテマツ》リ、其ノ親陵所ノ宮人ハ鼓漏《ミズドケイ》ニ随イテ被枕《フトン・マクラ》ヲ理《トトノ》エ、盥水《タライミズ》ヲ具《ソナ》エ、荘具（洗面具）ヲ陳《ツラ》ヌ。天子ハ正月ヲ以テ原陵ニ上リ、公卿百宮オヨビ諸侯王、郡国ノ計吏ハ皆ナ軒下ニ当リ、其ノ郡国ノ穀価ト四方ノ改易ヲ占イ、先帝ノ魂魄ノ之ヲ聞カンコトヲ欲ス」などとあることによって、そのあらましが想見される。

かくて、従来は宗廟で行われていた諸種の儀礼儀式がほとんど陵墓で行われるようになり、墓祭を重視して宗廟の祭祀は軽視する風潮をさえ生ずるに至った。四世紀の初め、西晋王朝の末期に王族の東海王・司馬越が、胡賊の石勒に墓を発《あば》かれてその屍体を焚かれ、江南に逃れた王妃の裴《はい》氏が江南の地に改めて司馬越の墓を立て、「魂ヲ招イテ越ヲ葬ラント欲シタ」（『晋書』東海王越伝）というのが、このような風潮を代表する典型的な事例と見ることができよう。そして、王妃裴氏のこの願望は、東晋の元帝によって許可されなかったが、この件に関する当時の儒教学者・傅純の以下に掲げる反対意見書（同上）の一節は、いうまでもなく吉礼として魂神を祀る宗廟の祭祀の正当性を極力強調し、凶礼である墓葬の場所での招魂ないし吉礼の祭祀の挙行を邪偽として激しく批難するものであった。

――「聖人ノ礼ヲ制《サダ》ムルヤ、……冢椁（冢墓・棺槨）ヲ設ケテ以テ形ヲ蔵シ、而シテ之ニ事《ツカ》ウルニ凶ヲ以テス。廟祧《ヨウ》（宗廟・遷廟）ヲ立テテ以テ神ヲ安ンジ、而シテ之ヲ奉ズルニ吉ヲ以テス。形（形魄＝骨肉）ヲ送リテ往キ、精（精神＝魂霊）ヲ迎エテ還ル。此レ墓廟ノ大分（重要な相異点）ニシテ形神ノ異制ナリ。……今、形神ノ別ヲ乱シ、廟墓ノ宜ヲ錯《アヤマ》ル。礼ニ違イテ義ヲ制《サダ》ムルコト、此ヨリ大ナルハ莫《ナ》シ」。

ところで上に引いた『漢官儀』や傅純の意見書も指摘しているように、いにしえは墓地で吉礼の祭祀を行うことはなかったのに、なぜ秦漢の時代になって墓祭が盛大となり、もともと吉礼であった宗廟の祭祀が、本来的には「凶」の場所である墓地で行われるようになったのであろうか。その理由としては、いろいろな事情が考えられるであろうが、私見としてはその最大の理由として、秦の始皇帝や漢の武帝によって代表される秦漢時代の帝王たちの熱狂的な不老不死の神僊信仰——単なる神霊・霊魂のみの不滅ではなくして、この生身の肉体を持つ永遠の生命の具現と保持に対する切実な祈求とあらゆる努力実践——を挙げたい。

五　墓と神僊思想——天円と地方、前方と後円

中国秦漢時代の神僊信仰は、既に不老不死を実現して超越的な世界に住む僊人を神として祭り、その神としての僊人から不死の薬を分けてもらい、その薬を飲んで自分もまた僊人の仲間入りをするという祭祀を媒介とした他力的なものと、世俗の世界を離れた深山幽谷の中に身を置いて、僊人となるための特殊な道術を修得して不老長生を実現する自力的なものとに大きく二分されるが、墓もしくは墓祭と密接な関連を持つのは、このうち前者である。

一般的に言って、おおよそ祭祀の対象は神もしくは鬼神であり、墓祭の場合は先にも述べたように墓葬された先祖の神霊もしくは『周礼』大宗伯職の「鬼神祇」の「正義」(国定の古典解釈)にいわゆる「人鬼」であるが、一方また祭祀を媒介とする他力的な神僊信仰の場合も同じく神もしくは鬼神である。たとえば、『史記』秦始皇本紀によると、始皇帝の二十八年(前二一九)、この皇帝は「泰山

ニ上《ノボ》ツテ石ヲ立テ封《ツチモリ》ヲシテ（天神ヲ）祠祀シ」、不死登僊を祈願しており、同じく三十二年には、「（方士ノ）韓終、侯公、石生ヲシテ（鬼神ノ事ヲ以テ）僊人不死ノ薬ヲ求メシメ」ている。また漢の武帝も同じく『史記』封禅書によれば、元封元年（前一一〇）、「東ノカタ海ノ上《ホトリ》ヲ巡リ、行《ユクユ》ク（琅邪ノ）八神ヲ礼祠シ（中略）、乃チ益《マスマ》ス船ヲ発シテ海中ノ神山ヲ言ウ者数千人ヲシテ蓬萊ノ神人ヲ求メシメ」、その翌年には、「僊人ハ楼居ヲ好ム」という方士の説得を聞き、甘泉の離宮に「通天茎台ヲ作リ、祠具（祭祀の用具）ヲ其ノ下ニ置イテ僊神人ノ属《タグイ》ヲ招来セシメ」ている。

秦の始皇帝も漢の武帝も右に述べたように、不老不死すなわち肉体（「骨肉」「形魄」）を持った永遠の生命の獲得を祈求して、神を祭り鬼神の祭祀を行っているのであるが、孔子を開祖とする儒教の経典『儀礼』や『周礼』『礼記』では、既に上文でも引用したように、「衆生ハ必ズ死シ、死シテ必ズ土ニ帰リ、コレヲ鬼ト謂ウ」と説き、また、人は死ぬと「魂気ハ天ニ帰リ、形魄ハ地ニ帰ル」もしくは「骨肉ハ土ニ帰リ復《カエ》ル」などと説かれており、その「土」もしくは「地」に帰る「鬼」すなわち具体的には骨肉もしくは形魄を埋葬する場所が「墓」――「墳墓」、「冢墓」、「丘墓」、「陵墓」――と呼ばれているのであった。したがって肉体（骨肉・形魄）の不死を祈求する神僊信仰は、必然的に肉体（骨肉・形魄）を埋葬する場所である墓――墳墓、冢墓、丘墓、陵墓――に注目し、墓祭すなわち墓前での神や鬼神の祭祀をも重要視する。そして、このことも既に上述したように、本来は魂神を祭る場所である宗廟とセットにして「廟寝」もしくは「寝廟」と呼ばれている「寝殿」を始めて墓側に起したのも、この熱烈な神僊信仰の保持者・秦の始皇帝であった（『後漢書』明帝紀の注に引く『漢官儀』）。

現在の西安市の東北方約三十キロ、驪《り》山の麓に築かれたこの始皇帝の陵墓は、『史記』集解に引く『皇覧』の記述によれば、「墳ノ高サ五十余丈、周廻五里余」、同じく『史記』秦始皇本紀の記述によれば、「天下ノ徒（人夫労働者）七十余万人ヲ送詣《オクリコ》ミテ、三泉ヲ穿チ（地下を深く掘りさげ）、銅ヲ下シ（銅を熔かし込んで固く塞ぎ）、宮観百官、奇器珍怪、徙《ウツ》シ蔵《オサ》メテ之ヲ満タシム」――「冢内ニ宮観オヨビ百官ノ位次ヲ作リ、奇器珍怪ハ徙シテ冢中ニ満タシム」（『史記』正義）――という死後の世界の生活のための壮大な地下宮殿であった。この地下宮殿こそは、この世とあの世を連続的に考え、墓と神僊とを重層的に捉える始皇帝の思想信仰を最も如実に表現し造形したものと見ることができよう（その全貌は、最近の大規模な調査発掘で逐次解明されつつあり、上引の『史記』の記述の真実性もまた次第に験証されつつある）。

ところで、上述したような吉礼である宗廟の祭祀を凶礼である墓葬の現地に持ち込んで、墓側に寝殿を起す原廟ないし原陵の秦漢以後における盛行は、先述の「魂気ハ天ニ帰リ、形魄ハ地ニ帰ル」（『礼記』郊特牲篇）という儒教経典の魂魄の宗教哲学、もしくは「天ハ玄ニシテ地ハ黄」（坤卦文言伝）、「陰陽ノ測ラレザル、之ヲ神ト謂ウ」（繫辞上伝）という『易経』の天地陰陽の宇宙論哲学、さらには「天道ハ円、地道ハ方ナリ」（『呂氏春秋』円道篇）として、「円丘で天神（北辰）の祭祀を、また方丘で地祇（崐崘）の祭祀を行う」（『周礼』大司楽職）という「方円」の音楽芸術理論ないし宗教的象徴の哲学などと一体どのような関連性を持つのか。これらの問題を検討考察するための基本資料としては、次に掲げる三種の文献記述に特に注目する必要があろう。

その第一は、『淮南子《えなんじ》』天文篇の「天道ヲ円ト曰イ、地道ヲ方ト曰ウ。方ハ幽ヲ主《ツカサ》ドリ、円ハ明ヲ主ドル。明ハ気ヲ吐クモノナリ、是《コ》ノ故ニ火ト日トハ外景。幽ハ気ヲ含ムモノナリ、是ノ故ニ水ト月トハ内景。気ヲ吐クモノハ施シ、気ヲ含ムモノハ化《ハグク》ム。是ノ故ニ陽ハ施シ陰ハ化ムナリ」。

その第二は、『漢書』礼楽志の「武帝ノトキニ至リ、郊祀ノ礼ヲ定メ、太一（神）ヲ甘泉（宮）ノ円丘ニ祠ル。乾《ケン》（陽）ノ位ニ就クナリ。后土《コウド》ヲ汾陰《フンイン》（汾水の南）ニ祭ル。沢中ノ方丘ナリ」。

その第三は、『大戴《だたい》礼記』曽子天円篇の「曽参《ワレ》コレヲ夫子（孔子）ニ聞クニ曰ク、天道ハ円ト曰イ、地道ハ方ト曰ウ。方ヲ幽ト曰イテ円ヲ明ト曰ウ。明ハ気ヲ吐クモノナリ。幽ハ気ヲ含ムモノナリ。（中略）気ヲ吐クモノハ施シテ、気ヲ含ムモノハ化《ハグク》ム（以上は第一の『淮南子』の文章と大同小異）。陽ノ精気ヲ神ト曰イ、陰ノ精気ヲ霊ト曰ウ」（注ニ云ウ、「神ハ魂ト為シ、霊ハ魄ト為ス。魂魄ハ陰陽ノ精ニシテ有生ノ本ナリ。其ノ死スルニ及ビテヤ、魂気ハ天ニ上昇シテ神ト為リ、体魄ハ地ニ下降シテ鬼ト為ル。各《オノオノ》其ノ自《ヨ》リテ出ヅル所ニ反《カエ》ルナリ」）。

右に掲げた三種の文献（『淮南子』『漢書』『大戴礼記』）は、いずれも漢代にその成立が確認される基本資料であるが、これらの記述内容で墓の思想信仰と特に密接な関連をもつと思われる問題点を簡潔に要約すれば、以下のごとくである。すなわち、秦漢以前の孔子を開祖とする儒家の生命の哲学では、人間の生命現象を天地陰陽の二元で理論的に整理し、「神」（「心」）と「形」（「身」）、「魂」（「魂神」）と「魄」（「形魄」）、「吐気」（「精神」）と「含気」（「精霊」）、「天神」と「地鬼」もしくは「明神」と「幽鬼」の対偶・結合として捉え、死とはこの対偶・結合が解かれて背反分離する現象であり、死によって魂神は天空に上昇し、形魄は地中に沈潜すると説く。そして天空に上昇した魂神を吉礼をもって祭る場所が「廟」であり、地中に沈潜した形魄を凶礼をもって葬る場所が「墓」であると説く。

しかし、神僊不死の信仰によって、単なる霊魂のみの不滅ではなく、肉体をも具えた永遠の生命が祈求されるようになると、墓はその肉体をも具えた永遠の生命の死後における生活の場所となり、したがって魂神もまた形魄と分離して独り天上世界に上昇してゆくのではなく、形魄と一体のまま墓所に留まって、子孫たちの営む先祖の祭祀を享受することとなる。秦漢以後の神僊信仰の流行によって、廟祭よりも墓祭が次第に盛大となり、埋葬者の死後における生活の場所として、地下の居室ないし宮殿が造営され、さまざまな明器が副葬され、死者の生活資金として紙銭までが焚かれるようになっていく。いずれも、この世とあの世とを連続的に考え、肉体を具えた永遠の生命の保持を祈求する神僊不死の信仰の影響と見ることができよう。

かくて実質的には「廟」をも包摂することとなった秦漢以後の墓（墳墓、冢墓、丘墓、陵墓）は、古くからの廟が本来的には天円に配当される魂神の祭場であり、その天円がまた上引の『周礼』大司楽の天神（北辰＝太一神）の祭場である「円丘」の「円」と共通することから、墓の形を天に象って円丘とし、一方また、墓祭すなわち墓前で営まれる祭祀の場所も『周礼』大司楽の地祇（崑崙）の祭場である「方丘」に象って方形とされる（ちなみに、上掲の『漢書』礼楽志所載の漢の武帝の定めた「郊祀の礼」の実施場所、すなわち太一神を祠る甘泉宮の「円丘」および后土神を祭る汾陰の沢中の「方丘」もまた、『周礼』大司楽の天神を祀る「円丘」と地祇を祭る「方丘」と共通する）。つまり円形の墳墓を後方にして、その墳墓の前面である方形の場所で祭祀が営まれることになるわけである。

この前方後円の築造形式は、現在の北京市の南郊にそびえ立つ天壇（円形）とその前面の方形の広場にも受け継がれていると見ることができよう。現在の北京の天壇は、一八九〇年（清の光緒十六年）に改築され、天壇という名称も一五三四年（明の嘉靖十三年）に始まるようであるが、そのルーツは上述の『漢書』礼楽志における太一神を祀る甘泉宮の「円丘」および后土神を祭る汾陰の「方丘」とのコンビネーション、ないしは『周礼』大司楽職の天神を祀る「円丘」と地祇を祭る「方丘」とのコンビネーションにたどることができよう。

最後に、日本の古墳時代に特徴的とされる墳墓の形式、すなわち〝円丘の一側に方丘を附設した外形を持つ〟（小林行雄氏の定義――平凡社『世界大百科事典』）いわゆる前方後円墳と中国におけるこれまで述べてきた「円丘」「方丘」をコンビネイトする天神地祇の祭祀との関連性の問題であるが、日本において墳墓に関する「前方後円」の古典中国語の使用は、江戸期の蒲生君平の『山陵志』に始まるといわれる（上記、小林氏の説）。もしそうであるとするならば、蒲生君平の『山陵志』における「前方後円」の語の使用は、「山陵」「古墳」「方」「円」などの古典中国語の使用と同じく、明確に中国にそのルーツを持つと断定して大過ないであろう。少なくとも思想信仰という視座から論ずれば、そのことは決定的であるといえよう。ただし、「前方後円」の「方」と「円」のコンビネーションの思想信仰が、「物」と「物の形」の次元において具体的にどこまで日本の古墳に指摘検証できるかは、要するに現場を正確に踏まえて発掘調査に従事される考古学者の研究報

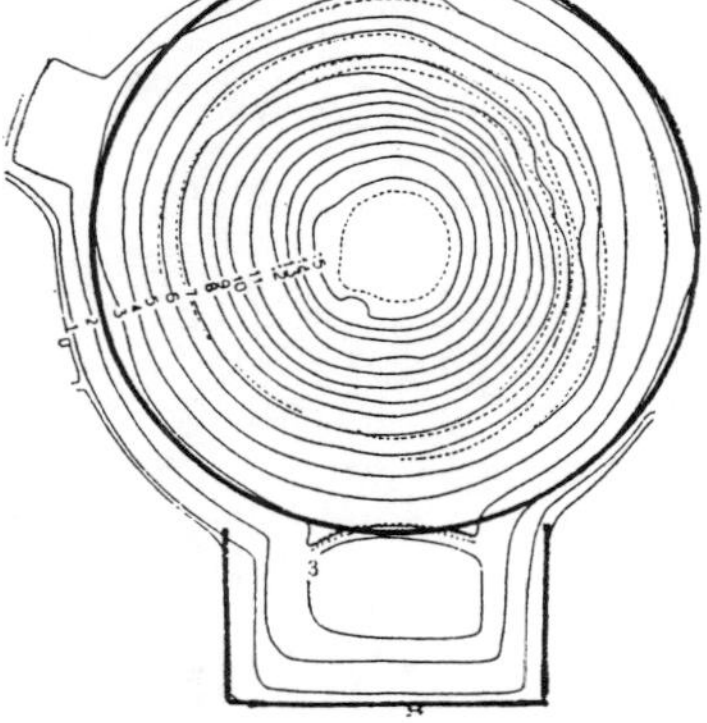

奈良・乙女山古墳の「前方後円」
（末永雅雄『日本の古墳』より）

告にすべてを待たなければならない（ちなみに「古墳」の語は、唐の盧綸の「早春、盩厔《シュウチツ》ニ帰リ、耿《コウ》湋《イ》・李端ニ寄スル」詩に「万家ノ廃井　新草ヲ生ジ、一樹ノ繁華　古墳ニ対ス」などと見え、『山陵志』の「山陵」の語は、北魏の酈《レキ》道元の『水経注』渭水の条に、「秦ニハ天子ノ冢《ハカ》ヲ名ヅケテ山ト曰イ、漢ニハ陵ト曰ウ。故ニ通ジテ山陵ト曰ウ」などと見えている）。

あとがき

私たちが日常生活の中で意識しないでやっていることの中には、道教をはじめとする中国古代宗教の思想信仰やしきたりが習俗となって染み付いています。それは想像以上といっていいでしょう。

私は中国の北（西を含む）の文化を「馬」の文化、南（東を含む）の文化を「船」の文化と呼んでいます。日本は古代から、この南北の「馬」と「船」の文化の影響を強く受けてきました。われわれが意識するしないにかかわらず、この「馬」と「船」の文化は、日本人の日常生活の中に深く根を張っているのです。

一九九四年六月、私は中国の河南省と湖北省に行ってまいりました。そこは中国古代の楚《そ》の国があったところです。楚は日本人および日本文化と大変密接な関係があるにもかかわらず、いまではほとんど注目されていません。

しかし、この地域は、古代から呉、越、楚という国が興り、日本と密接な関係を持っておりました。では、どのような関係があったのか、お話してみたいと思います。

呉の国は、まず日本の服飾産業と密接な関係があります。『日本書紀』には呉織《くれはとり》、漢織《あやはとり》が日本に織物を伝えたと書いてありますが、その呉織の呉というのが、実は古代中国の呉の国なのです。

また神武天皇は、呉の泰伯《たいはく》という王様の子孫が、ボートピープルで日本にやってきて神武天皇になったという伝説があります。そのことは中国の学者も発表しておりますし、日本でも室町時代に京都・建仁寺の中巌円月《ちゅうがんえんげつ》というお坊さんが、「神武天皇は呉の泰伯の子孫だ」という論文を書いています。

この論文を、江戸時代に徳川家康が、本当かどうか幕府の学問の顧問であった林羅山に調べさせたそうです。結局、林羅山は「これは作り話で事実ではない」と答えたそうですが、しかし室町時代には、これを本当だと信じる学者がいたことは事実のようです。

しかし、この伝説は根も葉もないことではないようで、例えば三世紀ごろの中国の歴史を書いた『晋書』という書物には、「倭人（日本人）が、中国にやってくると、みんな口をそろえて、〈私たちは御国の呉の泰伯の子孫でございます〉という」と書いてあります。さらに六世紀の『梁書』にも同じようなことが書いてあり、中巌円月はこのような資料を踏まえて、論文を書いたと思われます。

この呉は西暦前四七三年に、越に滅ぼされます。そうすると、滅ぼされた呉のいろいろな技術を持った人たちは、奴隷として越の国に連れて行かれます。それを嫌がった人たちは、ボートピープルとなって朝鮮半島や日本列島に逃れていき、様々な技術や文化を日本に伝えることになるのです。

さらに、呉を滅ぼした越も楚に滅ぼされ、その楚も秦の始皇帝に滅ぼされます。そのたびに難民がボートピープルとなって朝鮮半島や日本列島に逃れていったのです。

この呉、越、楚という国は、中国第一の大きな川である長江、さらに淮《わい》河、漢水の流域に位置していました。この地域は昔から道教が盛んで、その影響のもとに発達したのが「船」の文化です。それに対して、北（西）のほうの中原文化、あるいは儒教文化圏と呼ばれているところは、黄河流域になります。国でいうと、周、秦、漢で代表される文化圏で、そこで発達したのが「馬」の文化です。日本はこの「船」の文化と「馬」の文化の影響を強く受けてきたといってもよいでしょう。

しかし、明治十年にスタートした東京帝国大学は、江戸時代の昌平黌をそのまま官学として引き継いだものなので、「船」の文化のほうはほとんど切り捨ててしまい、中国文化イコール儒教文化という方程式をつくってしまいました。そして、中国の儒教文化と比べて違う文化は、神代の時代からの日本独特の文化だと定義づけてしまったのです。

とくに満州事変が起きてからは、政府も文部省を通じて、「馬」の文化つまり儒教文化一本に絞り、皇国史観に都合の悪いことは、教えないようにしてきました。

しかし、いまからすると、これは大変な間違いであったといわざるを得ません。なぜなら、日本の文化が、南の「船」の文化の影響を大きく受けてきたのは事実なのですから。

例えば、日本の建国神話が書かれている『古事記』や『日本書紀』の記述などは、一般的に日本独特の神話であると思われています。しかし、多分に「船」の文化である初期道教の影響を受けているのです。

伊邪那岐《いざなぎ》が死んだ伊邪那美《いざなみ》に会いに黄泉《よみ》の国に行き、その後で伊邪那岐がみそぎをして目を洗う。すると、洗った目から天照大神と月読《つきよみ》が生まれるわけですが、死体を見たらみそぎをして目を洗うというのは、道教のしきたりなのです（六朝期の道教経典『黄素四十四方経』を参照）。そのほかにも道教の経典にある思想信仰をそのままなぞったようなものが神話にはたくさんあり、『古事記』にも『日本書紀』にも道教の言葉が数多く使われているのです。

また、日本人は大変きれい好きですが、これも南の「船」の文化の影響だと私は考えます。私は京大を卒業してすぐに軍隊に入り、中国南部の海岸地区に駐屯していました。また、戦後は海南島からシーサンパンナ、シンガポールのほうまで巡り歩き、向こうの非漢民族の生活をつぶさに見る機会がありました。彼らの生活は、水浴の仕方から藁《わら》の積み方まで日本人と同じで、身ぎれいな暮らし方をしていました。それを見て、われわれの生活の仕方とあまりにも似ているので、最初は倭寇の子孫たちに違いないと思ったほどです。

一方、北(西)の「馬」の文化の人たちの清潔不潔に対する感覚は、明らかに日本人とは違います。騎馬民族の生活は移動が基本ですから、簡単には風呂にも入れず、お世辞にもきれい好きとはいえません。

これでもわかるように日本人のきれい好きは、南の「船」の文化の影響だと思われます。

南の「船」の文化であれ、北の「馬」の文化であれ、日本は中国から圧倒的な影響を受けているのは否定できません。日本の文化を考える場合、これからは中国の「船」の文化、「馬」の文化、そして日本の文化の三角関係で考えていく必要があると思います。

〔附記〕

右に「あとがき」として掲載した小文は、平成七年(一九九五)四月、東京の「木鶏クラブ」講演会（致知出版社主催）で行われた私の「馬の文化と船の文化」と題する講演の抜粋要約である。このたび私の喜寿を自祝自省する同名の単行著作『「馬」の文化と「船」の文化―古代日本と中国文化』を京都・人文書院編集部・落合祥堯氏の御尽力によって刊行するにあたり、老齢と期日の切迫のため「あとがき」の文章に代えさせて頂いた。ちなみに、「木鶏クラブ」の「木鶏」とは、道教の古典『南華真経』（通称『荘子』）達生篇の「之を望むに木雞（鶏）に似たり。其の徳全し」の「木雞（鶏）」に基づき、致知出版社の「致知」とは、儒教の古典『礼記』大学篇の「格物致知」の「致知」に基づく。

平成七年十二月八日、郷里・豊前中津の白雲居にて　　福永光司記す。

初出一覧

「馬」と「船」の道　『朝日新聞』西部版夕刊連載。一九九三年一月〜四月（朝日新聞社）

「馬」の文化と「船」の文化　『宮城経協』一九九二年六月号（宮城県経営者協会）

思想信仰としての南船北馬　新稿

老荘の「道」　『プレジデント』一九九二年一一月号（プレジデント社）

『荘子』の世界　『花も嵐も』一九九四年二月号（NHKラジオ深夜便「こころの時代」より）

徐福と神僊と吉野ケ里遺跡　『徐福伝説を探る』一九九〇年七月（小学館）

神僊・楼閣・渦巻文　『東アジアの古代文化』一九九三年七月号・一〇月号（大和書房）

古代中国の「宇宙」最高神と日本　『日本の古代』第十三巻所収、一九八七年一二月（中央公論社）

道教と八幡大神　『中外日報』一九九〇年一月一日号（中外日報社）

『西遊記』における道教と仏教　『吉劇・孫悟空』一九九一年（日本文化財団）

『おもろ』の創世神話と道教神学　『思想』一九八九年一月号（岩波書店）

秦の始皇帝と不死登僊　『秦腔劇・千古一帝』一九九二年（日本文化財団）

漢の武帝と道教　『徽劇・三国志』一九九三年（日本文化財団）

唐の玄宗と楊貴妃と七夕伝説　『昆劇・長生殿』一九八八年（日本文化財団）

桓武天皇の時代の精神的風土　『平安建都千二百年記念「雅楽」公演プログラム』一九九四年（日本文化財団）

「倭人」と「越人」　『倭と越——日本文化の原郷をさぐる』一九九二年五月（東アジア文化交流史研究会）

「漢倭奴国王」の読み方　『東アジアの古代文化』一九九四年四月号（大和書房）

『魏志』倭人伝の「生菜」　『ＶＥＳＴＡ』一九九三年七月号（味の素食の文化センター）

肥前国・杵島岳の「歌垣」　『東アジアの古代文化』一九九三年四月号（大和書房）

豊後国・国東・真木大堂の「燈明石」　小早川成博編『盃状穴考』一九九〇年五月（慶友社）

太白山と道教　『友好の山』一九八七年四月（京都府・陝西省太白山合同登山京都府実行委員会）

常世と神仙　『弥生の王国——東アジアの海から』一九九三年五月（東アジア文化交流史研究会）

「墓」の思想信仰　『福岡からアジアへ』２、一九九五年二月（西日本新聞社）

著者紹介

福永光司（ふくなが・みつじ）

1918年大分県中津市生まれ。1942年京都帝国大学文学部哲学科卒業。

同年10月熊本野砲兵聯隊入営。戦争末期に中国大陸に渡り、広東省で終戦を迎え、47年上海から復員。東方文化研究所（京都）助手、大阪府立北野高校教諭、愛知学芸大学助教授、京都大学人文科学研究所教授を歴任。

1974−79年京都大学文学部教授。1980−82年京都大学人文科学研究所所長。

定年退職のあと関西大学文学部教授、北九州大学外国語学部教授を勤める。

その後、故郷の中津に住み、執筆・講演活動を行う。2001年没。

著書に、『荘子』（中公新書）、『老子』（ちくま学芸文庫）、『道教思想史研究』（岩波書店）、『魏晋思想史研究』（岩波書店）など多数。人文書院刊行の書籍に『道教と日本文化』『道教と古代日本』『中国の哲学・宗教・芸術』『「馬」の文化と「船」の文化　古代日本と中国文化』『タオイズムの風　アジアの精神世界』がある。

「馬」の文化と「船」の文化
古代日本と中国文化〔新装版〕

一九九六年一月二五日　初版第一刷発行
二〇一八年九月二〇日　新装版 初版第一刷発行

著　者　福永光司
発行者　渡辺博史
発行所　人文書院
〒六一二−八四四七
京都市伏見区竹田西内畑町九
電話〇七五・六〇三・一三四四
振替〇一〇〇〇−八−一一〇三

装　幀　上野かおる
印刷所　モリモト印刷株式会社

ISBN978-4-409-52073-4 C0021